DIETER JETTER

GRUNDZÜGE DER GESCHICHTE
DES IRRENHAUSES

GRUNDZÜGE

BAND 43

DIETER JETTER

GRUNDZÜGE DER GESCHICHTE DES IRRENHAUSES

Mit 40 Abbildungen

1981

WISSENSCHAFTLICHE BUCHGESELLSCHAFT
DARMSTADT

CIP-Kurztitelaufnahme der Deutschen Bibliothek

Jetter, Dieter:
Grundzüge der Geschichte des Irrenhauses / Dieter
Jetter. — Darmstadt: Wissenschaftliche Buchgesellschaft, 1981.
   (Grundzüge; Bd. 43)
   ISBN 3-534-08287-7

NE: GT

2 3 4 5

 Bestellnummer 8287-7

© 1981 by Wissenschaftliche Buchgesellschaft, Darmstadt
Satz: Maschinensatz Gutowski, Weiterstadt
Druck und Einband: Wissenschaftliche Buchgesellschaft, Darmstadt
Printed in Germany
Schrift: Linotype Garamond, 9/11

ISSN 0533-344X
ISBN 3-534-08287-7

INHALT

Vorwort VII

I. Deutschland, Österreich, Schweiz 1
   Irrenherbergen an Kirchen und Klöstern 2
   Narrenzellen hinter den Bürgerspitälern der Städte . 9
   Landesspitäler der Fürsten der Reformation . . . 14
   Zucht- und Tollhäuser des Absolutismus 18
   Verwahrungsstätten der Aufklärung 25
   Psychische Heilungsanstalten des Idealismus 33
   Irrenkliniken der Hochschulpsychiatrie 44
   Versorgungssysteme der Anstaltspsychiatrie 51
   Idiotenanstalten exzentrischer Einzelgänger 74

II. Europa, Asien, Amerika 78
    England 79
    Schottland und Irland 104
    Dänemark und Skandinavien 112
    Frankreich 120
    Belgien 137
    Niederlande 148
    Italien 161
    Spanien 178
    Portugal 191
    Der Osten 194
    Übersee 212

Zeittafeln I und II 220

Literatur 223

Index 231

VORWORT

In den letzten Jahren habe ich die ›Grundzüge der Hospitalgeschichte‹ (Darmstadt 1973) und die ›Grundzüge der Krankenhausgeschichte‹ (Darmstadt 1977) in ähnlichen äußeren Formen darlegen können. Dabei wurde auch die Geschichte des Irrenhauses immer wieder gestreift. Im Rahmen der damaligen Zielsetzungen konnte es aber nicht gelingen, die erstaunliche Kontinuität und die engen überregionalen Verknüpfungen zu zeigen, die für die Entwicklung der besonderen Krankenhäuser für Geistesgestörte immer bezeichnend gewesen sind.

Dies soll nun auf den folgenden Seiten versucht werden. Dabei ist der Begriff „Irrenhaus" in sehr gedehnter Weise zu verwenden. Zu umfassen sind alle Häuser, Hütten und Herbergen, in denen jemals Irre und Narren, Wahnsinnige und Rasende, Tolle und Verrückte, aber auch Mondsüchtige, Blöde und Dakkelhafte Zuflucht fanden. Diese erschreckenden Ausdrücke, die heute nur noch in einer ordinären Gassensprache üblich sind, sollen hier aus guten Gründen nur dann durch Wörter wie „Geisteskranker" oder „Patient" ersetzt werden, wenn von Institutionen die Rede ist, in denen tatsächlich Behandlung und Heilung im Mittelpunkt standen.

Die Überwindung des Tollhauses durch die Irrenanstalt und die Verdrängung der Heil- und Pflegeanstalt durch das Krankenhaus für geistig Behinderte standen noch vor kurzem ganz im Mittelpunkt der Geschichtsschreibung. Die Etappen der Entwicklung sollten vom Leser als Stufen der sittlichen Läuterung erlebt werden. Er sollte ermuntert werden, selbst zu noch idealeren Höhen der Humanität aufzubrechen, damit er später als Helfer der Menschheit seine Augen schließen könne.

Inzwischen hat sich manches geändert. Unerwartete Kosten im Gesundheitswesen ließen die Häuser der Irrsinnigen als problematisch erscheinen. Wenn es im „Schicksalskampf des deutschen Volkes" um Sein oder Nichtsein ging, wenn ein „totaler Krieg die heroische Beseitigung unnützer Esser" gebot, dann schienen Irrenhäuser entbehrlich zu sein. Einzusparen waren Anstalten aber auch mitten im Frieden, wenn Generäle in blinder Angst die Staatskassen plünderten oder wenn hemmungslose Politiker Wahlgeschenke benötigten.

Unter diesen Bedingungen können verzweifelte Verwaltungsbeamte erst dann aufatmen, wenn ihnen versichert wird, man müsse den Patienten in die Freiheit entlassen und könne deshalb die meisten Irrenhäuser schließen. Inzwischen ging ein Staat in Europa sogar so weit, alle Anstalten ohne Ausnahme durch Gesetz aufzulösen. Dies ist zwar für viele eine nationale Schande und für andere ein Zeichen erbärmlicher Unfähigkeit im Umgang mit Geisteskranken. Einzelne Irrenärzte aber versichern, nur ein freies Leben in einer freien Gesellschaft verleihe dem Heilmittel „Freiheit" seine volle Wirkung. Der Preis hierfür sei gering. Man habe sich lediglich an einige Unbequemlichkeiten zu gewöhnen, da Mord und Brandstiftung im Wahnsinn höchstens zufällig und ganz selten gerade „Menschen wie dich und mich" treffen könnten.

Ist dies, was hier als neue Stufe der Humanität im Umgang mit Kranken nahegelegt wird, tatsächlich zu beherzigen? Oder sollte man besser mit Heinrich Laehr (1868) ausrufen: „Fortschritt? – Rückschritt!" Wer solche Entscheidungen verantwortungsbewußt treffen will, muß viel über alte Irrenhäuser wissen.

Dennoch sind diese Seiten nicht nur als Entscheidungshilfe zu betrachten. Sie sollten zunächst gelesen werden mit wacher Neugier und naivem Erstaunen. Die Freude, erkennen zu können, was zunächst noch jenseits des Horizontes lag, wird zu wachsenden Kenntnissen und damit erst zu jenen reiferen Urteilen führen, die morgen dringender benötigt werden als alles andere.

Meine Bleistift-Skizzen sind von Christa Aldea mit großer Sorgfalt vergrößert, technischen Normen angepaßt und in Tusche ausgeführt worden. Das Abschreiben der handschriftlichen Fassung lag in den Händen von Inge Ottersbach. Beiden Helferinnen gilt mein Dank.

Köln, im Dezember 1980 Dieter Jetter

I. DEUTSCHLAND, ÖSTERREICH, SCHWEIZ

Auf den folgenden Seiten sollen die Irrenhäuser des deutschen Sprachgebiets zunächst vorangestellt werden. Dies geschieht nicht, weil diese Gründungen besonders wichtig oder besonders vorbildlich sind, sondern weil der deutsche Leser zunächst seine Umgebung kennen sollte, bevor er sich in fremde Gebiete mit ihren schwierigen Sprachen vortastet.

Die deutschen Irrenhäuser können außerdem heute bereits nach Institutionstypen geordnet werden. Es ist nicht mehr erforderlich, sie rein chronologisch nach den Jahreszahlen ihrer Gründung oder ihrer Eröffnung abzuhandeln, sondern man kann, dank einer jahrelangen Durchforschung, städtische und staatliche Heilanstalten und Pflegeanstalten fast immer voneinander trennen. So lassen sich Gruppen von Irrenhaus-Typen bilden, die 1. nur in ganz bestimmten Jahrzehnten, 2. in fest begrenzten Gebieten und 3. unter besonderen religiösen, staatspolitischen und wirtschaftlichen Bedingungen auftreten. Gewiß überlappen sich die Gruppenrandzonen mindestens in zeitlicher und in geographischer Hinsicht. Da und dort klaffen auch Lücken des Nichtwissens und des Unerforschbaren. Dies alles verschleiert und durchlöchert das Gesamtbild.

Dennoch liegen die eminenten Vorzüge einer typologischen Darstellung der Irrenhäuser gegenüber der chronologischen klar auf der Hand. Der erste Teil, der Deutschland, Österreich und die Schweiz anschaulich machen will, soll deshalb auch gleichzeitig als Vorübung und Aufforderung an den Leser verstanden werden, die im zweiten Teil geschilderten Irrenhäuser des fremdsprachigen Auslandes aus der jetzt noch chronologischen Ordnung in eine typologische zu übertragen.

Gewiß ist dies da und dort jetzt schon möglich. Die frühen englischen Privat-Irrenanstalten, die französischen staatlichen

Departemental-Anstalten oder die osmanischen Irrenhäuser an der Moschee treten deutlich hervor. Zu viele der ausländischen Einrichtungen für Geistesgestörte lassen sich aber trotz aller Anstrengungen immer noch nicht typologisch mit hinreichender Sicherheit einer Gruppe zuordnen. Dies liegt nicht nur daran, daß oft entscheidend wichtige Nachrichten zur einzelnen Gründung fehlen, daß man etwa nicht erkennen kann, ob das Haus städtisch oder staatlich war. Viel hemmender ist das Fremdsein im Ausland, das oft hindert, die durchaus vorhandenen Gruppen und Typen als solche im einzelnen Irrenhaus zu erkennen. Auch hier hilft nur die Beschäftigung mit der Geschichte der Irrenhäuser des vertrauten Sprachgebiets, die auch aus diesen Erwägungen an den Anfang gestellt sei.

Irrenherbergen an Kirchen und Klöstern

Geistige Störungen waren seit der Antike durch Eingriffe am Körper des Kranken behandelt worden. Die Reinigung der vier wichtigen Körpersäfte (Blut, Schleim, Gelbe und Schwarze Galle) sowie die Entfernung der krankmachenden Blutverunreinigungen („Materia peccans") standen im Vordergrund.

Daneben gab es aber seit den Tagen des römischen Autors Celsus in ganz verzweifelten Fällen drei weitere Behandlungsmöglichkeiten, die bereits halb „psychisch" waren: Man versuchte (1) heilsame Furcht, (2) heilsamen Schreck oder gar (3) heilsamen Schmerz anzuwenden und setzte damit nicht mehr nur am Körper des Patienten ein, sondern wirkte statt dessen mit geistigen Mitteln direkt auf die Seele, den Geist oder mindestens auf die Gemütslage des Patienten ein.

Im Mittelalter traten ähnliche Bemühungen, auf psychischem Wege zu heilen, ganz in den Vordergrund. In diesem Zusammenhang sind neben dem Exorzismus, der „Teufelsaustreibung", auch jene heils- und heilkräftigen Reliquien zu sehen, die im Mittelpunkt allgemeiner Verehrung standen. Daß sie keineswegs so spezifisch christlich sind, wie die Vertreter des aufgeklärten

Rationalismus seit dem 18. Jahrhundert annahmen, zeigt ein Blick in die islamische Welt, die ja (wie vielleicht auch buddhistische Länder in Asien) ebenfalls jene Wallfahrten zu wunderwirkenden Knochen, Zähnen und Resten der Religionsstifter und ihrer Nachfolger gekannt hat.

In unserem mitteleuropäischen Gebiet gehört die englische Königstochter Dymphna zu den großen, gottergebenen Dulderinnen. Nach jahrelangen Qualen, die ihr allernächste Verwandte in teuflicher Bosheit zugefügt hatten, versank sie noch in jugendlichen Jahren in tiefe geistige Umnachtung und starb bald. Ihre letzte Ruhestätte fand sie außerhalb der Heimat, in *Geel* (früher: Gheel) in Belgien. Dort wurden ihre sterblichen Reste bald das Ziel frommer Pilger. Sie hatten oft tagelange Fußwanderungen mit ihren geisteskranken Angehörigen hinter sich und manche Gefahr der Reise überstanden, wenn sie endlich – voller Hoffnung – am Grab der Heiligen niederknieten, um betend ihre Hilfe zu erflehen.

Später waren die Gebeine des irrsinnigen Mädchens in einem Schrein hoch über dem Fußboden der Kirche, auf Pfosten stehend, untergebracht. Dadurch konnten die Umnachteten nicht nur um die Reliquien herumgeführt werden oder die strahlende Heilsquelle selbst umwandern, sondern es war nun auch möglich, unter dem Hochgrab hindurchzukriechen. Ähnliche Pilgerbräuche sind auch aus Aachen überliefert, wo man heute noch beim Thron Karls des Großen an Abwetzungen der Steine die Spuren der Gläubigen sehen kann.

Die Anziehungskraft des Heiligtums in Geel strahlte weit nach Deutschland und nach Frankreich hinein. Erst die Sprachbarrieren und der zunehmende Nationalismus des 19. Jahrhunderts haben die ehrwürdige Stätte der Hoffnung verkümmern lassen. Aus der Fülle der Wallfahrtsorte ragt Geel vor allem durch seine Spezifität, durch eine Art von Spezialisierung heraus. Denn von Anfang an zog der Ort fast ausschließlich Geistesgestörte an. Nur mit Narren pilgerte man nach Geel. Damals entwickelte sich jene fokusartige Zentralisierung der Hoffnung auf einen ganz bestimmten Ort, auf eine ganz deutlich herausgestellte Einrichtung, die unmittelbar an die späteren Irrenanstalten erinnert. Zwar hat sich das therapeutische Angebot moderner „Versorgungsinstitutionen" für psychisch Kranke verändert und sicher ist die Heil-Effizienz meßbarer geworden. Die zentrale Rolle späterer psychiatrischer Krankenhäuser ist aber in Wallfahrtsorten wie Geel zum erstenmal deutlich faßbar. Damit aber treten mitten in diesem angeblich so völlig „überwundenen" Mittelalter jene Institutionselemente hervor, die in ihrer ausgewogenen Kombination die Struktur des heutigen Versorgungssystems für psychisch Kranke ausmachen.

Damals hörten die Familien auf, sich selbst zu helfen, sondern lernten es, ihre Hoffnung auf ferne Orte zu setzen. Fremde wurden um Unterstützung angefleht und angebettelt. Wer nicht mehr selbst die Last des wirren Bruders und der verblödeten Schwester zu tragen und zu erdulden bereit war, der konnte jetzt nach Geel wandern.

Ganz deutlich wird dies vor allem, wenn man untersucht, wo die Pilger gewohnt und gelebt haben. Offensichtlich gab es nie ein Pilgerhospiz oder gar ein so prunkvolles « Hospital Real », wie es die Könige von Spanien am Grabe des heiligen Jakob in Santiago de Compostela errichten ließen. In Geel wohnte man stets bei den Bauern in der Umgebung, und dort konnte man auch die Irrsinnigen in „Kost und Logis" zurücklassen, damit sie möglichst nahe der heiligen und heilenden Gebeine leben konnten. Ob die Geistesverwirrten „um Gottes Willen" und „um Gottes Lohn" (im Jenseits!) oder gegen die Zusicherung von Mitarbeit in Feld und Wald aufgenommen wurden, steht dahin. Auch später waren kräftige „gesunde Geisteskranke" als billige und gut ausnutzbare Stallknechte und Mägde dem Bauern oft willkommen. Vielleicht liegen hier sogar die Anfänge jener „Arbeitstherapie", die ja als eine Erfindung des 19. Jahrhunderts gilt und später besonders Hermann Simon und der Anstalt Gütersloh zu verdanken ist.

Die Unterbringung nahe der Dymphna hatte den weiteren Vorteil, daß im Augenblick des Paroxysmus Unruhige, Tobende und „Rasende" schnell und direkt mit den Reliquien in Berührung zu bringen waren. Dies führte schließlich dazu, wenigstens für einige Irre Zellen an der Kirche zu errichten. Wie oft diese ersten Spezialunterkünfte umgebaut, verbessert oder gänzlich erneuert worden sind, ist nie festgestellt worden. Immerhin kann man heute noch zwischen zwei Strebepfeilern der südlichen Längswand des Kirchenschiffs typische (stark erneuerte) Irrenzellen bewundern, die in ihrer Grundkonzeption in das 16. oder 17. Jahrhundert zurückgehen.

Die zentrale Bedeutung der Wallfahrtsorte für die Herausbildung des modernen Versorgungssystems für psychisch Kranke darf nicht vergessen lassen, daß es eigentlich die Aufgabe des „Hirten" war, sich der Schwächsten in seiner Herde anzunehmen. Gewiß haben die Bischöfe in Deutschland und besonders in Frankreich viele Domspitäler „im Schatten" (meist westlich) ihrer Kathedralen gebaut, die heute noch links des Rheins oft den klangvollen Namen « Hôtel-Dieu », Gasthaus zum lieben Gott, haben. Geisteskranke sind dort unter den vielen Armen und Hilfsbedürftigen aller Art im Mittelalter nicht besonders erwähnt. Daß Irre jedoch im Hospiz des Bischofs vorhanden gewesen sein müssen, läßt sich besonders deutlich am Hôtel-Dieu in Paris zeigen, dessen Irrenabteilung noch am Vorabend der Großen Revolution von 1789 eine der wichtigsten Behandlungsstätten für psychische Störungen gewesen ist.

Neben der episkopalen Wurzel des Hospitals und damit des Irrenhauses ist im letzten Jahrhundert der monasteriale Ursprung dieser Institutionen aus kirchenpolitischen Gründen fast in Vergessenheit geraten. Wer die caritative Entscheidungsgewalt der Kirche gegenüber dem Staat etwa während des „Kulturkampfes" herausstellen wollte, der mußte die Rechtsansprüche des Bischofs betonen und nicht die der Mönche. Tatsächlich aber ist vielleicht der Beitrag der Klöster zum Irrenhaus und damit zum heutigen Versorgungssystem für psychisch Kranke der gewichtigste von allen.

Dabei sind es zunächst gar nicht so sehr die Herbergen und Infirmarien der großen Ordensgemeinschaften, wie sie aus dem

"Plan von St. Gallen" um 820 oder in Cluny und den Zisterzienserklöstern entgegentreten. Viel wichtiger für die Irrenanstalten wurden die grundsätzlichen Einstellungen des Mönchs zum Leben. Seine Prinzipien „Gehorsam, Armut, Keuschheit" sind immer wieder als Heilmittel für die Verwirrten selbst genutzt worden.

Noch im 19. Jahrhundert ist der „Gehorsam" gegen den Abt in der Unterwerfung des Patienten unter den Willen des Direktors lebendig. Auch die „Tugend der Armut" hatte in der meist totalen Mittellosigkeit fast aller Insassen staatlicher und kirchlicher Irrenanstalten ihr Gegenstück. Schwieriger war zuweilen die Durchsetzung der „Keuschheit". Jedenfalls gibt es noch um 1800 die Klage über die „bedauerliche Vermehrung der Anstalt aus sich selbst". Bis in unsere Zeit hinein sind Frauen- und Männerabteilungen streng getrennt (so streng wie bei „Doppelklöstern"!). Darüber hinaus führten die alten Irrenhaus-Direktoren einen aussichtslosen Kampf mit der „Selbstbefriedigung", die immer wieder als eine der Ursachen von „Geisteszerrüttung" verdächtigt wurde. Sexuelle Totalabstinenz galt überall in Europa als Vorbedingung jeder Heilung.

Neben „Gehorsam, Armut, Keuschheit" dürfen weitere mönchische Tugenden nicht vergessen werden, die noch im 19. Jahrhundert tragende Themen psychiatrischer Reformbemühungen waren. Da ist das „bete und arbeite!", das „ora et labora!" der alten Einsiedler als „Arbeitstherapie" über Geel bis Gütersloh zu verfolgen. Wichtiger noch aber ist das Prinzip der Rhythmik, der geregelte, harmonische Tagesablauf, der im „bete und arbeite!" steckt. Hatten einst Basilius der Große im Osten oder Benedikt von Nursia im Westen durch ihre „Regeln" Ordnung und Norm in die Klöster hineingetragen, so war es später dem Direktor wie einem Abt vorbehalten, durch die „Hausordnung" zu leiten und zu heilen. Auch wenn heute ihre pedantischen Schikanen abstoßend und kleinlich wirken, so zeigt die Feierlichkeit, mit der das „Statut", das « Règlement » in allen alten Irrenanstalten verkündet und „gegeben" wurde, wie wichtig dies den Zeitgenossen war und wie sehr hier Monasteriales fortwirkte.

Neben dem „Segen der Arbeit" und dem „Segen der Ordnung" ist jedoch heilsame Einsamkeit jenes Therapeutikum, das dem heutigen „sozial gestimmten" Menschen am wenigsten einleuchtet. Daß hier wieder alte Einsiedlertugenden der Mönche aller Weltreligionen fortwirken, sei ausdrücklich betont. Während heute der moderne Psychiater „gesellschaftsnah" oder „gesellschaftsoffen" heilen will, hatten die Irrenhausreformer vor 200 Jahren ihre Hoffnung auf die Einsamkeit gesetzt. "Retreat" – Rückzugsort nannten sie ihre vorbildlichen Anstalten, die wie Einsiedeleien am Rande der Welt und sicherlich „außerhalb der Gesellschaft" liegen sollten. Auch in deutschen Irrenhäusern wurden noch im letzten Jahrhundert Besuche von Angehörigen aus therapeutischen Gründen verboten, Briefe vom Direktor kontrolliert und die Kontakte zur Außenwelt – in der Absicht, Schädlichkeiten abzuwehren – genau geregelt. Auch hier erwiesen sich monasteriale Verhaltensmuster des Mittelalters stärker als alle Großen Revolutionen. Ob übrigens „Gesellschaft" ein wirkungsvolleres Heilmittel ist als „Einsamkeit", wird ohnehin erst die Zukunft zeigen müssen. Fest steht heute nur eines: nämlich daß lange Perioden erzwungener Einsamkeit immer verheerend wirken. Dies gilt nicht nur für das Irrenhaus, sondern noch viel mehr für das Gefängnis, das ja als zweite große klosterähnliche Institution unserer Zeit vorübergehend sogar das mönchische Schweigen als Disziplinierungsmittel versuchte und erst dadurch „totale Einsamkeit" möglich machte.

Mönchische Tugenden sind aber niemals Selbstzweck gewesen, sondern hatten den Sinn, das Gespräch mit Gott zu erleichtern. Wer ganz den Vorgängen in seinem Innern leben und sie ordnen will, für den wird Umwelt zurücktreten müssen. Das Lesen bewährter Texte erleichtert dies. Durch alle Jahrhunderte galt deshalb die Bibel, „das Wort Gottes" als wirkungsvollstes psychisches Heilmittel. Im Kloster wie im Irrenhaus fehlte sie niemals. Durch Prediger verkündet, in der Gemeinschaft erlebt und in der Einsamkeit der Zelle erfahren, wirkte sie selbst dann noch fort, als sie äußerlich kaum noch sichtbar war.

Die erste große Modellanstalt der Deutschen hieß „Illenau". Der Name meinte ganz sachlich, daß die Ill, ein Bächlein, durch einen Wiesengrund, die Au, murmelte. In den Worten klingen aber Paradiesvorstellungen nach, die aus dem 23. Psalm Davids stammen: „Der HERR ist mein Hirte" heißt es da. Und so wie Gott den Menschen auf Erden führen und leiten wird, so hat auch der Direktor der Anstalt jeden Schritt der ihm Anvertrauten zu überwachen und ständig im Auge zu haben.

Neben dem Schutz vor dem Unheil verkündet die Schrift aber zudem ein idyllisches Dasein: „Mir wird nichts mangeln. Er weidet mich auf einer grünen Aue (dem Wiesengrund), und führet mich zu frischem Wasser (der Ill)". Weder Hunger noch Durst wird den Patienten quälen können, denn so wie Gott, wird auch der Direktor „einen Tisch bereiten" und „voll einschenken".

Essen und Trinken kann der Kranke sogar „im Angesicht" seiner Feinde, die ihn als Wahngestalten hörbar und sichtbar umlauern. Doch auch wenn der Umnachtete scheinbar allein und verzweifelt „wanderte im finstern Thal" und den Irrlichtern seiner Phantasie ausgeliefert war, dann fürchtete er trotzdem kein Unglück, denn er wußte stets: „Du bist bei mir, Dein Stekken und Stab trösten mich..."

Neben dem Modellcharakter des Klosters für die Irrenanstalten sollen wenigstens kurz noch jene Ordensgemeinschaften genannt werden, die sich mit besonderer Liebe den Geisteskranken und den geistig Behinderten zugewandt haben. Die Tradition reicht weit zurück und ist in Deutschland besonders am Niederrhein zu fassen, wo Alexianer-Klöster seit dem hohen Mittelalter bezeugt sind. Die Niederlassungen in *Aachen* (1396) und *Köln* stammen aus dem 14. Jahrhundert, während jene in *Neuß* mindestens bis 1780 (?) zurückverfolgt werden kann. Noch heute „betreibt" dieser Orden in vielen Städten des Rheinlandes streng katholische Irrenanstalten, die ein Gegenstück zu den evangelischen Irrenhäusern der Diakonissen von *Kaiserswerth* darstellen.

Ein anderer Orden, der sich leidenschaftlich durch Geistesgestörte angerufen fühlte, war der des Johannes von Gott, der in Spanien als San Juan de Dios und in Frankreich als St. Jean de Dieu hoch verehrt wurde. In den westdeutschen Kleinstaaten hat sich die Gemeinschaft allerdings kaum verbreitet. Dagegen ist die nachmittelalterliche Irrenfürsorge in Süd- und Westeuropa, in Mittel- und Südamerika, besonders aber in Italien, Österreich, Bayern und Polen sehr stark geprägt von den « Hermanos de la Caridad » und den « Frères de la Charité », den « Fatebenefratelli » und den „Barmherzigen Brüdern".

Sie sollten nicht mit dem gänzlich anderen Orden der „Barmherzigen Schwestern" des Vinzenz von Paul (nicht Paula!) verwechselt werden, die sich jedoch ebenfalls überragende Verdienste um die Fürsorge der Geisteskranken und besonders der geistig Behinderten in Irren- und Idiotenanstalten erworben haben. Ausgehend von den Mutterhäusern in Straßburg, Schwäbisch Gmünd und Untermarchtal lag ihr Betätigungsfeld vor allem in den katholischen Gemeinden Südwestdeutschlands. Erst im 19. Jahrhundert beginnend, ragt ihre Tätigkeit mit der Anstalt *Rottenmünster* bei Rottweil in unsere Gegenwart hinein.

Narrenzellen hinter den Bürgerhospitälern der Städte

Mit dem Aufblühen des Fernhandels und der zunehmenden Produktionskraft des Handwerks entstanden die Städte. In Frankreich und England blieben sie stets der zentralen Herrschaftsgewalt der Krone unterworfen. In Deutschland aber, wo die Macht des Kaisers seit dem Hochmittelalter zunehmend verfiel, gerieten die neuen Kommunalwesen und ihre Märkte in die Abhängigkeit regionaler Landesfürsten. Bald gelang es den reichen Bürgern, den Fernhändlern und Handwerksmeistern, diese Bevormundung abzuschütteln, um sich aus eigenem Willen wieder dem Kaiser als „freie reichsunmittelbare Stadt" zu unterstellen.

Dieses hohe Maß an Souveränität brachte wachsende soziale

Verpflichtungen mit sich, die nun nicht mehr auf den Bischof, die Mönche oder den Landesherrn abgeschoben werden konnten. Städtische Bürgerhospitäler entstanden, in denen verarmte, hilfsbedürftige und alte Menschen Zuflucht fanden. Auch den Geistesgestörten konnte schließlich ein Minimum an Hilfe nicht versagt werden, vor allem wenn sie das Bürgerrecht besaßen.

Während ruhige und „harmlose Irre" in die städtischen Hospitäler selbst aufgenommen werden konnten, verbot sich dies bei lärmenden, schmutzigen und gefährlichen Tollen. Den Lepra-Kranken vergleichbar, die ja wegen der drohenden Ansteckungsgefahr in Siedlungen vor der Stadt leben mußten, verbrachte man lästige Irre ebenfalls vor die Tore. In holzgezimmerte, transportable Kisten eingesperrt, lebten sie teils an den Ausfallstraßen der Städte, um Reisende anbetteln zu können, oder aber in den ausbruchsicheren Türmen der Befestigungsmauer.

Solche hölzerne Narrenkäfige, Tollkästen und „Dorenkisten" sind bekannt aus *Hamburg* (1386), *Braunschweig* (1390 oder 1434) und *Lübeck* (1471), wo ein Kasten im Süden vor dem Mühlentor und ein anderer im Norden vor dem Burgtor stand. Noch im Jahre 1550, also gewiß nach dem Mittelalter, hat die Stadt *Düsseldorf* eine solche Narrenkiste zimmern lassen.

In *Hamburg* gab es einen Turm in der Stadtmauer, der den Namen „Roggenkiste" hatte und als Gefängnis diente, bis man 1376 eine „Tollkiste" in ihm aufstellte. Ein anderer Turm, nämlich der des Millerntores, nahm nach 1500 Irre auf, und zwar vermutlich deshalb, weil er nahe des Heilig-Geist-Hospitals stand, das für Kost, Logis und Kleidung der Irren zu sorgen hatte. In *Nürnberg* mietete 1481 eine Patrizierin einen Turm der Stadtmauer, um dort ihren geisteskranken Sohn auf eigene Kosten verwahren zu lassen. Auch in *Aachen* sind Irre in Stadttoren bezeugt.

Es ist falsch, diese altertümliche Verwahrungsart in Kisten und Türmen als inhuman und grausam abzutun. Richtiger wäre es, hier die ersten spät- und nachmittelalterlichen Ansätze einer Beschäftigung mit Irren zu erkennen. Hier liegen die ersten Kristallisationskerne vor, aus denen sich das moderne Versorgungssystem für psychisch Kranke entwickeln konnte. Es gibt keinen Grund, sich dieser Anfänge zu schämen. Im Gegenteil! Dort, wo nämlich Tollkisten und Narrentürme fehlen, wie in großen Teilen der außereuropäischen Welt, dort hat man – in Asien, in Afrika – nie den Weg zu eigenen regulären Irrenhäusern gefunden.

Der geheimnisvolle Rückgang der Lepra und das jahrzehntelange Ausbleiben der Pest brachten es mit sich, daß die oft großen Seuchenanstalten der Städte nach 1500 zunehmend leerstanden. Es lag nahe, diese oft recht stabilen Häuser „provisorisch" zur Unterbringung von Irren zu benützen. Arbeitsscheue, Straßenmädchen und Waisenkinder folgten. Als schließlich auch Diebe, Landstreicher und streunendes Volk dort Unterschlupf suchten und dann auch festgehalten wurden, war es unumgänglich, die Häuser in steigender Zahl zu verschließen. So wurden diese gefährlichen Elemente der Bevölkerung zwar bewacht, aber es wäre übertrieben zu behaupten, daß damit bereits ein „Bannkreis der Verdammnis" um sie aufgerichtet gewesen wäre.

Aus *Stuttgart* stammt die Nachricht, daß dort 1589 Irre im Leprosenhaus vor den Toren untergebracht waren. In *Lüneburg* wurde das Pesthaus „auf der Breiten Wiese" (1566 erbaut) 1576 für Sieche und Geistesgestörte verwendet. Auch *Hamburg* benützte seinen schönen Pesthof seit 1683 für Irrsinnige. Auf den zahlreichen Pesthofzetteln, heute kostbaren Drucken, mit denen damals Geld erbettelt wurde, sind die zellenartigen Tollkisten nebeneinanderstehend im Hintergrund oft deutlich zu sehen. Noch 1810 lebten dort 104 Wahnsinnige und 36 Epileptiker neben zahlreichen anderen Siechen. Daß auch im Pesthaus von *Berlin,* der späteren Charité, oder in französischen Pesthäusern in *Paris* und *Lyon, Nancy* oder *Bordeaux* ganz ähnliche Entwicklungen abliefen, zeigt, wie sehr hier überregionale Voraussetzungen wirksam waren.

Alle bisher genannten Maßnahmen der Stadtverwaltungen hatten etwas Interimistisches und Improvisiertes. Zwar mußten Ratsherren zugeben, daß die Probleme, die mit gefährlich Irrsinnigen verbunden waren, nicht ignoriert werden konnten.

Aber das Entstehen bleibender Einrichtungen und damit permanenter Belastungen öffentlicher Kassen sollte nach Möglichkeit verhindert oder wenigstens verzögert werden. Die endlich doch nicht zu vermeidende Einrichtung regulärer Irrenzellen in oder genauer stets „hinter" den städtischen Hospitälern ist somit ein wichtiger und zudem irreversibler Schritt gewesen. Da er mehr verheimlicht als politisch herausgestellt wurde, macht die Datierung heute oft größte Schwierigkeiten.

Jedenfalls sah ein Besucher (vor 1786) im „Heilig-Geist-Hospital" in *München* gräßliche Räume für Geisteskranke, die schon lange bestanden. Das „Heilig-Geist-Hospital" in *Frankfurt* (1283 gegründet) hatte 1477 besondere Räume für Irre. Die Freie Reichsstadt *Esslingen* hatte in ihrem reichen Spital Stuben für Wahnsinnige eingerichtet, die als so nachahmenswert galten, daß der Rat von *Pforzheim* 1544 bat, diese durch Abgesandte besuchen lassen zu dürfen, da man selbst ähnliche errichten wollte.

Der Ausbau und die Abtrennung dieser Irrenzellen alter Bürgerhospitäler führte in Deutschland zu den ersten selbständigen Abteilungen für Geisteskranke, die dann zunehmend administrativ und räumlich zu Irrenhäusern für sich wurden. Die erste Stufe der Entwicklung läßt sich sehr gut an einem Projekt für ein „Hospittals-Gebäw" studieren, das Joseph *Furttenbach* 1655 nach dem verheerenden Dreißigjährigen Krieg bekannt machte (Blatt K). Hinter der Westmauer des von Osten zu betretenden Spitals sollte sich Zelle an Zelle reihen, jede mit Bett und Abort ausgestattet. Ein verbindender Gang vor den Zellentüren und ein gemeinsames Dach hätte das Ganze zu einer weitgehend abgetrennten Einheit werden lassen, die aber bereits in typischer Weise abgedrängt „hinter" dem Spital geplant war. Für Epileptiker gab es im gleichen Bereich zwei Zimmer mit je sechs Betten, für Frauen und Männer getrennt.

Daß die Irrenabteilungen der großen Spitäler in Deutschland im 18. Jahrhundert tatsächlich irgendwo „hinten" lagen, lehrt ein Blick auf *Würzburg*. Dort hatte der Fürstbischof Friedrich Carl von Schönborn im Jahre 1743 angeordnet, im Garten des alten Juliusspitals sechs Blockhütten zu errichten. Vermutlich waren sie, wie später ähnliche Bauten in der Wildnis Nordamerikas, nur roh aus dicken Baumstämmen zusammengefügt und dadurch billig, stabil und ausbruchssicher. Alle „delirantes et simul furiosi", alle gefährlichen Irren also, sollten dort untergebracht werden, während den harmlosen Narren gerne weiter gestattet wurde, sich mit den anderen Hospitaliten der berühmten alten mainfränkischen Stiftung zu mischen.

Eine ähnliche Irrenabteilung hatte auch das „Heilig-Geist-Hospital in *Augsburg*. Ein Besucher, der sie 1793 beschrieb, spricht von einem „Halbzirkel", womit er wahrscheinlich das Erdgeschoß eines halbrunden Turmes der mittelalterlichen Stadtmauer gemeint hat, der zufällig im Hospitalbereich lag. „Neun ... (damals) enge, schmutzige Löcher (selbstverständlich aus Sicherheitsgründen) ohne Fenster" waren immerhin bereits von einem zentralen Ofen aus heizbar. Die angeketteten Patienten lagen auf Stroh. Nachtstühle gab es nicht. Die Speisen reichte man in angeketteten Kupfernäpfen. – Gewiß war dies alles weder sehr appetitlich noch besonders human. Man vergesse aber nicht, daß der Wahnsinnige in anderen Weltgegenden sich selbst überlassen war, wenn keine Familie und keine Angehörigen sich um ihn kümmerten. Man vergesse nicht, daß in schlechter regierten Gemeinwesen wie dem damaligen Augsburg gefährliche Irre ahnungslose Bürger nicht nur auf harmlose Art belästigten, sondern wie Blitz und Erdbeben eine permanente Bedrohung der öffentlichen Sicherheit darstellten.

Eines der allererstens selbständigen Irrenhäuser des deutschen Sprachgebiets errichtete die reiche Hansestadt *Lübeck*, und zwar offensichtlich im Zusammenhang mit der bereits genannten „Dorenkiste" (1471) vor dem Mühlentor im Süden. Dort entstand 1602 ein „Unsinnigenhaus" mit 12 nebeneinanderliegenden Zellen, das bereits 1669 auf 18 Zellen erweitert werden mußte. Über ein Jahrhundert später entschloß man sich 1787 zu einem Neubau, dessen sorgfältigste Planung in mustergültigen Zeichnungen heute noch in allen Einzelheiten rekonstruierbar ist. Das schon 1788 bezugsfertige „Tollhaus" lag mit seinen drei Flügeln um einen rechteckigen Innenhof. Die parallelen langen Seitenflügel nahmen die Zellen auf, die an den Außenseiten Wand an Wand aufgereiht lagen. Ein Verbindungsbau an der Schmalseite enthielt außer den Diensträumen des „Aufsehers" und der Küche den großen „Saal für die Wahnsinnigen". Für Heizung und genügend Aborte war gesorgt. Erst 1819 wurde ständig ein Arzt angestellt, der die körperlich Leidenden unter den Geisteskranken täglich einmal besuchen sollte.

Auf vergleichbare Entwicklungen in *Düsseldorf* und in *Frankfurt,* wo das bekannte „Kastenhospital" 1785 nach einem Brand neu erbaut worden war, soll hier nur hingewiesen werden. Frankfurt hat schließlich im 19. Jahrhundert die letzte große städtische Irrenanstalt (1864) in neogotischem Stil erbaut. Direktor war damals Heinrich Hoffmann, der Verfasser des penetrant pädagogischen Kinderbuches ›Der Struwwelpeter‹. Die Zeit der städtischen Irrenhäuser war aber längst vorbei. Nicht mehr die vergleichsweise kleinen städtischen Gemeinwesen trugen die schwere Last, sondern inzwischen vor allem der Staat.

Landesspitäler der Fürsten der Reformation

Weil mittelalterliche Stiftungen oft nur jenen zugute kommen sollten, die das Bürgerrecht einer Stadt besaßen, zersplitterte die kommunale caritative Tätigkeit mehr und mehr. Neben „Armenhospitälern" für Jakobspilger, fahrende Handwerksburschen und heimatlos gewordenes Volk, die sicherheitshalber oft vor den Toren lagen, gab es innerhalb der Mauern reiche Gründungen, die in sich für Herrenpfründner und Armenpfründner unterteilt wurden.

Auf diese Weise war für die Landbevölkerung schlecht gesorgt. Hier eine Wende herbeizuführen, blieb der Reformationszeit vorbehalten, die dabei Enteignungspraktiken anwandte, die heute halb sozialistisch anmuten. Das Hospital hörte damit auf, eine Institution bevorrechtigter städtischer Bürger zu sein. Es sollte nun allen offenstehen, die Untertanen eines Landesfürsten waren.

Am deutlichsten sind die epochalen Ereignisse in Hessen zu studieren, obwohl Württemberg, Sachsen oder England und Schweden aus ihrer Romfeindlichkeit heraus vergleichbare Entwicklungen zeigten. Auf der Homberger Synode, jener frühen reformatorischen Kirchenversammlung, wurde 1526 beschlossen, die Klöster in Hessen aufzuheben und ihre reichen Einkünfte „zur Förderung wahrer Frömmigkeit und zur Erziehung der Jugend, sowie auf die Pflege Notleidender und Kranker zu verwenden" (Mayer 1904, S. 12). Während in Württemberg die Schulungsstätten eines neuen Priestertums im alten Gemäuer von Maulbronn und Blaubeuren entstanden, gründete in Hessen Philipp der Großmütige neben der „Hohen Schule", der Universität in Marburg, vier „Hohe Landeshospitäler". Sie sollten prinzipiell jedem seiner Untertanen offenstehen und stellten damit noch vor der Herausbildung eines tragenden Staatsbegriffs die Vorwegnahme eines öffentlichen „Versorgungssystems" auf Landesebene dar, das schon damals durch die Enteignung der Reichen finanziert werden sollte.

Ein Chronist schildert (1711, fast zwei Jahrhunderte später) die Ereignisse so:

Der Herr Landgraf (liess) allenthalben im Hessenlande allerlei Art gebrechlicher Leute auf Karren und Wagen zuführen, also dass das wohlbegüterte Closter Heyna (heute *Haina*) überall mit armen Leuten, als Blinden, Lahmen, Stummen, Tauben, Wahnwitzigen, Mondsüchtigen, Sinnverrückten und Besessenen, Missgestalteten, Aussätzigen, Abgelebten, Höckrigen, Wassersüchtigen, Gebrochenen, Schlagberührten und dergleichen häufig und völlig besetzt wurde (Winkelmann 1711; zitiert nach Mayer 1904, S. 14).

Von reichen städtischen Pfründnern ist nicht mehr die Rede.

Während gegen die Orden rücksichtslos vorgegangen wurde und das Gelübde der Mönche als „unchristlich" galt, hielt Philipp es für politisch unvermeidlich, die hessische Ritterschaft, zu der er ja selbst gehörte, vorsichtiger zu behandeln. Einerseits hatte der Adel viele der Klöster gegründet, andererseits dienten diese unverheiratbaren Töchtern als Zuflucht und waren damit durchaus den zu gründenden Hohen Landeshospitälern vergleichbar. Reiche Stiftungen wurden deshalb 1532 der Ritterschaft aus politischem Kalkül zurückgegeben. Ein Jahr später (1533) richtete Philipp die Klöster *Haina* und *Merxhausen* als Spitäler ein. *Hofheim* und *Gronau* (im Dreißigjährigen Krieg wieder untergegangen) folgten. Im Jahre 1535 erhielten alle vier Institutionen fast gleichlautende „Stiftungsurkunden", obwohl die Rechtsstreitigkeiten mit den alten Besitzern oft erst Jahrzehnte später nach Intervention von Papst und Kaiser durch Vergleiche beigelegt werden konnten (für Haina 1559!).

Da in Haina und Gronau nur Männer und andererseits in Hofheim und Merxhausen nur Frauen angenommen wurden, lebte die vorreformatorische Trennung in weit auseinanderliegende Mönchs- oder Nonnen-Gemeinschaften fort. Man findet sie später wieder im « Hôpital général » in Paris, das in seiner Abteilung Bicêtre nur Männer, in der Salpêtrière nur Frauen aufnahm. In kleineren Nachfolgegründungen ging diese souveräne Form der Geschlechtertrennung beiderseits des Rheins im 18. Jahrhundert verloren, was dann zu jener beklagten „Vermehrung der Anstalt aus sich selbst" führen mußte.

Auch innerhalb des einzelnen Hohen Landeshospitals waren zwischen den Armen Schranken aufgerichtet und Klassen gebildet, die später wichtige Entflechtungsprozesse provozierten. So gab es in Haina vor 1600:
1. eine „Bruderstube" für noch arbeitsfähige Leichtkranke;
2. eine Abteilung für Hilflose, die aber noch gehen konnten, zusammen mit Epileptikern und Blinden;
3. eine „Krankenstube" für Bettlägerige;
4. ein „Gewelb", in dem „etzliche Wahn- und Mondsüchtige Leut angeschlagen" (= angekettet) waren, zusammen mit Tauben und Stummen;
5. eine Abteilung, in der „achtzehn gewaltige starcke Kisten (sind), unter welchen ein Bach durchstreichet". „Arme Rasende Leut (lagen) in solchen Kasten verschlossen" und waren vielleicht nackt, denn der Raum konnte durch drei Öfen

geheizt werden, obwohl damals oft behauptet wurde, Irre könnten nicht frieren und litten nicht unter Kälte.
6. Schließlich ist noch ein Haus für ansteckende Kranke zu nennen, das jedoch erst 1556 errichtet worden war (vgl. Martin 1920).

Damit sind für die hessischen Hohen Landeshospitäler die Verwahrung in Holzkisten und ein Festhalten durch die Ankettung gesichert, und außerdem ist deutlich, daß gefährliche „Rasende" anders „versorgt" wurden als freundliche Narren, die lediglich „zu grellem Mondlicht" ausgesetzt waren (Lunatics, Mondkranke, hießen in England die Irren noch im 19. Jahrhundert!).

Während die protestantischen Gebiete den neuen hessischen Typus der frommen Stiftung kaum aufzunehmen vermochten, scheint die Gegenreformation bei Philipp dem Großmütigen gelernt zu haben. Dieser Verdacht ist vor allem bei Julius Echter von Mespelbrunn gegeben, der als mächtiger Fürst und Bischof der katholischen Reaktion in *Würzburg* das nach ihm benannte „Juliusspital" als politisches Kampf- und Bekehrungsinstrument gegründet hat.

Neben Protestanten sollten auch Juden der einzig wahren Lehre zurückgewonnen werden. Ob sie Bürger von Würzburg waren oder nicht, galt dabei als gleichgültig. Privilegierte, stiftungsberechtigte Pfründner sollte es grundsätzlich nicht mehr geben. Der Stiftungsbrief, der 1579 und damit etwa ein halbes Jahrhundert nach dem hessischen (1535) von Julius Echter unterzeichnet wurde, betont ausdrücklich, daß das Spital „für allerhand Sorten Arme (und) Kranke..." errichtet sei, die „in dieser Stadt und unserm Stift (ge)bürtig" sind oder im Bistum gelebt haben. Der Kreis der Aufzunehmenden ist damit auch in einem katholischen deutschen Gebiet maximal erweitert. Was bisher für die Stadt galt, ist nun für das ganze Land verbindlich. Was bisher als „Stiftungsberechtigung" Privileg einzelner Stadtbürger der Mainmetropole war, ist jetzt zum allgemeinen Recht aller Untertanen des Fürstbischofs geworden. Hatte im Mittelalter der einzelne Irre die Werke der Barmherzigkeit noch als Gnade erbettelt und als Almosen empfangen, so konnte er jetzt ein Recht auf Hilfe geltend machen, ein Recht, das allen Bewohnern des Hoheitsgebiets ohne Unterschied zustand.

Im Würzburger „Juliusspital" sind spätestens 1589 die ersten Irren aufgenommen worden. Die Abteilung der Wahnsinnigen war bald in das Altersheim und das Krankenhaus vollständig integriert.

Zucht- und Tollhäuser des Absolutismus

Der neue Typus des Landeshospitals, der den Fürsten der Reformation und Gegenreformation in Deutschland zu verdanken war, nahm wichtige Entwicklungen der Zukunft vorweg. Man durfte um 1600 erwarten, daß bald überall in Mitteleuropa Stiftungen für ganze Herrschaftsgebiete entstehen würden, die das oft sehr zersplitterte mittelalterliche Hospital- und Versorgungssystem zusammenfassen und neu wirksam hätten machen können.

Doch nichts geschah! Teuerungen, Hungersnöte, verheerende Seuchen und schließlich der grauenerregende dreißig Jahre lange Krieg von 1618 bis 1648 lähmten jede Regierungsaktivität bis weit über die Jahrhundertmitte hinaus. Viele der neuartigen Landesgründungen waren genauso wie die alten städtischen Stiftungen damals aufs Äußerste gefährdet. Das hessische „Hohe Landesspital" in Gronau ging in diesen furchtbaren Jahren endgültig unter. Statt Irre und Wahnsinnige wie Geisteskranke und Patienten zu pflegen, wütete die Hexenverfolgung derartig verheerend, daß nun auch abnorme Wesensart – Psychopathie – und Hysterie vor allem Frauen gefährdete. Jetzt erst loderten in Deutschland jene Scheiterhaufen, die eine antiklerikale Geschichtsschreibung dem Mittelalter anzulasten pflegte.

Den düsteren Wolken rechts des Rheins entsprach ein heiterer Himmel über Westeuropa. In Spanien ging das Goldene Zeitalter, das « siglo de oro », langsam zu Ende. Die Niederlande wurden von einer Welle phänomenalen Reichtums überspült und entwickelten ihr beneidenswert liberales und demokratisches Staatswesen. Frankreich aber brachte neue Formen der Regierungskunst hervor, die von der absoluten Herrschaftsausübung durch den König geprägt waren. Um 1700 blickte Europa gebannt auf Paris, das wie vorher Spanien tonangebend geworden war. Der französische Absolutismus hatte der Welt den neuen Typus des « Hôpital général » anzubieten. Der Prototyp war 1656 in der Hauptstadt *Paris* gegründet worden, und zwar nicht durch den Ausbau von Leproserien, wie man heute in Frankreich meint, sondern durch die Zusammenlegung bestehender Hospitäler, die durch Neueröffnungen ergänzt wurden. Als wichtigste Komponenten des vor allem als Verwaltungsgebilde bestehenden « Hôpital général » gelten das « Hôpital de Bicêtre » für Männer, in einem alten Schloß der Könige eröffnet, und das « Hôpital de la Salpêtrière » für Frauen, das in einer ehemaligen Rüstungs- und Pulverfabrik, der Salpetersiederei, eingerichtet worden war. In beiden Häusern gab es von Anfang an große Irrenabteilungen, die zur Wiege der heutigen französischen Psychiatrie geworden sind.

Die deutschen Kleinstaaten folgten dem Pariser Vorbild bis in Einzelheiten hinein. Doch alles ist kleiner, kleinlicher, verspätet und verhält sich wie die Nachahmung zum Vorbild. Statt den großzügigen Namen « Hôpital général » irgendwie ins Deutsche zu übernehmen, findet man den neuen Typus unter so schrulligen Bezeichnungen wie „Armen-, Waysen-, Zucht- und Tollhaus" (Waldheim) oder „Waisen-, Toll-, Kranken-, Zucht- und Arbeitshaus" (Pforzheim) oder „Land-Arbeits-, auch Zucht- und Irrenhaus" (Strelitz). Die hinter dem Namen stehende Begrifflichkeit war nur noch die engbrüstige Schrumpelform der französischen Grundidee. Dies alles darf nicht hindern, klar zu erkennen, daß es vor allem das Zucht- und Tollhaus war, aus dem sich das jetzige Versorgungssystem für psychisch Kranke entwickelt hat. Hier beginnt die administrative und personale Kontinuität der Erfahrungen im Umgang mit Irren und Verbrechern, die bis heute trotz aller Kriege und Währungsreformen nicht abgerissen ist.

Verbrecher und Wahnsinnige haben stets die öffentliche Sicherheit bedroht. Sie nötigten die mittelalterlichen Stadtverwaltungen wie die absolutistischen Landesfürsten, wirkungsvolle Maßnahmen zum Schutz des Publikums zu ergreifen. Hatte man einst, neben der Abschiebung ins Nachbarland, mit Ketten und Käfigen Ruhe und Ordnung zu schaffen versucht, so waren jetzt aufwendigere Aktionen unumgänglich. Ein Verkauf unerwünschter „Landeskinder" über Hessen in die englischen Kolonien nach dem Motto „ab nach Kassel!" löste die Probleme deutscher Zwergstaaten oft allzu elegant und gewinnbringend und vermied die später nötigen, teuren Deportationen nach Übersee. Bei Frauen, Kindern und Alten waren diese Wege aus dem Land jedoch nicht gehbar. Konnten sie wegen kapitaler Delikte nicht durch die Hinrichtung billig beseitigt werden, so blieb nur die stets aufwendige Verwahrung. Der eisige Wind des Inhumanen ist in all diesen staatlichen Verwaltungsmaßnahmen schon deutlich spürbar!

Es ist in den letzten Jahren immer wieder betont worden, die Kunst des Unsichtbarmachens unerwünschter Minderheiten sei erst mit dem Absolutismus und mit der französischen Staatsauffassung dieser Zeit in die Welt hereingebrochen. Daß diese Auffassung nicht so ausschließlich zutrifft, zeigt wieder ein Blick zurück. Überzählige Erbprinzen und lästige Fürstinnen konnten zusammen mit herrschsüchtigen Königswitwen standesgemäß und unblutig beseitigt werden, indem man sie veranlaßte, „freiwillig zu entsagen" und ins Kloster zu gehen. Dieser exklusive Weg eines privilegierten Hochadels wurde etwas verbreitert, als der König von Frankreich wie auch andere Herrscher von seinem Recht Gebrauch machten, bewährte Kriegsleute und alte Kämpfer einem Kloster zuzuweisen, das in der Regel eine jahrzehntelange massive Förderung der Krone genossen hatte. Gewiß konnten die erlahmenden Haudegen auf ihre alten Tage nicht plötzlich noch Mönche werden. Sie lebten vielmehr je nach Herkommen und Bildungsgrad als Gärtner oder Glöckner. Der sicherlich vornehmste unter ihnen, Karl V., der Kaiser selbst, ließ sich eine elegante Villa an das Kloster der Hieronymiten in Yuste anbauen, ehe er sich, bereits qualvoll leidend, in dieses Ein-Mann-Spital zurückzog, um sich dort ungestört von der Welt auf den Tod vorzubereiten.

Wenn der französische Absolutismus schließlich nicht nur gefährliche Mitglieder der Königsfamilie vom Hof verschwinden ließ, sondern auch die Diebe und Bettler von den Straßen von Paris, wenn schließlich auch Schurken und Narren weggeräumt und „ausgesperrt", aus „der Gesellschaft" normaler Bürger ausgeschlossen wurden, dann hat dies gewiß nichts „Deklassierendes" und die Würde des Menschen Kränkendes an sich. Eher könnte man behaupten, der Pöbel sei allzu standesgemäß behandelt worden.

Genauso falsch ist es, im « Hôpital général » und im „Zucht- und Tollhaus" nur eine alte Form der Vernichtungslager zu sehen, wie sie als englische "concentration camps" im Burenkrieg oder als „Konzentrations-Lager" der Nationalsozialisten bekannt sind. Die stets prächtige Kirche des « Hôpital général » in Paris und in Orléans, in Montpellier und in Tours wurde allzu geflissentlich übersehen. Statt sadistischen KZ-Wächtern gab es offensichtlich fromme Pflegegemeinschaften, Barmherzige Brüder, denen man höchstens vorwerfen könnte, es sei unter ihrer Würde, sich als Kerkermeister der Krone politisch mißbrauchen zu lassen. Dies und vieles andere zeigt, wie sehr das « Hôpital général » als Wohltätigkeitsanstalt gesehen werden muß, als Sonderform des Klosters, als letzte Chance, in dieser Welt etwas für die Rettung der Seele zu tun. Nicht nur unterbringen und verwahren, nicht nur „aussperren und unsichtbar machen" wollte der Sonnenkönig. Sein Ziel war zugleich zu „versorgen", fromme Gedanken in Gang zu bringen, den schmalen Pfad zu zeigen, der doch noch zu einem Ziel in der jenseitigen Welt führte. Innenpolitische und sicherheitspolizeiliche Motive vermischen sich in diesen Enrichtungen mit tief religiösen Absichten zur unentwirrbaren Einheit und bilden jene typischen Institutionen der „Staats-Caritas" (Abb. 1).

Zu den ersten Zucht- und Tollhäusern des deutschen Sprachgebiets gehört jenes in *Celle*. Im Jahre 1710 begonnen und nach

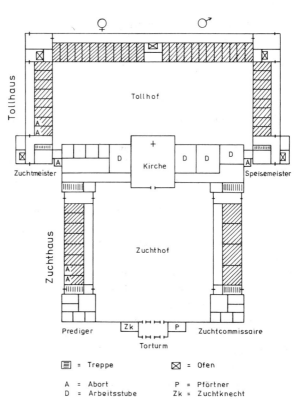

Abb. 1: *Celle,* Zucht- und Tollhaus, 1710–1713 (Johann Caspar Borchmann), 1724 u. 1731 erweitert

Unterbrechungen 1724 bis 1731 erweitert, zeigt die Architektur des Hauses heute noch seine staatspolitischen Zielsetzungen in packender Einprägsamkeit. Man betritt das allseits ummauerte Areal durch einen Torturm in der Mittelachse, an dem sich die enthüllende Inschrift findet: Der Bestrafung von Übeltätern und der Bewachung von Tobsüchtigen und Geistesgestörten („custodiendis furiosis et mente captis") ist dieses Haus auf Staatskosten gewidmet. Jenseits des Hofes steht die Kirche (von

1724) mit dem großbritannisch-hannoveranischen Wappen im Giebel. Sie bildete das Zentrum und Herzstück des Zuchthauses, von dem zwei Zellenflügel (von 1713) abgehen, die den Eingangshof beiderseits flankieren. „Hinter" dieser zweistöckigen Dreiflügelanlage stand einst das leider längst abgetragene Tollhaus (von 1731). Es setzte sich ebenfalls aus drei Flügeln zusammen, war jedoch (außer den zweistöckigen Eckpavillons für den „Zuchtmeister" und den „Speisemeister") ohne Obergeschoß, vermutlich um der Selbstmordgefahr vorzubeugen. Zur Hofseite lagen 8, 24 und 8 Einzelzellen, die durch Korridore mit Wärmestuben in Verbindung standen. Die „Tollkoyen", die Zellen selbst, waren mit Eichenbohlen ausgeschlagen, hatten käfigähnliche Gittertüren, an denen verzinkte Kupferschalen angekettet waren. Jede Zelle hatte ihren Abort, dessen Fäkalien durch einen Kanal weggeführt wurden, der unter dem ganzen Tollhaus hindurchfloß. Statt Glasfenster gab es nur Holzläden.

Viel bekannter als das vorbildliche Zucht- und Tollhaus in Celle war das fast weltberühmte in *Waldheim* in Sachsen, obwohl seine Geschichte eine einzige Kette von Notbehelfen, Kompromissen und Provisorien darstellt. Um das Kurfürstentum von „diebischem und räuberischem Gesindel" zu säubern, war 1710 angeregt worden, ein altes Augustinerkloster, das den Fürsten als Schloß und Witwensitz (!) diente, für den neuen Verwendungszweck etwas umzubauen. Unter dem Zepter August des Starken öffnete Waldheim 1716 seine Tore, und zwar zunächst für 182 Personen. 1719 waren es bereits 400, 1756 sogar 600 Insassen! Zwischen 1716 und 1816 wurden in Waldheim 300 Kinder geboren. Dieser erschreckenden Zunahme wirkten häufige Epidemien entgegen. Sie brachten jedoch keine hinreichende Entlastung der notorischen Überfüllung und der chronischen Finanzschwierigkeiten mit sich. Allein 1719 und 1720 starben 91 von etwa 400 Insassen! Vielleicht sah man dies in Regierungskreisen nicht ungern. Sicher war die skandalöse Mortalität auch eine Folge der außerordentlich verwirrenden Um-, Neu- und Anbauten, die es andererseits unmöglich machen zu behaupten, Sachsen hätte nichts investiert und seine untersten Bevölkerungsschichten vorsätzlich verkommen lassen.

Weil alle anderen Zucht- und Tollhäuser der deutschen Staaten zu höchst wichtigen Kristallisationspunkten des heutigen Versorgungssystems für psychisch Kranke und geistig Behinderte geworden sind, müssen sie wenigstens genannt werden, auch wenn eine detailreiche Schilderung hier nicht am Platz ist.

Das Zucht- und Tollhaus in *Pforzheim* wurde im Jahre 1714 gegründet, und zwar durch den Markgrafen von Baden-Durlach in der Brandruine eines alten Spitals. Hier begann die später so musterhafte, großherzoglich-badische Psychiatrie, die in der Anstalt Illenau Weltruf genoß und weit über die deutschen Sprachgrenzen hinaus nach Rußland und Amerika hinein wirkte. Weniger wichtig, aber wahrscheinlich besser geführt war das „Toll-, Zucht-, Waisen- und Findelhaus", das die Heidelberger Kurfürsten in ihrer neuen Stadt *Mannheim* am Zusammenfluß von Rhein und Neckar (im Quadrat Q 6) erst im Jahre 1749 eröffneten.

Im gleichen Jahr (1749) konnte im benachbarten Herzogtum Württemberg „hinter" dem Zucht- und Arbeitshaus (von 1736) in *Ludwigsburg* das ältere „Doll-Haus" den ersten Irren aufnehmen, nachdem schon vor 1674 durch den damaligen Herzog Eberhard III. ähnliche Einrichtungen erwogen worden waren. Später wurde noch ein Waisenhaus angeschlossen, so daß in der Mitte des Jahrhunderts jene typische Komplex-Institution verwirklicht war, deren Entflechtung im 19. Jahrhundert unter vielen anderen Wohltätigkeitseinrichtungen die württembergische Irrenheilkunde zu verdanken war, die ja mit Wilhelm Griesinger und seiner Lehre vom „Stadtasyl" noch heute brennend aktuelle Fragen aufzuwerfen vermochte.

Die Zucht- und Tollhäuser in *Schwabach* (1780) und *Bayreuth* (1788) sind später als Experimentierfelder der preußischen Psychiatrie von großem Einfluß gewesen. Geringere Nachwirkungen hatten dagegen die Zucht- und Tollhäuser in Schleswig und Holstein, denn die spätere Musteranstalt bei der Stadt Schleswig ist ganz von Kopenhagen und Dänemark, wenn nicht sogar direkt von Esquirol in Paris geprägt. Immerhin seien genannt: das „Tollhaus" beim Zuchthaus *Neumünster* (1728), jenes in *Glückstadt* (1755) sowie ein noch kaum untersuchtes Tollhaus beim Gefängnis in *Flensburg* (1748).

In Westdeutschland ist schließlich noch *Braunschweig* zu nennen, wo 1748 das „Zucht- und Tollhaus St. Alexis" umgebaut wurde, sowie die verspätete Gründung in Nassau im alten Zisterzienserkloster *Eberbach*. Die dort erst 1815 (!) eröffnete „Irrenanstalt beim Correktionshaus" wurde zum Ausgangspunkt der Anstalt Eichberg, die um 1850 zu den besten Europas zählte.

In Bayern, Österreich und der Schweiz sind bisher auffallenderweise keine typischen Zucht- und Tollhäuser bekannt geworden. Aus bisher nicht erkennbaren Gründen gab es diese Einrichtungen wahrscheinlich nicht. Dies erklärt einerseits die eigentümliche „Verspätung der Donaupsychiatrie" gegenüber dem mehr von Preußen und Frankreich beeinflußten Reichsgebiet. Andererseits wird dadurch noch einmal grell beleuchtet, was die Westdeutschen ihrem heute so gerne geschmähten Zucht- und Tollhaus in Wirklichkeit zu verdanken haben.

Verwahrungsstätten der Aufklärung

Das Fehlen der Zucht- und Tollhäuser in Bayern und Österreich, Böhmen und Mähren, in Kärnten und in Tirol darf nicht zu der Vermutung führen, man hätte in diesen Gebieten die Irren sich selbst überlassen. Wie in Mittel- und Westeuropa, so gab es im Osten eine weitverbreitete Irrenfürsorge durch die Kirche und die Städte. Ihre Institutionen ragten bis ins 18. und ins 19. Jahrhundert hinein. All diese Irrenhäuser waren stets gut in streng katholische Auffassungen eingeordnet und blieben dadurch Einrichtungen frommer, kirchlich geprägter Mildtätigkeit.

Eine staatliche oder fürstliche Gründungsaktivität, die zu außerkirchlichen Irrenhäusern geführt hätte, gibt es nicht. Die

Herrscher des Hauses Wittelsbach, vor allem aber die habsburgischen Kaiser förderten statt dessen die Niederlassungen der Barmherzigen Brüder des Johannes von Gott, die sich ja stets um Irre bemüht hatten. Neben den großen Hospitälern in *München* (1750), *Wien* (1614) und *Prag* (1620) wären weitere, noch wenig untersuchte Irrenabteilungen in kleineren Städten zu nennen, unter denen vor allem die frühe Niederlassung in *Graz* (1615) hervorragt. Bis weit nach Polen und in den Balkan hinein läßt sich die Strahlkraft dieses Versorgungssystems in katholischen Orten auch dann noch nachweisen, wenn man dort nicht mehr deutsch sprach, wie in *Warschau* oder in Ungarn.

Man muß sich diese Gegebenheiten vor Augen halten, wenn man die Hospital- und Irrenhausreform Kaiser Josephs II. erfassen will. Beflügelt von den umwälzenden Ideen des aufgeklärten Absolutismus, hat dieser Herrscher zuerst in *Wien* einen neuen Institutionstypus verwirklicht, der vor allem der Heilung der Leidenden dienen sollte. Zahlreiche kleine und halberloschene caritative Stiftungen sind damals (1784) durch den Willen des kaiserlichen Neuerers zum „Allgemeinen Krankenhaus" zusammengezwungen worden. Während viele Spitäler und Ordensgemeinschaften in der Hektik josephinischer Reformen endgültig untergingen, blühte jedoch eine ganz besondere Gründung in der Sonne kaiserlicher Gunst weiter auf: das Spital der Barmherzigen Brüder! Ihre Tätigkeit als Krankenpfleger und ihre Erfahrungen im täglichen Umgang mit Geisteskranken hatten nicht nur den Wert einer frommen Übung, sondern waren außerdem und vielleicht fast unbeabsichtigt von einer staatspolitischen Effizienz, die ein Fürst wie Joseph nicht übersehen konnte.

Im Allgemeinen Krankenhaus in Wien sollten deshalb nur jene Irre aufgenommen werden, die den Brüdern auf die Dauer nicht überlassen werden konnten, weil sie zu gefährlich und am Kloster nicht sicher genug festzuhalten waren. Joseph II. errichtete deshalb „hinter" seinem Behandlungskrankenhaus eine Abteilung für ganz besonders schwierige Geisteskranke, die von vornherein kaum als besserungsfähig gelten konnten. Aus Sicherheitsgründen wählte man die Bauform eines runden Turms mit Innenhof, der sofort das Mißtrauen der Bevölkerung auf sich ziehen mußte. Man sprach – Angst und Schrecken überspielend – von „Kaiser Joseph's Gugelhopf" und erachtete den Neubau von 1784 als „mittelalterlich" (Abb. 2 und 3).

Nach dem Wiener Vorbild wurden vergleichbare Irrenabteilungen an Allgemeine Krankenhäuser in anderen Städten des Reiches angefügt. Jene in *Prag* (1790) ist genau bekannt. Man bevorzugte dort statt des ringförmigen einen rechteckigen Grundriß, der weniger irritierte. Die Mitteldielen im Innern waren beiderseits von Zellen flankiert, dunkel, schlecht zu lüften und deshalb tatsächlich viel altertümlicher als die kreisförmigen Korridore am schmalen Rundhof des Wiener Narrenturms, dessen „Schornsteinwirkung" von Zeitgenossen eindringlich geschildert wurde. Weitere Irrenabteilungen in Allgemeinen Krankenhäusern in *Brünn* und *Graz* (in einem ehemaligen Kloster), auch in *Linz*, sind weniger genau untersucht worden, dennoch aber zuverlässig überliefert.

Es kann damit keinen Zweifel geben, daß Joseph II. noch vor 1800 an vielen Orten Österreichs eine Kombination von Kranken- und Irrenhaus verwirklicht hatte, wie sie bis zur Stunde meist unter der Bezeichnung „Stadtasyl" (von Wilhelm Griesinger) immer wieder erwogen, vorgeschlagen oder aber verworfen wird. Andererseits kann man das österreichische „Allgemeine Krankenhaus" aber auch mit dem französischen « Hôpital général » vergleichen und von einer zweiten, späten Rezeption des absolutistischen Vorbildes sprechen, die nicht mehr zum Zucht- und Tollhaus führte. Schließlich hatte Joseph selbst bei seiner Reise (1777) zu seiner Schwester Marie Antoinette, der Königin von Frankreich, gute Gelegenheit, linksrheinische Hospitäler kennenzulernen. Hierbei entging es ihm nicht, daß das typische « Hôpital général » eine Irrenabteilung besaß, in der vor allem die Sicherheit der Verwahrung verbesserungsfähig erschien.

Das österreichische Vorbild, ganz besonders das Wiener Allgemeine Krankenhaus und sein „Narrenthurm", wirkte weit in

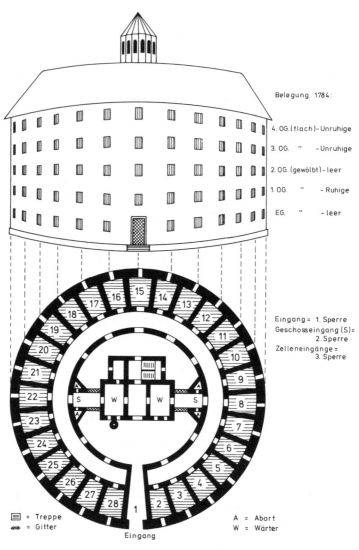

Abb. 2: Der *Wiener* Narrenthurm am Allgemeinen Krankenhaus, 1784 eröffnet (Josef Gerl)

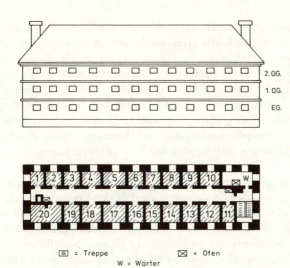

⌸ = Treppe   ⊠ = Ofen
W = Wärter

Abb. 3: *Prag*, Tollhaus am Allgemeinen Krankenhaus, 1790 eröffnet

das katholische Deutschland hinein und faszinierte vor allem dort, wo aufgeklärte Fürsten in die Fußstapfen Josephs zu treten bestrebt waren. Dies ist in *Bamberg* wie am Schulmodell zu studieren. Franz Ludwig von Erthal ließ dort als weltlicher Landesfürst und Bischof ein vorbildliches „Krankenspital" errichten (1789 eröffnet), hinter dem ein allerdings nie ausgeführtes Irrenhaus stehen sollte. Der prächtige Plan von Johann Lorenz „Finck, 1788", heute im Besitz der Staatlichen Bibliothek in Bamberg, zeigt es deutlich. Wieder findet man Zellen beiderseits einer Mitteldiele.

Wenn andere Imitationen des Wiener Vorbilds in Erlangen und München, in Stuttgart und Freiburg auf das Übernehmen der Irrenabteilung verzichtet haben, so lag dies an besonderen örtlichen Voraussetzungen, nicht zuletzt aber auch oft am Vorhandensein von Zucht- und Tollhäusern und ihrer Nachfolgeinstitutionen. Württemberg und Baden sind hier gute Beispiele. Andererseits wirkte das Wiener Modell nach einer noch nicht erklärten Latenzzeit sogar noch auf norddeutsche Städte. Denn die stadt-staatlichen Irrenabteilungen in *Hamburg* im „Allgemeinen Krankenhaus St. Georg" (1823) und in *Bremen* bei der „Städtischen Krankenanstalt" (1847) sind mehr im Zusammenhang mit Wien zu sehen und nicht so sehr als Vorwegnahmen von „Griesinger's Stadtasyl". Außerdem ist stets im Auge zu behalten, daß größere städtische Hospitäler im Mittelalter, wie das „Heilig-Geist-Hospital" in Hamburg, häufig ohnehin die Verpflichtung hatten, einzelne Irre mitzuversorgen.

Die psychiatrische Abteilung des Großstadt-Krankenhauses hat aber noch eine weitere Wurzel in der Vorstellungswelt französischer Revolutionäre und Republikaner. Während Wien vorwiegend die katholischen Städte in Süddeutschland prägte und nur ausnahmsweise protestantische Gebiete beeinflußte, war das Verbreitungsgebiet der von Paris ausgehenden, neuen Hospitalform auf die linksrheinischen deutschen Gebiete beschränkt. Wenn der französische Wirkungsbereich ausnahmsweise aus politischen Gründen weiter nach Osten reichte, etwa nach Bremen und Hamburg, oder während der Rheinbundzeit bis nach Stuttgart und München, dann kam es in diesem Zwischenbereich zu jener typischen konkurrierenden Durchmischung französisch-revolutionärer und österreichisch-reformerischer Impulse. Im Endeffekt entscheidend waren nie die „Prinzipien" von Wien oder Paris, sondern einzig und allein die Höhe des Stiftungskapitals. Da in den Jahren der napoleonischen Kriege die Finanzlage der Wohltätigkeitsinstitute aber in Köln so trostlos war wie in München, taumelten alle Reform- und Revolutionsspitäler, vor allem aber ihre Irrenabteilungen, jahrelang blut- und kraftlos am Rande der Kollapsgefahr hin.

Wenn das revolutionäre französische Hospitalsystem auf deutschem Boden hier überhaupt gezeigt wird, dann vor allem, weil man an ihm besonders gut studieren kann, daß fabelhaft fortschrittliche Grundsätze, miserabel verwirklicht, zu einem Zurücksinken in barbarische Zustände führt.

In *Köln* läßt sich dies deutlich zeigen. Das dortige „Bürgerhospital" gehört zu den ersten dieser neuartigen Gründungen. Im Jahre V der «République» (etwa 1797) war im Schatten des Domes eine „Hospitalkommission" gegründet worden, die als erstes die Aufgabe hatte, das höchst zersplitterte Stiftungswesen administrativ zu verschmelzen. Obwohl man vor Enteignungen nicht zurückschreckte, hatten die Verwalter der Wohltätigkeit bald so sehr abgewirtschaftet, daß nicht mehr wie bisher nur die Erträge des alten Stiftungskapitals für die Armen verbraucht wurden, sondern der Besitz selbst. Wälder und Felder, Häuser und Höfe mußten verkauft werden. Im Jahre XII der «République» (etwa 1804) erhielt die „Hospitalkommission" die aufgehobenen Klöster St. Cäcilien und St. Michael zur Miete als „Nationalgut" zugewiesen. Hier richtete man ein Armenasyl und Obdachlosenheim mit Krankenzimmern und Irrenzellen ein, das durchaus an das «Hôpital général» der absolutistischen Könige vor der Revolution erinnerte, dennoch aber den irritierenden Namen „Bürgerhospital" erhielt. Gewiß war nicht mehr der stolze alte Patrizier-Bürger und auch nicht der biedermeierliche Spießbürger gemeint. Es sollte vielmehr ein Haus der republikanisch gesinnten «Citoyen» sein, des Staatsbürgers, nicht des Bürgers einer ummauerten Stadt. Ob man die Zweideutigkeit des Wortes „Bürgerhospital" absichtlich wählte, um die Zielsetzungen der Besatzungsmacht zu unterlaufen, ob man die neue „Stiftungsberechtigung aller" betonen wollte, ist nie ganz entschieden worden. Sicher ist nur, daß die rheinischen Bürgerhospitalgründungen der napoleonischen Ära wie getarnt und maskiert erschienen.

Sicherlich nicht „revolutionär" ist der Eindruck, den die Schilderung der Irrenabteilung des Kölner „Bürgerhospitals" hervorruft. Sie stammt zwar nicht mehr aus der ersten Zeit nach der Gründung, als alles noch neu war, sondern ist einige Jahre jünger. „Wie im Mittelalter" lagen „hinter" dem Hauptgebäude 14 enge, dunkle „Behälter" mit hölzernen Gittern. Sie werden als „naß-kalt" beschrieben. Die Tobsüchtigen lagen nackt auf Stroh und waren durch zerlumpte Wolldecken nur ungenügend geschützt (Herting 1924, S. 2). Eine Federzeichnung von „1843" (im Besitz des Kölnischen Stadtmuseums im Zeughaus) zeigt kurz vor der Jahrhundertmitte immer noch „hinter" dem Bürgerhospital zwei Anbauten, in denen „unruhige" Männer und Frauen jetzt wenigstens getrennt waren. Ähnlich trostlose städtische Narrenasyle bestanden in *Koblenz*, wo 1804 das alte Franziskanerkloster für ein „Bürgerhospital" gut genug war. Neben zwei großen Krankensälen gab es dort sechs Zellen für Geisteskranke. In *Mainz* wurde 1806 ein „Josephinenhospital" begonnen, das wahrscheinlich nach der französischen Kaiserin so hieß. Vermutlich gehört es mit dem „Josephinischen Institut" in *Aachen* (1804) und den „Bürgerhospitälern" in *Trier* (1805) und in *Speyer* (1799?) zur gleichen Gruppe „revolutionärer" Gründungen der Franzosenzeit. Gewiß sind überall einzelne Irre nachweisbar oder mindestens zu vermuten. Ob sie jedoch in Abteilungen abgetrennt lebten im Sinne von „Griesinger's Stadtasyl", ist nicht eindeutig belegt.

Sicher ist jedoch inzwischen, daß weder im Wiener „Narrenthurm" noch in den „Behältern" des Kölner „Bürgerhospitals" irrenärztlich behandelt werden sollte. Heilungsversuche an Geisteskranken gehörten in Wien ins „Spital der Barmherzigen Brüder", in Paris aber ins «Hôtel-Dieu». Erst Philippe Pinel machte den Versuch, die therapieresistenten „Unheilbaren", die chronisch Kranken, im Bicêtre und der Salpêtrière auf rein psychischem Wege zu beeinflussen, durch sein «traitement moral et philosophique» («moral» darf nicht mit „moralisch" wiedergegeben werden, sondern meint etwa „psychisch"). Von den deutschen Kleinstaaten, die im Einflußbereich von Wien und Paris lagen, sind jedoch leider nirgends psychische Kuren zu berichten. Die körperliche Behandlung im Sinne der lokalistisch-solidar-pathologischen Schule von Morgagni und Bichat beherrschte das Feld und nährte die Überzeugung, daß Krankheiten einen Sitz in einem Organ oder wenigstens in einem Gewebe haben müßten. Damit aber konnte eine Irrenbehandlung wenig ausrichten, die ihre therapeutischen Grundsätze bisher fast ganz auf den altehrwürdigen, humoral-pathologischen

Blutverunreinigungstheorien aufgebaut hatte und über Aderlaß, Bäder und verschämte Opiumkuren kaum hinausgelangt war. Dieser Mangel an therapeutischer Effizienz und therapeutischem Optimismus ist es, der die stets skeptisch und „nihilistisch" gestimmten Schulen von Wien und Paris scheitern ließ, obwohl ihr Versorgungssystem für psychisch Kranke administrativ durchgebildet genug war, um bei allerdings besserer Finanzierung tragfähig zu sein.

Psychische Heilungsanstalten des Idealismus

Der schwärmerische Glaube, auch der Narr sei heilbar, hatte sich zuerst in religiösen Kreisen in England verbreitet. Da gab es den überspannten, ziemlich ungebildeten Landgeistlichen Francis Willis, der durch „heilsame Furcht" behandelte. Er durchbohrte seine meist zahlungskräftigen Patientinnen mit dem Blick seiner strahlenden Augen. Da er bei der Distinguiertheit seiner Klientel Ketten und Peitschen zu vermeiden wußte, erwarb er bald den Ruf eines ganz besonders humanen Heilers.

Dann gab es die „Quäker", jene lange verfolgte Minderheit, die in Gefängnissen so sehr gelitten hatte, daß jede Form des Freiheitsentzugs, jede Verletzung der Würde des Menschen Empörung auslöste. Die „Quäker" glaubten an das „innere Licht", jenen göttlichen Funken, der auch im geistesgestörten „Bruder" glimme und durch Liebe (Philadelphia) zur Flamme wahrer Menschlichkeit entfacht werden müsse. Dabei half vor allem die Heilige Schrift und eine, ihre Wirkung steigernde, „heilsame Einsamkeit", die in religiösen Privatanstalten mit dem bezeichnenden Namen "Retreat" (Rückzugsort) geübt wurde.

Neben dem "moral management", der psychischen Beeinflussungsmethode der Engländer, hatte Philippe Pinel in Paris während der Revolutionsjahre sein « traitement moral et philosophique » entwickelt, das man aber auch bei Vincenzo Chiarugi in Florenz als « cura morale » finden kann. In Deutschland entspricht dem der mystische Glaube an eine Heilbarkeit des

Geistes durch den Geist, was vor allem Johann Christian Reil 1803 in seinem unterhaltsam plaudernden Buch beschrieb: ›Rhapsodieen (nicht Rhapsodien!) über die Anwendung der psychischen Curmethode auf Geisteszerrüttung‹. Im Grunde sind es die alten Vorstellungen von „heilsamer Furcht, heilsamem Schreck, und heilsamem Schmerz", die nun kombiniert mit trickreicher Überlistung und „heilsamer Einsamkeit" am Busen der Natur vom Seelen-Arzt pädagogisch effizient gemacht werden sollen. Es sei betont, daß „Curmethode" und "management" (nicht "treatment") weniger Heilung oder Kausaltherapie meinten, sondern mehr eine Art von Übung, ein „Charakter-Training" unter Anleitung des „Philosophen", vielleicht auch des Priesters, höchstens unterstützt von Ärzten. Eine gewisse Anrüchigkeit, ein Stich ins Kurpfuscherische sei nicht geleugnet.

Die Initiative, eine reine Heil-Anstalt zur psychischen Behandlung von Irren zu gründen, verdanken die Deutschen aber weder dem Tiefsinn ihres Denkens noch der Frömmigkeit ihrer Gefühle, sondern der aufgeklärten Humanität eines tüchtigen Verwaltungsbeamten. Der preußische Minister und spätere Staatskanzler Karl August von Hardenberg berief den jungen Arzt Johann Gottfried Langermann nach Bayreuth und beauftragte ihn im Jahre 1805, das dortige „Tollhaus" beim „Zucht- und Arbeitshaus" umzuwandeln in eine – wie es wörtlich hieß – „Psychische Heilanstalt für Geisteskranke"!

Zweifellos bezeichnet dieses Ereignis den Anfang der modernen Irrenheilkunde im deutschen Sprachgebiet. Der Durchbruch erfolgte ganz eindeutig in Preußen und nicht in Österreich oder einem der Kleinstaaten. Die protestantische Welt Norddeutschlands und nicht der katholische Süden hat die zukunftsweisenden Impulse zuerst aufzunehmen vermocht. Dabei war nicht die Hauptstadt zum Experimentierfeld gemacht worden wie in Wien oder Paris, sondern es begann in der Provinz unter „vernünftiger" Ausnutzung der besonderen staatsrechtlichen Verhältnisse des Ortes. Denn Ansbach und Bayreuth waren erst 1769 vereinigt worden, hatten aber aus den Jahren der staatlichen Selbständigkeit noch eigene Zucht- und Tollhäuser. Jenes für Ansbach war 1756 beschlossen und dann 1763 in *Schwabach* eröffnet worden. *Bayreuth* dagegen hatte schon viel früher, nämlich 1724 bis 1735, im Vorort St. Georgen ein „Zucht- und Arbeitshaus" errichtet.

Nach der Vereinigung beider Zwergstaaten 1769 unter dem Zepter des Markgrafen von Ansbach erbaute man 1780 in Schwabach und (1784 oder) 1788 in Bayreuth neue, für sich stehende „Tollhäuser". Dies war deshalb so fortschrittlich, weil so die Geistesgestörten eindeutig vom Durcheinander der übrigen Gefangenen abgetrennt waren (innere Entflechtung!). Als die vereinigten Markgrafschaften Ansbach und Bayreuth 1791 an Preußen abgetreten wurden, hatte somit jedes der Gebiete neben dem Zuchthaus ein weitgehend selbständiges Tollhaus. Was lag näher, als das eine versuchsweise zur psychischen Heilanstalt „umzufunktionieren", das andere aber zu einer Art Müllabladestelle für menschliche Ruinen oder zu einer Pflegeanstalt für Unheilbare zu machen?

Paris und Wien hatten den Weg vorgezeichnet, denn wer nach erfolglosen und wiederholten Kuren im « Hôtel-Dieu » nicht gesundete, der wurde ins « Hôpital général », ins Bicêtre oder in die Salpêtrière verlegt; und in Wien konnten die Barmherzigen Brüder therapieresistente und besonders gefährliche Irre seit 1784 in den ausbruchssicheren „Narrenthurm" des Allgemeinen Krankenhauses abgeben. Verwaltungsgeschichtlich betrachtet sind somit die Anordnungen, die Hardenberg traf, gar nicht so neuartig, wie immer behauptet wurde. Das Entscheidende ist vielmehr der Versuch, die „psychische Curmethode" in eine noch kaum preußische Anstalt einzuführen.

Problematisch dabei war neben dem leicht kurpfuscherischen « Hautgout » die Unmöglichkeit zu sagen, wer „heilbar" sei und wann jemand als „geheilt" betrachtet werden könne. Dieses Manko hat jedoch die Gründergeneration naiv und kritiklos in ihrem therapeutischen Optimismus zu überspielen vermocht. „Der Narr ist heilbar!" lautete das neue Glaubensdogma; wie eine Seuche breitete sich diese metaphysische Hoffnung in Norddeutschland aus.

Die Begeisterung für Heilanstalten erklärt zunächst nicht, weshalb es nötig war, sie streng von den Pflegeanstalten zu trennen. Schließlich hätte man in Schwabach oder auch in Bayreuth Heilbare und Unheilbare in verschiedenen Stockwerken oder in Nord- und Südflügel trennen können, so wie man ja an beiden Orten auch inzwischen gelernt hatte, Frauen und Männer auseinanderzuhalten. Doch dies alles galt als unzulänglich. Denn wenn ein psychisches Heilklima geschaffen werden sollte, dann mußten vor allem unheilbare Irre fortgeschafft werden. Ein zweiter Aussperrungsvorgang setzte hier ein, dessen Grausamkeit mit Händen zu greifen ist. So wie einst „die Unvernunft weggeschlossen", verwahrt und versorgt wurde, so wie einst der Narr aus der Gemeinschaft der Normalen verschwand, so wurde nun der chronisch Kranke aus dem Kreis der möglicherweise Heilbaren verjagt. Dabei ist der Zeit jedoch zugute zu halten, daß man fest davon überzeugt war, daß Narrheit mindestens Labile und „Genesende" närrisch machen könne. Vor allem bei der Epilepsie ist dies deutlich: Wer als Gesunder die fürchterlichen Zuckungen der Patienten im Anfall sah und sie zufällig oder naiv betrachtete, der litt nach damaliger Überzeugung selbst bald an Epilepsie.

Diese Erwägungen führten dazu, die Heil- und Pflegeanstalt weit entfernt voneinander zu errichten. Typische Irrenhaus-Kombinate entstanden. Nachdem Langermann als Ministerialbeamter „nach Berlin gezogen" worden war, hatte bald fast jede preußische Provinz ihre Heilanstalt und meilenweit davon entfernt die Pflegeanstalt. In Westfalen gehörte zur Heilanstalt *Marsberg* (1814) die Pflegeanstalt *Geseke* (1841). In der Rheinprovinz entsprach der Heilanstalt *Siegburg* (1825) die Pflegeanstalt *Andernach* (1835). Im Osten gehörten *Leubus* (Heilanstalt 1830) und *Plagwitz* (Pflegeanstalt 1826) oder *Greifswald* (Heilanstalt 1834) und *Stralsund* (Pflegeanstalt 1842) zusammen.

Protestantische Kleinstaaten kopierten das preußische Vorbild. Sehr früh schon eröffnete Sachsen die (zeitlich zweite deutsche) Heilanstalt *Sonnenstein* bei Pirna (1811), der die

„Verpflegungsanstalt" (!) *Waldheim* entsprach. Württemberg hatte seit 1834 eine Heilanstalt im alten Schloß *Winnenthal* und eine Pflegeanstalt im ehemaligen Kloster *Zwiefalten*. Beide Orte lagen für den Kutschenverkehr über einen Tag auseinander und waren so vorbildlich gegeneinander abgeschirmt.

Nur im Königreich Hannover rückten die Heil- und Pflegeanstalten vielleicht durch Zufall oder aus Sparsamkeit näher zusammen: beide wurden nämlich in alten Klöstern der Stadt *Hildesheim* eingerichtet, 1827 die psychische Behandlungsstätte, 1833 die Endstation der erfolglos Behandelten. Hier lernte man zum erstenmal in Deutschland, welche Vorteile es mit sich brachte, die Heilanstalt ohne Mühe entlasten zu können oder – wie der fragwürdige Fachausdruck später lautete – ihr „Abfluß" zu verschaffen. Denn dies war und blieb bis zur Stunde das große, unlösbare Problem aller Anstalten: Wie verhütet man, daß hoffnungsvoll eröffnete Heilanstalten sich mehr und mehr mit Unheilbaren füllen, um nach wenigen Jahren aussichtslos überbelegt zu Stätten der Trostlosigkeit zu werden, wo der fehlende Antrieb der chronischen Kranken schließlich sogar auf die Ärzte übergriff und einen therapeutischen Pessimismus auslöste. Nicht mehr hoffen zu können, erwies sich als ebenso ansteckend wie die mitreißende (und eigentlich in nichts begründete) Hoffnung der Begründer unserer Psychiatrie.

Die Wiedervereinigung der so gründlich getrennten und weit auseinanderliegenden Heil-Anstalt und der Pflege-Anstalt kam um 1840 in Gang und gipfelte in einer einmaligen und typisch deutschen Schöpfung: der „relativ verbundenen Heil- und Pflegeanstalt". Daß diese Entwicklung von Anfang an, eigentlich bereits in Bayreuth 1805 im Prinzip naheliegend gewesen wäre, wurde ebenso angedeutet wie die praktischen Erfahrungen in Hildesheim seit 1833.

Daneben scheinen aber auch theoretische Ansätze des Philosophen Hegel mit im Spiel gewesen zu sein. Seine These-Antithese-Synthese-Behauptung jedenfalls ist von Heinrich Damerow, einem wortgewandten Initiator des neuen Anstaltstyps, im Jahre 1840 auf die damals allerdings fast abgeschlossene Entwicklung angewandt worden. Er meinte:

(These:) Gemischte Anstalten, Häuser also, in denen Heilbare und Unheilbare zusammenlebten, seien „unmittelbare Einheit der unvermittelten Gegensätze an sich."

(Antithese:) Getrennte Heil- und Pflege-Anstalten aber seien „das Auseinanderfallen der unentwickelten Einheit in den Dualismus des Gegensatzes für sich."

(Synthese:) Relativ verbundene Anstalten betrachtete Heinrich Damerow (1830, S. 3 ff.) als die „Verbindung der entwickelten Gegensätze zur höheren Einheit an und für sich."

Die pomphafte Aufwendigkeit dieser „dialektischen" Denkschritte wirkt heute deplaziert, wenn man rückblickend feststellt, daß die scharfe Trennung heilbarer und unheilbar Kranker ohnehin ärztlich verfehlt, teuer und grausam war. Was am Ende zustande kam, hätte schon eine Generation vorher erreicht werden können. Vor allem aber ist bedauerlich, daß die letzte Anstaltsmode dank Hegel als die „höchste Entwicklungsstufe" der Irrenanstalt etikettierbar war, und dies, obwohl der neue Typ schwere Nachteile hatte und keineswegs von allen Experten begrüßt wurde.

Langermann etwa hörte nicht auf, „reine" Heilanstalten zu befürworten und bezeichnete die relative Verbindung als „Unsinn". Auch der alte Reil soll angeblich schon Gegner der Verknüpfung gewesen sein, was sich nachfühlen läßt, denn schließlich ging es in seiner Zeit ja noch darum, überhaupt „Geisteszerrüttung" als heilbar zu erweisen.

Die große Programmschrift der „relativ verbundenen Heil- und Pflegeanstalt" entstand bereits 1831 unter dem nichtssagenden Titel ›Die Irrenanstalt nach allen ihren Beziehungen‹. Verfasser war der damals 29 Jahre alte Assistenzarzt Christian Friedrich Wilhelm Roller. Er verlangte die Vereinigung beider Anstalten an einem Ort, unter einer Verwaltung und einem „Direktor", der grundsätzlich Arzt zu sein habe und nicht Philosoph oder Priester, vor allem aber nicht Verwalter.

Damit kündigten sich neue Schwierigkeiten an. Denn so sehr man sich freuen konnte, daß den deutschen Anstalten das Primat eines Verwalters wie in Frankreich und Amerika ("the superintendent") erspart blieb, so hat die synthetische Kraft des Arztes als Direktor entweder die Eigeninitiative der Insassen behindert und unterdrückt oder aber – noch schlimmer – sie reichte nicht aus, um so Divergierendes wie Verwaltung und Seelenbehandlung, Personalpolitik und Behördenverkehr zum Wohle des Patienten zusammenzuzwingen.

Roller selbst war allerdings für diese Aufgabe hervorragend vorbereitet. Sein Vater war seit 1804 „Siechenhaus-Physikus" in Pforzheim am alten baden-durlachischen Zucht- und Tollhaus. Nach dem Medizinstudium in Tübingen bei J. H. F. Autenrieth, der in diesen Jahren den Dichter Hölderlin behandelte und viel praktische Erfahrung im Umgang mit Geistesgestörten hatte, war Roller um 1825 in Paris, wo er so stark von J. E. D. Esquirol geprägt wurde, daß er mit gutem Recht der französischen Psychiatrie zugerechnet werden könnte. Im Jahre 1826 lernte er auf der Rückreise die Musteranstalt St. Yon bei Rouen kennen, besuchte dann Jacobi in Siegburg, Pienitz auf dem Sonnenstein, sah Langermann, Horn und Heim in Berlin und wurde 1827 im heimatlichen Baden Assistenzarzt an der soeben (1827) aus Pforzheim nach *Heidelberg* verlegten Irrenabteilung des traditionsreichen Zucht- und Tollhauses.

Obwohl sich die Badische Regierung aus hochschulpädagogischen Erwägungen sehr weitschauend für die Universitätsstadt am unteren Neckar entschieden hatte, mißlang die Eingliederung der Irrenanstalt in den akademischen Bereich gründlich. Dies ist durchaus auch der „Aufmüpfigkeit" Rollers zu „verdanken", denn der hohe Idealismus seiner Jugendjahre ließ keinen guten Faden an der Heidelberger Anstalt, die im ehemaligen Jesuiten-Kollegium in der Innenstadt zweifellos nicht ideal lag. Alles sei zu eng, es fehle an Wasser und frischer Luft. Die Nachbarn könnten ständig in die Fenster sehen, und im Garten arbeiten könnten die Patienten auch nicht. Um soviel Experten-Unmut zu zügeln, „befahl" der „Großherzog" 1829 eine Art von „Enquête über die Lage" der Irren im Lande. Die Antwort Rollers war sein Buch von 1831. Die Regierung war begeistert.

Inzwischen verschlechterten sich aber die Beziehungen zur Medizinischen Fakultät. Solange Friedrich Groos, der „Chef" von Roller, noch die Anstaltsdirektion mit dem Lehramt in Heidelberg in einer Art von Personalunion vereinigen konnte, schob man den Konflikt vor sich her. Groos hat sogar 1830 bis 1832 oder 1833 wöchentlich drei Stunden lang Studenten unterrichtet und dabei vielleicht manchmal Anstaltsinsassen demonstriert. Dadurch gehörte er zu den allerersten Hochschullehrern der Psychiatrie in Deutschland.

Nach seinem Ausscheiden 1835 oder 1836 aber brach das Geschwür auf, das immer wieder an der deutschen Irrenheilkunde so verheerend genagt hat: Die Fakultät ernannte einen habilitierten Hochschullehrer, dem die Regierung jedoch die Direktion der Anstalt verweigerte. Die Minister in Karlsruhe aber machten gerne Roller zum Chef des Irrenhauses, ohne ihm jedoch die Lehrbefugnis ertrotzen zu können. Aus unerfindlichen Gründen besaß er weder den Doktortitel, noch hatte er sich habilitiert.

Im deutlichen Gegensatz zu den Irrenheilkunden anderer Länder entstand damals jene typisch deutsche Zweigleisigkeit, die schließlich zu einer „Anstaltspsychiatrie" einerseits und zur „Hochschulpsychiatrie" auf der anderen Seite führte. Dieses Unglück ist sicher nicht nur der persönlichen Trutzigkeit von Roller zuzuschreiben, obwohl er den Konflikt voll raffinierter Taktik für persönliche Ziele mißbraucht hat.

Schon 1835 empfahl er, in *Illenau* bei Achern die badische Musteranstalt zu errichten, an einem Ort also, der ziemlich genau in der Mitte zwischen Heidelberg und Freiburg und damit so hochschulfern wie nur möglich lag. Im Jahre 1836 zum „Direktor" der Heidelberger Anstalt ernannt, sprach er 1837 der Medizinischen Fakultät die Urteilsfähigkeit ab, Standortfragen von Irrenhäusern beurteilen zu können. Ein weiteres Jahr später (1838) verstieg er sich in seinem Hochschulhaß sogar zu der Behauptung: „Eine Irrenanstalt darf nie als Klinikum (als Ausbildungsstätte, als Unterrichtsort für Studenten) benützt werden."

Er betonte dann noch einmal die „Heilkraft der Isolierung" in paradiesischer Schwarzwald-Einsamkeit. Dies mag sogar ehrlich gemeint gewesen sein, denn schließlich sind es die "Retreat"-Prinzipien der Quäker und die ins therapeutische verkehrten Ausschließungs-Ideen der französischen Hôpital-général-Theoretiker, die hier fortwirken. Trotz allem kam aber einer Betonung der « Solitude » in dieser Kampfsituation (Regierung gegen Fakultät und Anstalt gegen Hochschule) ein hoher taktischer Wert zu. – Dies alles ist deshalb heute so wichtig, weil man nur hier lernen kann, weshalb auch jetzt immer noch über die Hälfte aller psychisch Kranken „gesellschaftsfern" zu leben hat.

Inzwischen wurden in der „Illenau" vollendete Tatsachen geschaffen. Schon 1835 hatten die Landstände die enorme Bausumme für den ersten riesigen Narren-Palast auf deutschem Boden bewilligt, der so wuchtig wie das Schloß des Großherzogs wirken würde. Dann war 1836 der Boden erworben und 1837 mit dem Bau streng nach Rollers Plänen begonnen worden. Erst 1839 holte man die Grundsteinlegung nach, und 1842 war die „Illenau" bezugsfertig. Aus Heidelberg kamen 245 Patienten, aus Pforzheim 46 weitere (Abb. 4).

Damit war die Entscheidung eindeutig zugunsten der Anstaltspsychiatrie gefallen. Der Sieg des Direktors Roller war vollständig. In Heidelberg und Freiburg vergaß man das Wort Irrenheilkunde, während die Illenau eine Anziehungskraft entwickelte, die weit über die Grenzen Badens hinausreichte. Für fast zwei Jahrzehnte wurde Roller der Lehrer der Irrenärzte der Welt. Aus Frankreich und England, aus Italien und den Vereinigten Staaten strömte man nach der Illenau, so wie man vorher in Oberitalien, in Leiden und Edinburgh und dann erstmals rein psychiatrisch bei Esquirol in Paris gelernt hatte. Der Stern der Anstalten Siegburg und Sonnenstein als Ausbildungsstätten in Preußen und Sachsen verblaßte. Das Monopol zu lehren besaß de facto Roller allein.

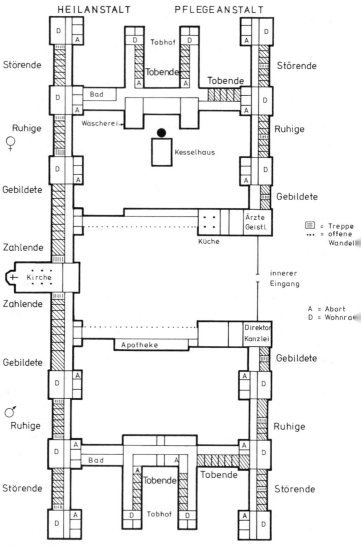

Abb. 4: *Illenau,* Relativ verbundene Heil- und Pflegeanstalt, 1837–1842 (Voss, nach Vorschlägen von C. F. W. Roller)

Neben den jungen Irrenärzten drängten sich die Regierungen um seinen Rat. Er entschied in der Jahrhundertmitte, wo „der Eichberg" und wo „das Burghölzli", wo hessische und die schweizerischen Anstaltsneubauten stehen sollten. Seine Idee der „relativ verbundenen Heil- und Pflegeanstalt" wurde nachgeahmt von Nassau in *Eichberg* (1849 eröffnet), von Sachsen in *Halle-Nietleben* (1844 eröffnet) und schließlich sogar von Preußen in *Schwetz* (1855 eröffnet) und in *Allenberg* (1852 eröffnet).

Mitten in Rußland ist schließlich (1861–1869) eine neue Illenau errichtet worden: in *Kasan!* Ein Schüler von Roller, A. U. Frese (gest. 1884), wurde erster Direktor. Seine Patienten kamen aus der Ukraine, dem Kaukasus und dem fernen Sibirien. Jemanden „zu Frese bringen", hieß auf Russisch angeblich jahrelang, jemanden für geisteskrank halten. Frese-Schüler leiteten bald wichtige russische Anstalten in Samara (dem heutigen Kuibyschew am Wolgaknie), in Sibirsk und sogar in Irkutsk in Sibirien. In Perm am Ural findet man die Nachwirkungen der Illenau. Aber nicht nur in den Osten strahlte Kasan, sondern ebenso in das europäische Rußland. Der hervorragendste Frese-Schüler war P. I. Kowalewsky aus Charkow, der später dort die Anstalt leitete, Rektor der Universität Warschau wurde, um schließlich als Professor wieder nach Kasan berufen zu werden.

Wie weit die Weltgeltung der Illenau aber tatsächlich reichte, ist schwer zu sagen. Denn immer noch läßt sich kaum beurteilen, welche Impulse die vielen Besucher aus Nord- und Südeuropa, aus England und Amerika aufzunehmen vermochten. Sicher ist nur, daß um die Jahrhundertmitte deutsche Irrenärzte zu den führenden der Welt gehörten, wie später kaum noch einmal. Denn die Begeisterung für Alt-Scherbitz und seine « agricole Colonie » nach dem Krieg 1870/71 war politisch bedingt, und die Wirkung von Sigmund Freud nach 1914 ist ein Triumph der spezifisch Wienerischen Psychiatrie gewesen.

Heute ist die Illenau auch in Deutschland fast ganz vergessen. In den halb abgebrochenen Riesengebäuden sind Soldaten untergebracht, deren Kommandeur ausnahmsweise einen Eilmarsch durch die Höfe gestattet. Weshalb die Erinnerung an Roller so verkümmert ist, sollen die nächsten Seiten zeigen.

Irrenkliniken der Hochschulpsychiatrie

Die Heidelberger Krise, das erste dramatische Auseinanderklaffen von Anstalts- und Hochschulpsychiatrie, hatte mit einem überwältigenden Sieg für Roller geendet. Nicht die Universitäten, sondern die großen Anstalten waren seither die hohen Schulen der Irrenheilkunde. In Illenau wurden die Psychiater der kommenden Jahrzehnte ausgebildet und nicht in Heidelberg.

Dennoch dachten die Medizinischen Fakultäten nie einen Augenblick daran, ihr de facto verlorenes Ausbildungsmonopol auch formell aufzugeben. Nach wie vor hatte die Hochschule das Recht und die Verpflichtung, tüchtige Ärzte in die Bevölkerung hinauszuschicken. Daß sie sich immer und zudem schon sehr früh lehrend auf dem Gebiet der Irrenheilkunde bemüht hat, kann gar nicht geleugnet werden, obwohl man oft den Eindruck erweckte, die Hochschulpsychiatrie sei unglaublich jung, denn Universitätskliniken für Geisteskranke gäbe es, abgesehen von den beiden badischen in Heidelberg (1878) und Freiburg (1887), ja doch erst nach 1890.

Tatsächlich ist die Lehrtätigkeit der Hochschule auf dem Gebiet der Geistesstörungen weit zurückzuverfolgen. Bei den kleinen Drei- und Vier-Mann-Fakultäten um 1800 war es meist Sache des Internisten, seelenheilkundliches Wissen mitzubehandeln. So ist gesichert, daß Reil in *Berlin* um 1810 gelegentlich Irre in seiner Vorlesung zeigte. Sein Schüler Christian Friedrich Nasse, der als Professor der Inneren Medizin an der neuen preußischen Rhein-Universität in *Bonn* lehrte, zeigte seit 1821 sogar öfters Geistesgestörte.

Ein Unikum ist der Lehrstuhl für „psychische Therapie" in *Leipzig*, den seit 1811 Johann Christian August Heinroth innehatte. Obwohl er 1827 sogar Ordinarius wurde, änderte dies nichts an der Tatsache, daß die wichtigste Ausbildungsstätte in Sachsen der Sonnenstein blieb. Auch in *Heidelberg* ist 1811 eine seelenkundliche Vorlesung bezeugt, die Alexander Haindorf abhielt. Groos war somit 1827 keineswegs „der erste", der am Neckar Studenten unterrichtete. Und als 1835 auf dem Höhepunkt der Heidelberger Krise der Privat-Dozent Georg Heermann gegen Rollers Intentionen Vorlesungen halten sollte, konnte die Hochschule durchaus auf eine gewisse Tradition pochen.

Eine bemerkenswerte Kompromißlösung gelang um 1840 am Rhein. Maximilian Jacobi, der Direktor der Anstalt in *Siegburg*, bot für Studenten der Universität Bonn einen „Cursus" in der Ferienzeit an. Nasse empfahl ihn seinen Hörern, mit denen er früher schon gelegentlich Exkursionen in die benachbarte Heilanstalt gemacht hatte. Diese praktischen Übungen waren so beliebt, daß sie angeblich bis 1878 fortgesetzt worden sind. Die Anstalt hatte dadurch – heute beneidenswert! – eine vorzügliche Möglichkeit, sich tüchtige Nachwuchsbegabungen rechtzeitig zu sichern. Außerdem konnte das psychiatrische Wissen zukünftiger praktischer Ärzte wirksam gefördert werden.

In *Kiel* ging man seit 1845 andere Wege. Peter Willers Jessen unterrichtete dort als Hochschullehrer in seiner eigenen Privatanstalt, die er zu Ehren seiner Berliner Lehrer, Horn und Heim, „Hornheim" nannte.

Im *Würzburger* „Juliusspital", in dem man ja eine so lange Erfahrung im Umgang mit Irren hatte, sprach sich noch um 1824 Anton Müller gegen eine Unterweisung von Studenten am Krankenbett aus. Zehn Jahre später (1834) unterrichtete aber sein Nachfolger Karl Friedrich Marcus bereits an Patienten.

Aus dem Interesse der Internisten für die „psychische Curmethode", aus der Gepflogenheit, einzelne Geisteskranke in der medizinischen Vorlesung vorzustellen, erwuchs somit der Anfang einer psychiatrisch-pädagogischen Hochschultradition. Es war deshalb in keiner Weise ungewöhnlich, daß der jugendliche Wilhelm Griesinger (geb. 1817) 1840 bis 1842 nach dem Studium in Tübingen die Stelle des Zweiten Arztes an der württembergischen Heilanstalt Winnenthal übernahm, um sich dort auf seine Tätigkeit als Internist vorzubereiten. Gründlicher als andere, hat er seine nur zweijährigen Erfahrungen in einem Lehrbuch niedergelegt, das 1845 erschien und bald zu den beliebtesten Darstellungen zählte.

Auch während seiner Tätigkeit als Professor der Inneren Medizin in Zürich 1860 bis 1865 hat Griesinger der Irrenheilkunde stets große Aufmerksamkeit entgegengebracht. Bei der Planung der Anstalt Burghölzli wirkte er mit, was heute sehr verwundert, denn wenig später bekämpfte er die dort noch einmal angewandten Prinzipien aufs Heftigste.

Den Umschwung bewirkte wahrscheinlich das Buch von John Conolly ›Treatment of the insane without mechanical restraint‹, das zwar schon 1856 in London, 1860 aber ins Deutsche übersetzt erschienen war. Man weiß, daß Griesinger 1861 einige Monate in England weilte und dort das "no-restraint", die Behandlung der Geisteskranken ohne Zwangsmittel, kennengelernt hat, möglicherweise sogar von Conolly selbst, der ja die bei London liegende Riesenanstalt *Hanwell* in ein vorbildliches Musterinstitut verwandelt hatte.

In dieser Zeit, vielleicht aber schon kurz vor 1860, hat die holländische Anstalt *Meerenberg* als eine der allerersten auf dem Kontinent die englische Errungenschaft übernommen. In Deutschland ist das "no-restraint" zuerst von Ludwig Meyer in der neuen Anstalt *Hamburg-Friedrichsberg* 1864 eingeführt worden.

Fast gleichzeitig (1864) setzte Griesinger das no-restraint in *Zürich* durch, wenige Monate vor der Vollendung des Burghölzli. Seine Berufung 1865 nach *Berlin* als Ordinarius für Psychiatrie und Neurologie übertrug die zwangsmittelfreie Behandlung dorthin. Auch Meyer konnte durch seine Berufung nach *Göttingen* 1866 der neuen Methode eine weitere Stätte gewinnen (Abb. 5). In *Halle-Nietleben* führte Moritz Koeppe noch 1866 – unmittelbar nach dem Tode Damerows – das no-restraint ein.

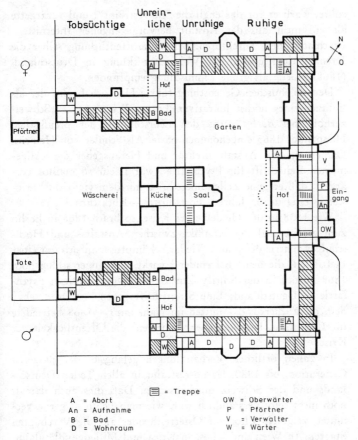

Abb. 5: *Göttingen,* „Kgl. Hannoveranische Irrenanstalt", 1863–1866
(Adolf Funk)

Provokative Publikationen von Griesinger lösten schließlich 1868 eine zweite schwere Krise in der deutschen Psychiatrie aus. In der neu (1868) gegründeten Zeitschrift ›Archiv für Psychiatrie und Nervenkrankheiten‹, die der seit 1844 bestehenden ›Allgemeinen Zeitschrift der Psychiatrie‹ das Wasser abgraben sollte, warb er für das englische "no-restraint"; und verärgerte als ein nicht aus der Anstalt hervorgegangener Internisten-Psychiater viele Direktoren. Seine Veröffentlichung ›Über die Irrenanstalten und deren Weiterentwicklung in Deutschland‹ (1868) wurde als grobe Einmischung empfunden.

Den polemischen Gegenschlag führte Heinrich Laehr, der als Besitzer eines höchst lukrativen Frauen-Privat-Asyls „Schweizerhof" bei *Berlin* gerne den Lehrstuhl in der preußischen Hauptstadt 1865 eingenommen hätte. Als Schüler von Heinrich Damerow, dem Anstaltsdirektor und Herausgeber der ›Allgemeinen Zeitschrift für Psychiatrie‹, war Laehr so maßlos verärgert, daß er seine Zeilen überschrieb mit dem vielleicht kuriosesten Titel dieser Jahre: „Fortschritt? – Rückschritt!"

Wie 1838 in der Heidelberger Krise, so brach 1868 in Berlin zum zweitenmal der Konflikt zwischen Anstalts- und Hochschulpsychiatrie offen aus. Wieder bekämpfte man sich mit einer Heftigkeit, die heute befremdend wirkt. Griesinger schlug noch 1868 zurück in der Schrift ›Zur Kenntnis der heutigen Psychiatrie in Deutschland; Eine Streitschrift gegen ... Dr. Laehr‹. Sein plötzlicher Tod – mitten im Nahkampf – 1868 befriedete die Lage nicht, beendete aber wenigstens die Öffentlichkeit der Krise.

In zähen örtlichen Verhandlungen gelang es der jüngeren Generation, bis 1880 das no-restraint in allen Teilen Deutschlands und der Schweiz durchzusetzen. Daß dies auch damals noch nicht selbstverständlich war, wie man heute so gerne vermutet, zeigt ein Blick auf Österreich oder auf die Vereinigten Staaten. In Wien und Ybbs, in Utica und Milledgeville glaubten die Irrenärzte zum Entsetzen ihrer englischen und deutschen Kollegen, nicht ohne Zwang auskommen zu können! Auch der alternde Roller in der „Illenau" konnte sich nicht entschließen, auf die bewährte Heilkraft des Zwangs zu verzichten. Oskar Mahir hatte um 1846 in jeder der etwa 20 „Logen" (= Zellen) der „Tobabteilung" einen Zwangsstuhl in der „Illenau" gesehen! Außerdem war Roller das no-restraint zuwider, weil seine Durchsetzung immer verknüpft war mit der Forderung seiner

alten Gegner nach psychiatrischen Universitätskliniken und dem
„Stadtasyl".

Die zunehmende Überfüllung seiner Musteranstalt (mit Unheilbaren!) machte es zudem immer schwieriger, die Wünsche der Fakultäten zurückzuweisen. Außerdem drängte nun auch die „Versammlung deutscher Naturforscher und Ärzte", die 1860 in Eisenach, 1861 in Speyer „psychiatrische Lehrstühle und Kliniken" gefordert hatte. Zwar vermochte es Roller, die verheerende „Abflußlosigkeit" seiner Heilanstalt auf eine sehr eigenwillige Art zu lösen; er eröffnete nämlich bereits 1845 (!) in Pforzheim eine zusätzliche Pflegeanstalt. Aber dies reichte nicht aus. Neugründungen waren unaufschiebbar. Die Zahl der Geisteskranken stieg und stieg.

Als Christian Friedrich Wilhelm Roller im Jahre 1878 starb, wurde die erste neu erbaute „Irren-Klinik" auf deutschem Boden, und zwar gerade in *Heidelberg* eröffnet. Fast zehn Jahre später, 1887, folgte die zweite badische in *Freiburg*. Wieder war es die liberale großherzogliche Regierung, die entschlossen dieses pädagogische Neuland betrat.

Während die anderen süddeutschen Staaten deutlich zögerten, wagte man in Norddeutschland tastende Versuchsgründungen, und zwar in *Jena* 1879 und *Leipzig* 1882. Auch die preußische Regierung vermied teure Neubauten für ohnehin riskante Universitäts-Irren-Kliniken und sorgte statt dessen lieber für psychiatrischen Hochschulunterricht an bereits bestehenden Krankenhäusern und Anstalten. Nachdem es Wilhelm Griesinger gelungen war, seine irrenärztliche Universitätsklinik in der ehrwürdigen, alten Charité in *Berlin* (1867) fast wie ein „Stadtasyl" einzunisten, hielt bald auch Ludwig Meyer an der Königlichen Hannoveranischen Irrenanstalt in *Göttingen* (1863 bis 1866) Vorlesungen für Medizinstudenten. Die Anstalt in *Halle-Nietleben* (1838–1844) wurde ab 1869 für den klinischen Unterricht benützt.

Dann folgte nach einer Pause *Marburg* (1876), wo die neue Irrenanstalt bereits ein Jahr nach der Eröffnung dem klinischen Unterricht diente. Auch in *Bonn* meinte die preußische Regierung immer noch, die Kosten für eine hochschuleigene Irren-Klinik sparen zu können, als dort 1882 eine weiträumige, neue „Provinzial-Irrenanstalt" eröffnet wurde. Ihr Direktor, Werner Nasse, der Sohn des Internisten-Psychiaters Christian Friedrich Nasse, war in einer skurrilen Personalunion zugleich Professor für Psychiatrie. Damit hatte er sich selbst als Hochschullehrer in der Anstalt zu begrüßen, in der sich die Klinik wie ein Embryo entwickelte.

Die erste selbständige preußische „Irren-Klinik" entstand erst 1885 an der Muster-Hochschule in *Straßburg,* wo aus politischem Kalkül die halbdeutsch sprechende Bevölkerung der neu erworbenen „Reichslande" Elsaß und Lothringen gewonnen werden sollte. Das preußische Modell am Oberrhein ist um 1900 oft nachgeahmt worden. Nach den hier gegebenen Normen entstanden die Neubauten der psychiatrischen Kliniken in *Halle* 1891 und *Würzburg* 1893, in *Tübingen* 1894 und in *Kiel* 1902.

Die prächtigste „Psychiatrische- und Nervenklinik" erhielt schließlich in absichtlicher Bevorzugung die Universität *Berlin.* Nach Beseitigung der „Neuen Charité" entstanden hier (1898 bis 1905) weitläufige Bauten, die wegen ihrer Größe fast an eine der damals immer riesiger werdenden Landes-Irrenanstalten erinnerten. Hier wirkte nach Friedrich Jolly (1890–1904) und Theodor Ziehen sowie als besonders typischer Vertreter der Hochschulpsychiatrie Karl Bonhoeffer (1912–1938).

Fast gleichzeitig mit dem Berliner Neubau errichtete man die „Königlich Psychiatrische Klinik" in *München* (1903–1904), an der Emil Kraepelin, der vielleicht wichtigste Universitätspsychiater, von 1904 bis 1924 in politisch unruhiger Zeit seinen heute immer noch gültigen Diagnosen-Schematismus entwickelt hat. Damit endete auch in Bayern jene Zeit, in der die Kreis-Irrenanstalt für Vorlesungen benützt wurde (ab 1859), während im benachbarten Österreich und in der Schweiz die Personalunion von Direktor und Professor an den entscheidenden Stellen nicht aufzubrechen war, was vor allem für Wien, Bern und Zürich noch genauer geschildert werden muß.

Versorgungssysteme der Anstaltspsychiatrie

Die dramatischen Ereignisse in Baden und Berlin haben den Blick bisher abgelenkt von den fast langweiligen, normalen Entwicklungswegen, die in den verschiedenen Landesteilen Westdeutschlands beschritten wurden. Wieviel Energie und Fleiß, wieviel Überlegung und Voraussicht auch hier aufgebracht worden sind, soll wenigstens kurz gezeigt werden.

Als die „Rheinprovinz" des Königreichs Preußen 1825 ihre erste Heilanstalt in *Siegburg* eröffnete, war bereits festgelegt, daß Unheilbare, daß chronisch Kranke anderswo unterkommen mußten. Hatte die Verpflichtung, Kranke zu heilen, nun die „Provinz" übernommen, so war es Sache ihrer fünf „Regierungsbezirke", für die Pflege der Unheilbaren zu sorgen. Während man in *Köln* (1) zunächst noch auf die Irrenabteilung des („revolutionären"!) Bürgerhospitals (1802) zurückgreifen konnte und *Aachen* (2) ein „Annunziatenhaus" (1801) besaß, baute der Regierungsbezirk *Düsseldorf* (3) eine neue „Departemental-Irrenanstalt" (in der Kaulbach sein bekanntes Bild malte). Die beiden noch fehlenden Regierungsbezirke Koblenz (4) und Trier (5) zögerten die Entscheidung hinaus, mußten aber schließlich doch 1833 in *Andernach*-St. Thomas und in *Trier* (5) im „Landarmenhaus" 1835 ihren Pflegeverpflichtungen nachkommen.

Zunehmende Überfüllung, Wassermangel und steigende Haushaltsdefizite in Siegburg, trostlose Zustände in den Pflegeabteilungen, besonders im skandalös überbelegten Andernacher Haus, machten deutlich, daß man so nicht fortfahren könne.

Die Rheinprovinz entschloß sich deshalb zu einer „Reform", deren Großzügigkeit heute noch atemberaubend und fremdländisch wirkt: Man beschloß, in allen fünf Regierungsbezirken radikale Neubauten zu errichten! Eine fabelhafte Entscheidung, die sich bis zur Stunde als segensreich erweist.

Während im Regierungsbezirk Köln (1) aus gleich zu schildernden Gründen eine leichte Verzögerung eintrat, baute der Regierungsbezirk Aachen (2) in *Düren,* der von Düsseldorf (3) in *Grafenberg* ab 1872, der von Koblenz (4) in *Andernach* ab

1872 ganz nahe bei St. Thomas und jener von Trier (5) in *Merzig* ab 1872 an der Saar. Dieses Gebiet gehörte ja damals zur preußischen Rheinprovinz. Alle vier Heil- und Pflegeanstalten wurden fast auf einen Schlag fertig! Man schrieb 1876. Preußen hatte vor kurzem einen Krieg gewonnen, seine Wirtschaft blühte auf, besonders am Rhein (Abb. 6).

Im Regierungsbezirk Köln aber flackerten die alten Konflikte wegen der Unterrichtsfrage wieder auf. Um die rheinische Metropole politisch nicht zu stark werden zu lassen, vor allem um einen rheinisch-katholischen Separatismus zu verhüten, hatte Berlin bereits 1818 die alte Universität nicht wieder in Köln er-

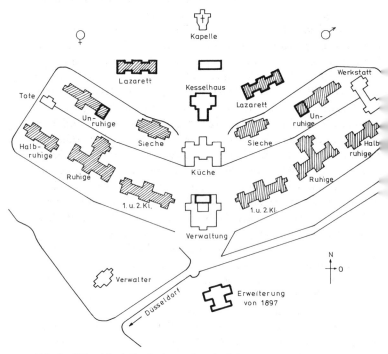

Abb. 6: *Düsseldorf-Grafenberg*, Provinzial-Irren-Anstalt, 1872–1876 (Dittmar), 1897 erweitert

öffnet, sondern in Bonn, einer Stadt, die sich schon während der Kämpfe zwischen Bürgern und Bischof als Antagonistin Kölns bewährt hatte. Auch die erste rheinische Heilanstalt hätte politisch betrachtet im Interesse der Kölner in oder ganz nahe bei Köln liegen müssen. Die Universität Bonn aber, die sie stets gerne als Hochschul-Irrenklinik „geschluckt" hätte und als Lehrinstitution auch beanspruchen durfte, zog den Standort mehr rheinaufwärts. Düsseldorf oder gar Trier hatten selbstverständlich keine Chance, ihre Interessen geltend zu machen. So wirkte 1825 die Entscheidung für Siegburg wie ein topographisch wohlausbalancierter Kompromiß.

Der Beschluß, in allen fünf Regierungsbezirken zu bauen, zestörte dieses Gleichgewicht abrupt. Während bisher Siegburg immerhin noch Köln-nah war, drohte jetzt die Gefahr, daß die Metropole nur eben eine unter fünf Anstalten haben sollte. Es kam aber noch schlimmer! Die Heil- und Pflegeanstalt des Regierungsbezirks Köln wurde tatsächlich in Bonn errichtet, und zwar unmittelbar am Rand der Stadt (immerhin aber an der Köln zugewandten Seite im Norden!). Statt 1876 eröffnete man 1882.

Nach menschlichem Ermessen hätte man um 1880 am Rhein erwarten dürfen, daß die Administration nach einer so überragenden Neuordnung des Versorgungssystems mit gutem Recht auf ihren Lorbeeren bis mindestens zum Ende des Jahrhunderts ausruhen konnte. Die Bevölkerungsexplosion, provoziert durch ein exzessives Wirtschaftswachstum im amerikanischen Tempo, ließ jedoch die Zahl der versorgungsberechtigten psychisch Kranken derartig beängstigend in unvorstellbare Höhen schnellen, daß vor 1900 schon wieder der Kollaps des soeben noch vorbildlichen Systems drohte.

Man dachte jetzt nicht mehr in Regierungsbezirken, sondern in Bevölkerungsdichten. Das Ruhr-Gebiet mußte besser versorgt werden! Auch bei Aachen und Krefeld waren die Dörfer von gestern zu Städten geworden. So baute man eine Anstalt links und eine rechts des Rheins. *Langenfeld (= Galkhausen)* südlich von Düsseldorf und *Süchteln (= Johannistal)* wurden zusammen 1897 begonnen und nach kurzer Bauzeit 1901 und 1902 beendet. Damit waren jedoch keine rheinischen „Knusperhäuschen" für ein paar weitere Irre entstanden! Auch der Ausdruck „Anstalt" erschien eigentlich unpassend. Es waren Städte, ganze Landschaften voller psychisch Kranker! Es war ein wesentlicher Bestandteil der Bevölkerung, der nun hier lebte. Die Einführung des „Pavillon-Systems" auch in die Anstalts-Architektur nach 1870 unterstützte diesen Eindruck. Statt ein einziges, palastartiges Riesengebäude zu errichten, blockartig wie in der Illenau, hatte man malerisch viele einladende Villen lauschig hinter Büschen versteckt, ganz so, wie einst der alte Romantiker Reil sich das zusammenträumte. So verspielt sich die Baumeister auch gebärdeten, so niederschmetternd blieben die Zahlen: 3,7 und 4,2 Millionen Mark kosteten beide Anstalten! Und immer war noch kein Ende zu sehen.

Schon war die nächste Anstalt geplant: *Bedburg-Hau*, das 11,2 Millionen Mark kostete, als es 1911 für über 2000 Patienten eröffnet wurde. Wie lange noch würde man so fortfahren können? Diese bedrückende Frage schwebte damals über allen „Culturstaaten". Der Erste Weltkrieg verschob die Antwort, die Inflation verhinderte sie, und als die Frage nach 1933 wiederauftauchte, war abzusehen, daß die Lösung des Problems „billiger" sein würde als einstmals üblich. Man wußte, was Gaskammern kosteten.

Als zweites Modell einer Entwicklung sei das Irrenversorgungssystem des Königreichs Bayern herausgegriffen. Das penetrante Sprachrohr der deutschen Anstaltspsychiatrie, Heinrich Damerow, tönte noch 1844 (S. XXXI) provokativ: „In Bayern ist notorisch das öffentliche Irrenwesen noch immer auffallend zurück". Dies war zutreffend. Dennoch hätte man in Preußen klugerweise nicht so verletzend kritisiert! Schon wenige Jahre später hatte nämlich die Münchner Regierung ein System hochmoderner Groß-Irrenanstalten hervorgezaubert, wie es die Preußen für ihr ganzes Land nie zu schaffen vermochten.

Weshalb die bayerische Entwicklung so sehr verspätet in

Gang kam, ist auch heute noch rätselhaft. Tatsächlich gab es im Kerngebiet nur die kümmerliche, hauptstädtische Zwerganstalt in *München-Giesing* (1803). Bischöfliche Gründungen in *Passau* (1792) und *Würzburg* (Juliusspital) waren zunehmend unter städtischen Einfluß geraten, was in *Bamberg-St. Getreu* (1805) gut studiert werden kann. Im protestantischen Winkel um Nürnberg hatte man von den Preußen die ehemaligen Zucht- und Tollhäuser-Komplexe der alten Markgrafschaft Ansbach-Bayreuth übernommen, wo einst Langermann experimentiert hatte, ohne einen geeigneten Nachfolger zu hinterlassen.

Seit 1834 versuchte man im selben Gebiet in *Erlangen* (1), ein völlig ungewöhnliches Irrenhaus nach schottisch-panoptischen Prinzipien zu errichten. Doch die Ausführung des in Deutschland einmaligen Unternehmens zog sich endlos hin. Als 1846 doch noch eröffnet werden konnte, war das Haus bis zur Lächerlichkeit veraltet. Heute wird es immer noch benützt. Die vier Gebäude, die sich im Grundriß wie Windmühlenflügel um ein zentrales Beobachtungsrondell legen, gehören inzwischen zu den erhaltungswürdigsten Kulturdenkmalen der Psychiatrie in Mitteleuropa (Abb. 7).

Drei Jahre später (1849) setzte dann die bayrische Entwicklung mächtig ein. Damals wurde die erste „Kreis-Irrenanstalt" in *Irsee* (2) für den Kreis Schwaben eröffnet – vorsichtshalber nach den üblen Erfahrungen in Erlangen – in billigen, ehemaligen Klostergebäuden. Dann folgten die Kreis-Irrenanstalten für die Oberpfalz bei Regensburg in *Karthaus-Prüll* (3) 1852 und für Unterfranken in *Werneck* (4) 1855. Wieder erwiesen sich alte Kloster- und Schloßgebäude nach geringen Umbauten als mindestens vorläufig ausreichend.

Als man jedoch in der Pfalz und damit „schräg gegenüber der Illenau" in *Klingenmünster* (5) eine dringend erforderliche Königlich Bayrische Kreis-Irrenanstalt errichten wollte, entschloß man sich doch zu einem Neubau (1852), der musterhaft gut gelang und 1857, allgemein gelobt, eröffnet wurde (Abb. 8).

Damit war der Weg frei nach *München* (6). Die neuartige Institution war würdig, die Hauptstadt zu zieren! Die Irren-

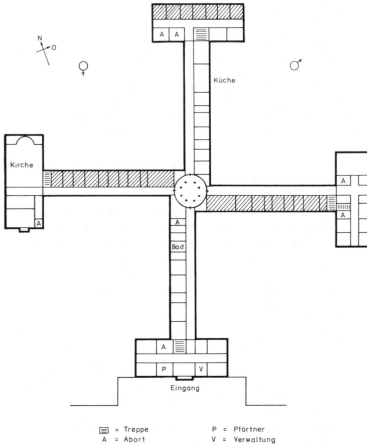

Abb. 7: *Erlangen*, Kreis-Irrenanstalt, 1834–1846 (Schulz), 1866 erweitert

anstalt für den Kreis Oberbayern konnte nach kurzer Bauzeit (1856–1860) nahe der Stadt eröffnet werden. Man folgte damit dem Beispiel, das Österreich gegeben hatte. Denn auch dort entwickelte man seit 1846 in Prag eine Reform-Irrenanstalt, bevor

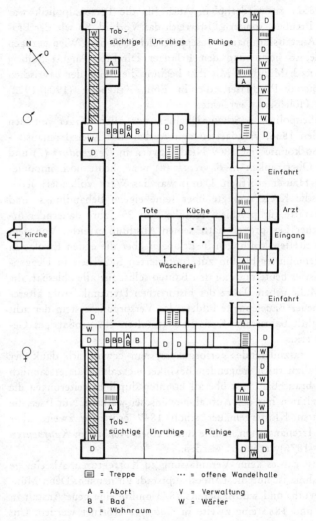

Abb. 8: *Klingenmünster,* Kreis-Irrenanstalt, 1852–1857 (Hagemann)

man es wagte, die Institution größer und schöner in Wien (1848 bis 1852) zu wiederholen. Auch für die Personalpolitik war nicht Preußen, sondern Österreich das Vorbild. So wie der Prager „Anstaltsfachmann" Joseph Riedel 1851 nach Wien gezogen wurde, so holte man den Erlanger Direktor August Solbrig 1859 nach München. Mit ihm beginnt die Reihe der bayrischen Hauptstadt-Psychiater, die in Emil Kraepelin (1904–1922) einen Höhepunkt erreichte.

Außenpolitische Schwierigkeiten, vor allem Ärger mit den Preußen 1866, verzögerten den Ausbau der Kreis-Irrenanstalten. So konnte erst 1869 Niederbayern in *Deggendorf* (7) und 1870 Oberfranken in *Bayreuth* (8) neue, heute noch imponierende Häuser eröffnen. Damit war das Werk vollendet: Jeder bayrische Kreis verfügte über seine eigene Behandlungs- und Pflegestätte für psychisch Kranke. Ein 25 Jahre dauernder öffentlicher Lernprozeß hatte seinen Abschluß erreicht. Von dem verzweifelten Mißlingen in Erlangen über die ersten Erfolge in Klingenmünster bis hin zur routinierten Sicherheit in Deggendorf ist er heute noch an den Bauten selbst für alle ablesbar, die sich Mühe geben. Trotz der historischen Dynamik, trotz älterer und neuer Bauelemente bildete das Versorgungssystem der acht Königlich bayrischen Kreis-Irrenanstalten ein großartiges Gesamtwerk.

Das faszinierende Versorgungssystem erwies sich dank der nicht allzu rasch steigenden Bevölkerungszahlen als erstaunlich lange brauchbar. Fast überall konnten durch Erweiterungen die Kapazitäten mit den Aufnahmewünschen wachsen. Nur Irsee, die in altem Klostergemäuer schon 1849 eröffnete zweite aller Kreis-Irrenanstalten, mußte durch einen Neubau in *Kaufbeuren* (1872–1876) verbessert werden.

Sonst gab es keine Veranlassung zu Korrekturen. Als einzige Ausnahme ist nur die Landeshauptstadt zu nennen. Denn München wuchs und wuchs. Bereits 1873 mußte eine neue Anstalt in *Attel* und 1883 eine zweite in *Gabersee* eröffnet werden. Um 1890 hatten die wuchernden Münchner Vororte die im freien Land einst errichtete Kreis-Irrenanstalt regelrecht umzingelt.

Wie im Rheinland entschloß man sich auch hier noch vor der Jahrhundertwende zu einer Mammut-Anstalt, die 1905 in *Egelfing* eröffnet wurde. Zunächst für über 1000 Betten geplant, wuchs auch sie ins Uferlose. Wieder wurden Millionen ausgegeben. War ein Haus fertig, begannen die Maurer das nächste. So entstand die Anstalt *Haar* neben Egelfing, wie am Rhein neben Bedburg damals *Hau* fast über Nacht aus dem Boden wuchs. Erst der Weltkrieg stoppte die unheimliche Permanenz der Bautätigkeit. Die grundsätzlicheren Probleme aber vermochte er nicht zu lösen.

Die Bevölkerung wuchs trotz aller Blutopfer von Verdun bis Langemarck. Die meisten Geisteskranken blieben so unheilbar wie eh und je. Tiefe Resignation erfaßte gerade die tüchtigeren Vertreter der Anstaltspsychiatrie. Einer der Direktoren begann, Libellen zu sortieren statt Psychosen, andere bekämpften damals wütend jeden Alkoholgenuß, um wenigstens irgend etwas zu tun. Sogar in einer Münchner Anstalt meinte man damals, eine klinikseigene Saftmaschine aufstellen zu müssen!

Auch die Hochschulpsychiatrie erfaßte eine Welle der Mutlosigkeit. Schon immer hatte man den Patienten in fataler Weise ignoriert, um sich der Krankheit, vor allem hirnpathologischen Forschungen hinzugeben, die jedoch nach wie vor keine Kausaltherapie ermöglicht hatten. Gerade bei den wichtigsten Geisteskrankheiten war um 1900 nicht einmal geklärt, ob sie überhaupt „einen Sitz" hätten, wie dies die Solidarpathologie von Morgagni bis Virchow verlangte. Außer Wachsälen statt Tobabteilungen, außer Dauer(beruhigungs)bädern statt Zwangsjacken, außer „Arbeitstherapie" in „agricolen Colonien" statt tagelangem Herumsitzen, vermochte man nicht viel zu bieten.

Denn Sigmund Freud entwickelte erst die Psychotherapie. Auch Julius von Wagner-Jauregg hatte seine Malariatherapie der Progressiven Paralyse noch nicht bekanntgegeben. Dauerschlaf und Schockbehandlung, Gehirnchirurgie und die Arzneimitteltherapie der Geisteskrankheiten, all dies war vor 1900 noch nicht bekannt.

Es wäre lohnend, die Entwicklung der neueren Irrenanstalten auch in den kleineren Ländern weiterzuverfolgen. In Baden entstanden trotz der beiden Hochschulkliniken doch wieder Landesanstalten in *Emmendingen* (1884–1889), *Wiesloch* (1903 bis 1905) und auf der Insel *Reichenau* (1913).

Auch Württemberg erweiterte seine Bettkapazität erheblich durch neue Anstalten in *Schussenried* (1875), *Weissenau* (1892) und *Weinsberg* (1903).

Westfalen hat vor allem in *Lengerich* (1862–1865), Hessen in *Heppenheim* (1861–1866) vorbildliche Neubauten eröffnet. In Hannover ist aus den Anfängen in Hildesheim und Göttingen die damals hochmoderne Anstalt in *Osnabrück* (1863–1866) entstanden. Auch das braunschweigische Asyl in *Königslutter* (1865) wurde sehr bewundert.

Schließlich würden die Hanse-Städte im Norden wegen ihrer staatlichen Selbständigkeit besondere Aufmerksamkeit erfordern. Neben der Riesenanstalt *Hamburg-Langenhorn* (1892) wären die Gründungen *Bremen-Ellen* (1904) oder in *Lübeck-Strecknitz* (1912) zu schildern. Neben den Anstalten *Oldenburg-Wehnen* (1854–1858 und 1888–1892) sowie *Neustadt* in Holstein (1893) würde es lohnen zu studieren, wie die Preußen die frühe dänische Modellanstalt in *Schleswig* (1820) weiter ausgebaut haben, um so in den eroberten Provinzen das Irrenversorgungssystem leistungsfähiger zu machen.

Aber all dies soll hier zurückgestellt werden, um Platz zu gewinnen für eine kurze Schilderung der landesweiten vorbildlichen Irrenversorgungssysteme in zwei anderen deutsch sprechenden Gebieten, in Österreich und in der Schweiz.

Zunächst muß deutlich herausgestellt werden, wie sehr die Irrenhausentwicklung in beiden Ländern verzögert war. In Wien und Prag gab es zwar dank Kaiser Joseph II. ausbruchsichere Narren- und Tobabteilungen hinter dem Allgemeinen Krankenhaus, die in anderen Städten, in Linz und Graz, in Brünn und in Lemberg, nachgeahmt wurden. Harmlosere Irre fanden aber nach wie vor bei katholischen Pflegegemeinschaften

Zuflucht. So übernahm der Orden der Barmherzigen Brüder des hl. Johannes von Gott immer noch, wie vor Jahrhunderten, wichtige öffentliche Aufgaben.

In allen Irrenhäusern gab es jedoch kaum Ärzte, und vor allem fand es niemand der Mühe wert, die psychische Curmethode systematisch anzuwenden. Jetzt erst zeigte sich auch, daß der Wiener Narrenthurm oder das Prager Tollhaus wegen ihrer Lage und ihrer gefängnisartigen Bauweise gänzlich ungeeignet waren, um hier Erkrankungen des Geistes durch den Geist zu heilen.

Die Entwicklung der österreichischen Psychiatrie des 19. Jahrhunderts kam deshalb gerade nicht an den josephinischen Infrastrukturen in Gang, sondern ganz unverkennbar neben den Schöpfungen des kaiserlichen Neuerers. Nicht das Tollhaus in Prag, das ja fast wie ein „Stadtasyl" im Sinne des Wilhelm Griesinger in das Allgemeine Krankenhaus der körperlich Leidenden integriert war, stand am roten Faden der Entwicklung und des „Fortschritts", sondern jene zunächst fast unbeachtete kleine Irrenanstalt, die sich seit 1822 in *Prag* im ehemaligen Katharinenkloster entwickelt hatte. Aus ihr entstand nach wenigen Jahrzehnten die „K. u. K. Irrenanstalt" in *Prag* (1846), die durch die Energie und die Heilerfolge des dort tätigen Joseph Riedel bald im ganzen Kaiserstaat beachtet wurde.

Neben Böhmen muß Tirol genannt werden. Aber auch hier waren es nicht Irrenzellen in Innsbruck, die am Anfang der Erneuerung standen, sondern eine zunächst ganz kleine „k. k. Provinzial-Irren-Heilanstalt", die 1830 in einem ehemaligen Kloster in *Hall in Tirol* mit wenig Geldmitteln improvisiert worden war.

Außerem spielten Privat-Irrenanstalten eine bahnbrechende Rolle. Da gab es seit 1819 in *Wien-Gumpendorf* eine vornehme Pension, die Umnachtete akzeptierte, wenn sie zahlungskräftig waren. Ihr Leiter, der aus Trier stammende Arzt Bruno Görgen (1777–1842), hatte als Therapeut wie als Geschäftsmann bald so gute Erfolge, daß er in den noch eleganteren Vorort *Wien-Oberdöbling* (1831) umziehen konnte, wo die Privatanstalt bald auch von reichen Ausländern, russischen Großfürstinnen und orientalischen Märchenprinzen so gut frequentiert wurde, daß die exklusive Klientel rasch für jenen „weltweiten Ruf" sorgte, der damals allen staatlichen Irrenanstalten des Landes versagt blieb.

Endlich, nach jahrelangem Planen, Umplanen und Neuplanen, legte man im Jahre 1848 in *Wien* den Grundstein für die „Niederösterreichische Landes-Irrenanstalt", die als reine Heilanstalt ganz der Behandlung dienen und all das nachholen und wiedergutmachen sollte, was Joseph II. beim überstürzten Bau des Wiener Narrenthurms versäumt hatte. Doch wieder stand ein „Unstern" über der österreichischen Psychiatrie: Wenige Wochen nach Baubeginn erschütterte die Achtundvierziger-Revolution die alte Habsburgermonarchie. Truppen erstürmten die Barrikaden der Aufständischen, Straßenlaternen wurden als Galgen mißbraucht, und als man die unterbrochenen Bauarbeiten wiederaufnehmen und 1853 die Irrenanstalt endlich eröffnen konnte, war bereits wieder alles fast bis zur Lächerlichkeit veraltet (Abb. 9).

Obwohl man das prächtige Haus, das fast wie ein Jagdschloß des Kaisers in großen Parkanlagen auf einem Hügel lag, in unmittelbarer Nähe des Allgemeinen Krankenhauses und damit der wichtigsten Ausbildungsstätte der Ärzte errichtet hatte, war für den klinischen Unterricht am Patienten wieder nur schlecht gesorgt. Zwar hatte man Joseph Riedel aus Prag nach Wien ziehen können. Aber der „führende Anstaltsfachmann in Österreich" wurde weder als Universitätsprofessor für die Lehre herangezogen, noch zu systematischer Forschung verpflichtet. Die Praxis des Heilens und Handelns bestimmte alles. Erst 1870 wurde der „Niederösterreichischen Landes-Irrenanstalt" die erste irrenärztliche Universitäts-Klinik aufgepfropft, und zwar vielleicht nur deshalb, weil der allmächtige Pathologe und Hochschul-Rektor Karl Rokitansky (1834–1875) seinen Schüler, den Hirnzellenforscher Theodor Meynert, auf einer ordentlichen Wiener „Lehrkanzel" wissen wollte.

An der neuen „Landes-Irrenanstalt", am Wiener Vorbild,

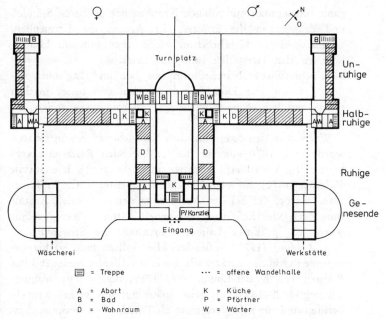

Abb. 9: *Wien,* Niederösterreichische Landes-Irrenanstalt, 1848–1852
(Fellner)

sollte sich bald die ganze Donau-Monarchie ausrichten. Als erste Nachahmung entstand die „Oberösterreichische Landes-Irrenanstalt" in *Linz-Niedernhart* (1863–1867). Wieder errichtete man schloßähnliche Bauten in prächtigem Parkgelände. Dort, wo der Thronsaal des Fürsten zu erwarten war, wohnte über der Eingangshalle der Direktor, der als Seelenkenner, als Psycholog und Philosoph, durch die Kraft seiner Persönlichkeit das wichtigste Heilmittel der Anstalt darstellte und mit Hilfe der Hausordnung das „innere Leben" der familienähnlichen Gemeinschaft leitend in der Hand hielt. In vielfacher Stufung und Abknickung folgten hinter dem Mittelbau weitläufige Flügel, in denen die Patienten streng nach Geschlechtern getrennt und nach der Schwere ihrer Symptome eingeteilt waren. Man begann eingangsnah mit ruhigen Kranken der „höheren Stände" und drängte so die ärmsten der Armen, die Lärmenden, Schmutzigen und Gefährlichen, wieder ebenso in die Hinterhöfe, zu den Tierställen und zum Leichenhaus ab, wie dies auch beim Wiener Narrenthurm vor Jahr und Tag nicht anders gewesen war. Doch wie hätte man dies besser machen sollen, nachdem es nach wie vor nicht gelang, zuverlässig zu heilen (Abb. 10).

Was sich in den österreichischen Kerngebieten bewährt hatte, wurde nach 1870 auch in die fernliegenden Reichsteile verbreitet. In Vorarlberg errichtete man die große Irrenanstalt *Valduna* (1870), die vom Züricher Baumeister J. C. Wolff geplant wurde, der bei der Ausführung der cantonalen Anstalt Burghölzli viel Erfahrung gesammelt hatte. – Wenig später wurde die prächtige Landes-Irrenanstalt der Steiermark in *Graz-Feldhof* (1872) vollendet. Hier sollten bald so hervorragende Psychiater wirken wie der in der Illenau herangebildete Richard von Krafft-Ebing (1873–1889) oder Julius Wagner-Jauregg (1889–1893), die beide später auf Wiener Lehrkanzeln berufen und für ihre Verdienste als Forscher mit höchsten Auszeichnungen geehrt worden sind.

Auf kleinere Anstalten wie jene in *Klagenfurt* (1877) oder *Salzburg-Lehen* (1896) kann hier nur hingewiesen werden. Doch sei daran erinnert, daß die Donau-Monarchie in den Jahrzehnten vor 1900 eine weitgespannte Aktivität auch außerhalb der deutsch sprechenden Gebiete entwickelt hat. Damals entstanden die großen und oft vorbildlichen Irrenanstalten in *Kosmanos* (1869) und *Lemberg-Kulparkow* (1875), in *Dobrzan* (1883) und *Pergine* (1883), in *Cernowitz* (1886) und *Troppau* (1889), die dann jahrzehntelang und oft bis in die Gegenwart segensreich gewirkt haben.

Doch kaum war das landesweite Fürsorgesystem ausgebaut, als es auch in Österreich aus allen Nähten platzte. Die Zahl der Heilung suchenden Geisteskranken stieg und stieg. Noch einmal versuchte man, vom Zentrum des Landes her die Flut aufzufangen, und zwar mit Hilfe jener für die Jahrhundertwende so

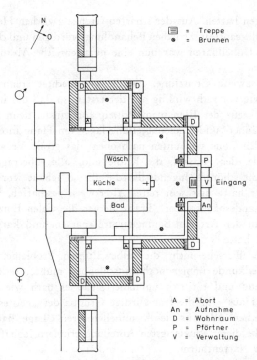

Abb. 10: *Linz-Niedernhart,* „Oberösterr. Landes-Irrenanstalt",
1863–1867

typischen Riesenanstalten. Als erste entstand, noch halb als Versuchsgründung (und oft in bestem Jugendstil), das weitläufige *Mauer-Öhling* bei Amstetten in Oberösterreich (1898–1902).

Dann errichtete man die „größte Irrenanstalt des europäischen Kontinents" in *Wien-Steinhof* (1904–1907) für zunächst 3000 Patienten. Ein Hang an den Ausläufern des Wienerwaldes wurde stufenähnlich in vier Terrassen gegliedert, auf denen (4 × 6 =) 24 Häuser Platz fanden. Links des Eingangs in der Mittelachse wohnten die Frauen, rechts die Männer, und zwar wieder so, daß die Genesenden und ruhigen Kranken vorne am Haupttor, die Unruhigen aber ganz hinten und oben ihre Abteilungen hatten. Aus der scharfen Grenze zwischen Heilanstalt und Pflegeanstalt, zwischen Behandlungswürdigen und chronischkrank Unheilbaren war nun eine nuancenreiche Abstufung geworden.

Die zweite Grenzlinie, die die Geschlechter trennte, stand nach wie vor rechtwinklig auf der ersten, so daß das imaginäre Achsenkreuz der Illenau im Prinzip fortwirkte, denn zwischen der Männer- und Frauenabteilung lagen am Hang in einer isolierenden Zone von unten nach oben: das große Verwaltungsgebäude, der Festsaal, die Küche und, alles überragend, die vielleicht schönste Jugendstilkirche, die je gebaut wurde. Otto Wagner hatte hier sein reifes Alterswerk geschaffen, während der „Landesbaudirektor" Franz Berger die vielen Einzelhäuser mehr in der Art der Bauingenieure sparsam und karg auszuführen hatte.

Man übersehe nicht die unbewältigten Probleme, die die Irrenheilkunde immer noch mitschleppen mußte: rechts, ganz abliegend und für sich ummauert, gab es nach wie vor das „feste Haus" für die fragwürdige Gruppe der „geisteskranken Verbrecher" oder für die „kriminellen Irren". Lage, Bauart und Aufgabe dieser schwierigsten Abteilung erinnern lebhaft an den Wiener Narrenthurm.

Links des Anstaltskomplexes und ebenfalls abgerückt und ganz für sich wiederholte das „Sanatorium" in kleineren Abmessungen die Pavillons auf den Terrassen noch einmal. Es war bezahlenden Kranken vorbehalten. Österreich hatte jetzt gelernt, seine kostspieligen Armenhäuser für Irre durch Privatpatienten mitfinanzieren zu lassen, die hier wie überall und zu allen Zeiten etwas mehr bezahlten, als sie an Leistung in Anspruch nahmen.

Das Zerbrechen der Donau-Monarchie der Habsburger nach dem verlorenen Ersten Weltkrieg unterbrach seit 1914 abrupt alle Erweiterungsarbeiten. Inflation (1923), Wirtschaftskrise (1929) und der „Anschluß" an ein „Großdeutsches Reich" brachten für die österreichischen Irrenhäuser lange Jahrzehnte einer trostlosen Stagnation mit sich. Erst damals lernte man, das landesweit wirksame Netzwerk der Irrenversorgung zu würdigen, das man den Gründern des 19. Jahrhunderts zu verdanken hatte.

Die Entwicklung der schweizerischen Irrenanstalten zeigt manche Ähnlichkeit mit den Ereignissen in Österreich, ist aber stärker von Süddeutschland und außerdem über Genève von Frankreich beeinflußt worden. Auch die Schweiz kannte keine Zucht- und Tollhäuser, sondern hatte um 1800 lediglich Irrenzellen an Bürgerhospitälern wie in *Luzern* (um 1800), *Zürich* (1817) oder in *Basel*. Hinzu kamen einzelne Tollhäuser, die sich an „Siechenhäusern", an halb leerstehenden Leproserien und Pesthäusern, entwickelt hatten. Als gutes Beispiel dieses Typus sei hier *Bern* (vor 1765) genannt, weil aus dem dortigen „Tollhaus" am städtischen Siechenhaus eine der wichtigsten staatlichen Irrenanstalten und schließlich eine vorbildliche Universitätsklinik hervorgingen. Auch hier wird wieder deutlich, welches Gewicht in der Psychiatrie der Tradition, der von Generation zu Generation weitergegebenen Erfahrung im täglichen Umgang mit Irren zukommt, und zwar auch dann, wenn die Erinnerung an später inhuman erscheinende Vorläufer, an Narrenzellen und Tobhöfe, absichtlich vergessen wird.

Wer heute die schweizerische Bundeshauptstadt in nordöstlicher Richtung verläßt, findet bald auf einer grünen Wiese am Waldrand die „Kantonale Heil- und Pflegeanstalt", die man in *Bern* immer noch „die Waldau" nennt (1849–1855). Wer denkt da nicht an die wenig ältere Illenau (1837–1842) im benachbarten Großherzogtum Baden und das mit diesen fast allzuschönen Namen anklingende religiös-therapeutische Programm? Auch dieser erste großzügige Neubau des Landes für geisteskranke Patienten ist in zwei streng symmetrische Hälften für Frauen und Männer geteilt. Dazwischen liegt eine isolierende Zone mit dem Zentralbau des Direktors und der Verwaltung, hinter dem die Küche und die Wäscherei errichtet wurden. Auch hier ist die Abteilung der Unruhigen ganz nach hinten abgedrängt (Abb. 11).

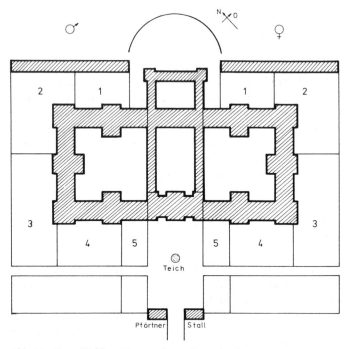

Abb. 11: *Bern-Waldau*, Kantonale Heil- und Pflegeanstalt, 1849–1855 (Gottfried Hebler)

Im Jahre 1855 eröffnet, erfreute sich das Haus bald einer großen Beliebtheit. Es bot so viele lehrreiche Verlaufsformen geistiger Verwirrtheit, daß man sich entschloß, es vorsichtig den bedächtigeren unter den Studenten der Universität Bern zu öffnen. Seit 1861 benützte der Direktor Rudolf Schärer (1859 bis 1890) die kantonale Anstalt regelmäßig für klinische Vorlesungen. Als er 1873 schließlich außerordentlicher Professor wurde, entstand auch hier jene typische Personalunion, die heute rückblickend wie eine labile Ehe zwischen einem heilkundigen Staatsbeamten und einem Lehrer der Heilkunde wirkt.

Der große Erfolg der Waldau rief private Nachahmer auf

den Plan. So wurde im Jahre 1849 die « Maison de Santé » in *Préfargier* in idyllischer Lage auf der schmalen Landbrücke zwischen dem Bieler und dem Neuchâteler See eröffnet. Ihr Bauplan wirkt wie eine Miniaturausgabe der Waldau. Hier soll, allerdings erst nach 1882, der damalige Direktor Gottlieb Burckhardt noch vor dem Portugiesen Egas Moniz die „präfrontale Leukotomie" versucht haben, um so in ganz aussichtslosen Fällen vielleicht hirnchirurgische Hilfe zu bringen. – In diesen Jahren entstand auch die kleine Anstalt des Kantons Solothurn in *Rosegg* (1855–1860 ?), deren sorgfältige Bauplanung heute noch besticht.

Doch wurde dies alles bald in den Schatten gestellt durch die „Irrenheilanstalt für den Canton *Zürich*", das „Burghölzli" (1865–1870). Nach langjährigen Planungen, an denen sich auch Wilhelm Griesinger beteiligte, der damals (1860–1865) als Professor und Direktor der Medizinischen Klinik den Studenten auch Geisteskranke zeigte, baute man schließlich nach den Plänen von Johann Caspar Wolff (Abb. 12).

Als nach langem Interim schließlich Bernhard von Gudden (1869–1872) Direktor des Burghölzli wurde, ernannte man ihn gleichzeitig zum Professor und richtete in der Anstalt eine Universitätsklinik ein. Wieder war mit der Personalunion eine Geld und Kräfte sparende gute Schweizer Lösung der schwierigen Fragen gefunden worden, während nördlich von Basel nach der Heidelberger und Berliner Krise mit dem Auseinanderklaffen der Anstalts- und der Hochschulpsychiatrie eine Irrenheilkunde erster und zweiter Klasse entstanden war.

Eine andere Trennung vermochte man jedoch in Zürich nicht zu vermeiden, denn noch einmal waren die „Heilbaren" und die „Unheilbaren" weit voneinander entfernt. Das Burghölzli sollte nämlich mindestens in den ersten Jahren, ähnlich wie die Wiener Gründung (1848–1852), eine reine Heilanstalt sein. Ständig nachdrängende Kranke und eine fatale „Abflußlosigkeit" führten dazu, daß der Kanton Zürich die Pflegeanstalt *Rheinau* (1867) eröffnete. Ein ehemaliges Kloster mitten im Rhein, auf einer schmalen Insel gelegen, war auch für die

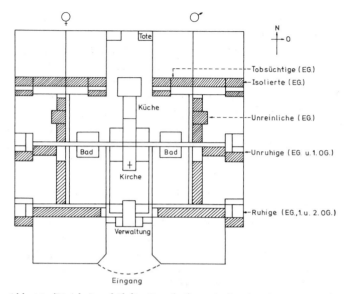

Abb. 12: *Zürich-Burghölzli*, „Irrenheilanstalt für den Canton Zürich", 1865–1870 (Johann Caspar Wolff)

Schweizer gut genug, um hier billiger und oft jahrelang jene zu „pflegen", für die es keine Hoffnung auf Besserung gab. Obwohl man mit ganz geringen Umbauten auszukommen verstand, gelang es trotzdem, die bestehenden Gebäude so einzuteilen, daß die Verwaltung mit der Küche die Grenzzone zwischen der Frauen- und Männerabteilung bildete. Spiegelsymmetrisch folgten dann von innen nach außen auch bei dieser reinen Pflegeanstalt die Epileptischen, die Unreinlichen und die Tobsüchtigen.

Ganz ähnlich lagen ja auch die Abteilungen des Burghölzli hintereinander. Eingangsnah wohnten die Ruhigen, dann die Unruhigen, an die schließlich Unreinliche, Isolierte und Tobsüchtige in immer niedriger werdenden Gebäuden anschlossen. Während der Eingangsflügel im Süden mit seinen zwei Obergeschossen eine prächtige lange Front bildete, bestanden die rückwärtigen Unruhigenabteilungen nur aus Erdgeschoß und niedrigem Dach. Die eigentliche Problemzone der Anstalt war so fast unsichtbar geworden. Der Verzicht auf die Obergeschosse erfolgte aber vor allem wegen der Selbstmordgefahr und weil man Lärmende nicht übereinander wohnen lassen sollte.

Burghölzli und Rheinau stellen zusammen als Einheit betrachtet eine der leistungsstärksten Ausbildungsstätten in Mitteleuropa dar. Während in Zürich vor allem Medizinstudenten durch so überragende Lehrer wie August Forel (1879–1898) und Eugen Bleuler (1898–1927) unterrichtet wurden, bildete die Insel im Rhein eine hervorragende Schule für Nachwuchs-Direktoren. Die Reihe begann mit dem aus Bayern stammenden Ludwig Wille (1867–1873), der dort sehr frühzeitig das englische "no-restraint" einführte und später als Direktor und Professor an der Anstalt in Basel wirkte (1875–1904). Noch bekannter ist Eugen Bleuler, der auf der Rheininsel (1886–1898) als leidenschaftlicher Zucht- und Erziehungsmeister den Alkoholismus systematisch zu bekämpfen begann und dann als Direktor-Professor im Burghölzli den heute weltweit unentbehrlichen Begriff „Schizophrenie" entwickelte.

Zu den besten europäischen Irrenhäusern dieser Jahre gehört auch die „Irrenheilanstalt für den Canton Aargau" in *Königsfelden* (1868–1872). Sie wurde vom Baumeister C. Rothpletz neben einem ehemaligen Kloster errichtet, das später als Pflegeanstalt diente.

Auffallend lang hat man in Basel einen Neubau hinausgezögert. Zunächst schienen die Irrenzellen des Bürgerspitals noch ausreichend zu sein. Dann vergingen Jahre mit sorgfältigen Planungen. Schließlich aber konnte in *Basel-Friedmatt* (1884–1886) auf einer damals noch friedlich liegenden Wiesen-Matte eine hochmoderne „Kantonale Heil- und Pflegeanstalt" im Pavillonstil eröffnet werden (Abb. 13).

Die einzelnen Häuser und Kur-Villen lagen in abgetrennten Einzelgärten. Dennoch aber wirkte das imaginäre Achsenkreuz der Illenau latent immer noch fort. Hinter dem Eingangshaus mit der Verwaltung folgte die Küche, die Wäscherei und das

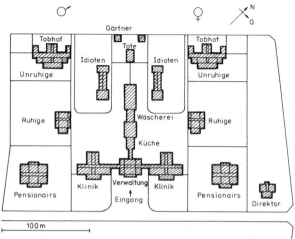

Abb. 13: *Basel-Friedmatt*, Irrenanstalt, 1884–1886

Totenhaus. Rechts dieser trennenden, gemeinsamen Einrichtungen wohnten die Frauen, links die Männer. Statt der scharfen Scheidung in Heilbare und Unheilbare gab es nun drei Stufen, nämlich „Pensionairs", also zahlende Privatpatienten, Ruhige und, wieder ganz hinten, die Unruhigen. Dazwischengeschoben wurden die eingangsnahen Kliniken (streng nach Geschlechtern getrennt!) und die zurückliegenden Idiotenanstalten.

Bis jetzt ist nicht ausreichend geklärt, wieweit die französisch und italienisch sprechenden Landesteile gegen die deutschschweizerische Irrenhausentwicklung abgeschottet waren. Zunächst aber scheint man um 1800 vom Genfer See mehr nach Paris geblickt zu haben. Es gab aber damals nur wenige und kleine Anstalten, von denen jene in *Lausanne-Champs de l'Air* (1810) und *Genève* (1838) genannt seien.

Nach jahrzehntelanger Pause entstand dann das prächtige « Hospice d'aliénés du Canton du Vaud » in *Lausanne-Bois de Cery* (1872–1873). Unverkennbar hatte man vom Burghölzli und von Königsfelden mehr übernommen als von den etwa gleichzeitigen Anstaltsneubauten in Paris-Sainte Anne (1861 bis

1867) oder in Lyon-Bron (1868–1874). – Dann aber setzte sich auch in der französischen Schweiz das Pavillonsystem durch. In *Marsens* bei Bulle im Kanton Fribourg kündigte sich die Auflockerung bereits 1876 an, und als in *Genève* 1900 das neue « Asile de Bel-Air » als normale Heil- und Pflegeanstalt gebaut wurde, da geschah dies mit routinemäßiger Selbstverständlichkeit.

Die Faszination, die mit den vorbildlichen Schweizer-Anstalten verbunden ist, hat es mit sich gebracht, daß schlichtere Irrenhäuser, die von sparsamen Verwaltungsbeamten in alten Klöstern billig eingerichtet wurden, fast ganz vergessen worden sind. Besonders hervorgehoben sei in diesem Zusammenhang die Heil- und Pflegeanstalt des Kantons St. Gallen im ehemaligen Kloster *St. Pirminsberg* (1847), das Irrenhaus des Kantons Luzern im ehemaligen Zisterzienserkloster *St. Urban* (1873) sowie die dritte Pflegeanstalt des Kantons Bern im ehemaligen Kloster in *Bellelay* (1898).

Gerade hier in Bellelay kann man lernen, daß auch die Schweiz mit dem verheerenden Problem der hoffnungslosen Überfüllung um 1900 nicht fertig geworden ist. Nach der vorbildlichen Anstalt *Bern-Waldau* (1849–1855) hatte man nach manchen Versuchen zur Entlastung die große Anstalt in *Münsingen* östlich von Bern (1890–1895) gebaut. Ihre Kapazität war aber trotz großzügigen Abmessungen wenige Jahre nach der Eröffnung schon wieder erschöpft.

Dennoch haben sich die Schweizer nie zu jenen grauenvoll riesenhaften Monsteranstalten entschlossen, wie sie in Egelfing-Haar (1901–1905, 1912) und in Bedburg-Hau (1908–1911) oder auch in Wien-Steinhof (1904–1907) entstanden waren. Dabei hätte die Finanzierung kaum Schwierigkeiten gemacht, nachdem eine gewinnbringende Neutralität im Ersten Weltkrieg die öffentlichen Kassen ebenso gefüllt hatte, wie das Vermeiden aller Inflationen und Franken-Abwertungen. Obwohl die Bevölkerungsdichte seit 1900 ständig zunahm, ist das Aufnahmevermögen der schweizerischen Irrenanstalten nur schleppend mitgewachsen.

Was der Psychiatrie in den Alpenländern wie in ganz Mitteleuropa nach 1918 aber vor allem fehlte, waren große Begabungen und eklatante Behandlungserfolge. Während Roller noch vom besseren Zuchtknecht zum Liebling des Fürsten aufsteigen konnte und schließlich höchstes Ansehen bei arm und reich genoß, lebten die vielen Direktoren ländlich entlegener Anstalten um 1900 fast unbeachtet dahin. Sie galten nicht als beneidenswert, sondern als hilflos und vielleicht sogar manchmal als so grausam wie die Zuchtknechte einer versunkenen Epoche.

Idiotenanstalten exzentrischer Einzelgänger

Der Ausdruck „geistig Behinderte" ist neu und verdankt seine Existenz der eigentümlichen Hemmung unserer Zeitgenossen, das alte Wort „Idiot" auszusprechen. Noch grauenvoller und im Zusammenleben unzumutbarer als unheilbare Geisteskrankheit ist heute für viele die unbeeinflußbare Form der „Debilität, Imbezillität und Idiotie", um damit die von Ärzten bevorzugten Fachausdrücke zu benutzen, die auch nichts anderes bedeuten, als Grade und Stufen menschlicher Intelligenz.

Während in ländlichen Gebieten früher der Idiot als „Dorftrottel" selbstverständlich dazugehörte, während in Alpentälern „Kretinismus" immer endemisch auftrat und niemand zu Therapieversuchen reizte, gründete man auf Anregung von Esquirol in *Paris* im « Hôpital de Bicêtre » bereits 1828 eine besondere Abteilung für idiotische Kinder („Cretinen"), die zuerst G. M. A. Ferrus, dann nach einer Unterbrechung ab 1834 A. F. Voisin und schließlich ab (1837 oder) 1839 Edouard Séguin leitete. Die beiden ersten Ärzte wandten sich bald sehr erfolgreich der Psychiatrie zu. Als ehemaliger Taubstummenlehrer aber hat Séguin mit eigentümlicher Hartnäckigkeit die idiotischen Kinder in seinem « établissement orthophrénique » „bildungsfähig" zu machen versucht und seine Erfahrungen 1846 niedergelegt in einem Buch mit dem bezeichnenden Titel ›Traitement moral, hygiène et éducation des idiots ...‹. Esquirol blieb jedoch kritisch und ablehnend. Vermutlich ging es ihm mehr um Therapie als um Schulung. Die hoffnungsvollen Ansätze brachen in Frankreich ab, als Séguin nach 1848 aus politischen Gründen nach Amerika fliehen mußte.

Erst 1841 kümmerte man sich in der Schweiz um Idioten. Johann Jakob Guggenbühl gründete vielleicht unter dem Einfluß des Schelling-Schülers I. P. Troxler eine „Heilanstalt für Cretinismus", und zwar auf dem *Abendberg*, einem westlich von *Interlaken* zwischen den Seen gelegenen Hügel, von dem man einen überwältigenden Blick auf die Gletscherwelt von Eiger, Mönch und Jungfrau genießt. Vielleicht sollte der „Zauber der Natur" als „intellectuelles Reizmittel" dienen, vielleicht sollten die meist in feucht-kalten Tälern aufgewachsenen Idiotenkinder durch die „Höhenluft" des Hügels günstig beeinflußt werden. Zusammen mit Alpenmilch und Kräutersäften, ständiger Zuwendung und intensiven heilpädagogischen Versuchen veränderten sich einige Kinder so deutlich, daß Guggenbühl schließlich selbst überzeugt war, er könne Idioten heilen.

Seine Parole, nicht nur Narren seien heilbar, durchstürmte Europa, so wie der Aufschrei «Miracolo!» immer wieder hysterische Begeisterung auslösen wird. Wer von der schweren Bürde bedrückt wird, für ein nicht bildungsfähiges Kind verantwortlich zu sein, den muß jeder Hoffnungsstrahl erschüttern. Eine „Abendberg-Begeisterung" durchzitterte Europa. Die preußische Regierung verlieh Guggenbühl den Roten-Adler-Orden. Nachdem zuerst nur Cretinen der Nachbartäler gebracht worden waren, bewirkte die Besserung des idiotischen Kindes eines vornehmen „Lords aus England", daß nun bald Schweden und Amerikaner, ja sogar Fürsten zum Abendberg hinaufstiegen. Zu ihnen gehörte auch Wilhelm I., König von Württemberg (1845).

Er beauftragte einen seiner Amtsärzte, den in Urach praktizierenden Karl Heinrich Rösch, eine statistische Erhebung (1841!) über den „Kretinismus" im Königreich durchzuführen, die – obwohl völlig fehlerhaft – 1847 zur Eröffnung einer der ersten Idiotenanstalten im deutschen Sprachgebiet führte. Sie lag in *Mariaberg,* einem kleinen, kurz vorher aufgehobenen Kloster, das auf der einsamsten Hochalb im romantischen, kaum durchquerten Laucherttal etwa in der Mitte der Strecke Reutlingen–Sigmaringen zu suchen war. Da auch Rösch 1848 aus politischen Gründen nach Amerika fliehen mußte, sollte überlegt werden, ob das Erbarmen mit Idioten republikanisch macht, oder warum sich Freunde der Republik durch geistig Behinderte damals ebenso stark angesprochen fühlten wie einige Jahre später glaubensstarke Christen und fanatische Schulmeister. Die Überlegung ist deshalb berechtigt, weil 1858, allerdings nur kurz, der stets (nicht nur) „politisch unruhige" Wilhelm Griesinger als einer der letzten ärztlichen Direktoren in Mariaberg amtiert hat!

Der württembergischen Gründung folgten in Deutschland die private „Heil- und Erziehungsanstalt für schwachsinnige Kinder" in *Bendorf* (1848), eröffnet von Albrecht Erlenmeyer, und eine halb evangelisch, halb ärztlich geleitete Idiotenanstalt, die in *Rieth* an einem Seitenbach der Enz 1849 eröffnet, aber schon 1851 nach *Winterbach* im Remstal verlegt wurde, um 1867, abermals verlegt, zur heute bekannten „Anstalt in *Stetten*" zu werden.

Neben bald wieder untergehenden Gründungen, wie der in *Eckernförde* (1852), sind vor allem noch zwei streng konfessionelle Idiotenanstalten in Deutschland bahnbrechend geworden: *Neudettelsau,* 1854 gegründet durch den Pfarrer Löhe, und die „Alsterdorfer Anstalten" bei *Hamburg,* 1863 gegründet durch den Pastor Heinrich Matthias Sengelmann, den Autor des ersten „systematischen Lehrbuches der Idioten-Heilpflege" (1885), das den erstaunlichen Titel trägt: ›Idiotophilus‹, der Idiotenfreund!

Die Sengelmann-Gründung fiel bereits in eine kritische Zeit. Denn 1860 hatte Guggenbühl (gest. 1863) seinen Abendberg schließen müssen. Er war als Kurpfuscher verlacht und als „Charlatan" verdächtigt worden. Bald zogen sich überall die Ärzte zurück, enttäuscht und ernüchtert, nach einer Periode viel zu großer Hoffnungen. Das Arbeitsfeld blieb anderen überlassen. Priester, Pfleger und Lehrer, mehr von den Kirchen als vom

Staat unterstützt, trugen die „Flamme der Humanität" weiter in unsere Zeit.

Die Geschichte der ersten Idiotenanstalten ist lehrreich, weil so viele grundsätzliche Situationen der Irrenheilkunde dort wiederzufinden sind. Zeitlich gerafft und pointiert erkennt man, beide Entwicklungen zusammennehmend, die Gesetzlichkeiten deutlicher: 1. Die Initialphase voller Hoffnungen, die auf nichts gegründet sind als maßloses Wünschen. 2. Die Phase der ersten Erfolge, realer und eingebildeter Erfolge, die jedoch wegen grenzenloser Kritikunfähigkeit nicht getrennt werden können. 3. Die Rückschlags-Phase, in der die Irrenbehandlung gefährdet war, die Idioten-Therapie aber unterging. 4. Die Phase endgültiger Etablierung, die in eine innere Verödung und Routine ausläuft, wenn die nächste Generation es nicht der Mühe wert findet, die ererbten Resignationen zu überwinden. Gerade die festgefügten Versorgungssysteme erscheinen in diesem Licht als besonders gefährdet und untergangsreif.

II. EUROPA, ASIEN, AMERIKA

Auf den folgenden Seiten soll ein Rundgang durch die Länder unserer europäischen Nachbarn versucht und ein Blick auf die Welt jenseits der Meere geworfen werden. Das Ziel dieser « tour d'horizon » besteht aber nicht darin, lediglich einige weitere Irrenanstalten kennenzulernen. Die pure „Denkmalkunde" bildet vielmehr nur eine Ausgangsebene, die es da und dort erlaubt, alternative Lösungen analoger Irrenprobleme zu erfassen und so zu lernen, was an der deutschen Psychiatrie deutsch und was am europäischen Irrenhaus typisch für Europa ist.

Außerdem gilt es, die gegenseitigen Einflüsse, die Rezeptions- und Assimilationsvorgänge zu schildern. Denn die ersten deutschen Irrenärzte waren um 1800 ja keineswegs sehr schöpferisch tätig, sondern zunächst lernend und nachahmend. Als Schüler findet man sie vor allem in *Paris* bei Esquirol und dann immer wieder in England, besonders in *York* und in *Hanwell* bei London. Reisen nach Süd- und Osteuropa galten für deutsche Irrenärzte jahrzehntelang als nicht lohnend. Wer als Experte der Seelenheilkunde nach Barcelona, nach St. Petersburg oder gar bis Kairo vorstieß, der kam nicht als Schüler, sondern fast als Missionar oder als humanitätstrunkener Ankläger mit dem Ziel, verspätet Ketten zu sprengen.

Obwohl immer wieder behauptet wurde, Frankreich stehe am Anfang aller Irrenhausentwicklung, obwohl man immer wieder betont hat, die Große Revolution von 1789 und vor allem Philippe Pinel, „der die Ketten abnahm", hätten die Grundsteine der „wissenschaftlichen Psychiatrie" gelegt, muß hier trotzdem mit England begonnen werden. Denn dort hatte man am meisten Erfahrung im Umgang mit schwierigen Unruhigen. In englischen Privat-Irrenanstalten waren ja auch um 1780 jene besonders humanen Methoden der psychischen Behandlung entwickelt worden, die Pinel von dort übernehmen und während der unruhigen Jahre in Paris erproben konnte.

Wer jedoch mit England beginnt, zieht die hochmütige Verachtung vieler Spanier auf sich, die niemals bereit sind, dem verhaßten „Ketzerland" im fahlen Norden soviel Ruhm zu überlassen. Mit vollem Recht verweist man nämlich in Spanien auf *Valencia*, wo bereits 1409 (ein wichtiges Datum!) die «Casa de Orates» des Mönches Gilabert Jofre als «primer manicomio del mundo», als erstes Irrenhaus der Welt, eröffnet wurde. Es brannte leider schon 1512 ab und ging dann fast ganz in einem anderen Hospital auf, so daß später nicht nur in Valencia, sondern auch an anderen Orten, etwa in *Zaragoza*, kaum etwas zu lernen war.

Noch älter als die spanische ist die islamische Irrenhaustradition. Schon Harun ar-Raschid, der Kalif, der zur Zeit der Geschichten von Tausendundeiner Nacht lebte, soll um 800 in Bagdad ein Hospital gegründet haben, in dem es auch Irrenzellen gab. Später lassen sich zahlreiche weitere sicher nachweisen, wobei vor allem die osmanischen Asyle in *Istanbul* noch im 19. Jahrhundert wegen ihres menschenfreundlichen Umgangs mit Irren manchen Besucher (Howard, Dix) doch betroffen machten. Vielleicht sollte man die Irrenhausgeschichte deshalb sogar mit dem Islam beginnen. Da hier aber das für Mitteleuropa Wichtigste zuerst gesagt werden soll, sei mit England begonnen.

England

Das berühmteste Irrenhaus der Britischen Inseln ist das "Bedlam", oder, wenn man sich etwas gewählter ausdrücken will, "The Bethlem Hospital" in *London*. Es entstand als Anhängsel einer bis jetzt leider wenig erforschten "Priory St. Mary of Bethlem", die 1247 durch einen Kaufmann, der zugleich "sheriff of London" war, gegründet wurde. Die Lage ist recht genau bekannt, und zwar stand das fromme Haus im Nordosten der City "without Bischopsgate", also an einer der Fernhandelsstraßen nach Norden vor der Stadtmauer.

Von einem Hospital dieses Bethlem-Klosters ist aber erst knapp ein Jahrhundert nach der Gründung die Rede (um 1330). Seit 1346 stand es unter dem besonderen Schutz der Stadt, in deren Besitz das Hospital noch vor 1400 oder erst 1414 überging, als die Niederlassungen ausländischer Orden in England aufgelöst wurden. Dies alles muß deshalb hier so genau erzählt werden, weil ja Valencia den Anspruch erhebt, sein Irrenhaus von 1409 sei als « primer manicomio del mundo » zu würdigen.

Wenn somit irgend jemand in London in nationalistischer Beschränktheit den Streit überhaupt wieder anfachen wollte, dann müßte man Irre vor 1409 eindeutig nachweisen können. Nun, dies ist möglich. In ganz selbstverständlicher Weise wird 1398 und 1403 (keineswegs aber 1247!) von Irren, von Ketten und anderen Zwangsmitteln berichtet. Im Jahre 1403 gab es sechs Irre („mente capti") im Bethlem Hospital, die mit anderen Kranken zusammenlebten, von denen einer gelähmt war.

Seit wann die Irren nun aber hier lebten, ob sie schon von den Mönchen oder erst nach deren Enteignung von der Stadt hier gesammelt wurden, kann nicht entschieden werden. Außerdem ist überdeutlich, daß das Bethlem Hospital nicht als reines Irrenhaus (spanisch: « manicomio »!) gegründet wurde. Erst später, mit Sicherheit aber 1546, nach seiner Auflösung und Wiedereröffnung durch den König Heinrich VIII., war es ganz allein Geistesgestörten vorbehalten. Wie man sieht, hatten die Valencianer im Prioritätsstreit sehr wohl einige durchschlagende Argumente zur Verfügung. Sie schossen aber über jedes Ziel hinaus, als sie behaupteten, das englische Haus scheide schon deshalb aus, weil seine Priorin zu vorgerückter Stunde ihre Liebhaber in den Zellen zu empfangen pflegte.

Die Irren im Bethlem Hospital waren außerdem keineswegs die einzigen in London. John Stow (1603), dessen Nachrichten über die City als besonders zuverlässig gelten, versicherte, schon vor 1200 habe es einige "mad people" im St. Bartholomew's Hospital gegeben, das ja in ganz ähnlicher Weise als Anhängsel eines Klosters, einer "Priory", entstanden war.

Mit König Heinrich VIII. begann in England eine völlig neue

Epoche der Hospitalgeschichte. Er ließ, ähnlich wie die Fürsten der Reformation in Deutschland, alle Klöster und zudem auch alle Hospitäler (seit 1536) aufheben. Ein besonderer Anreiz, von Rom abzufallen und eine eigene, nationale "Anglican Church" zu gründen, bestand darin, durch das Einziehen des Kirchengutes die stets leeren königlichen Kassen durch einen Beutezug im eigenen Land zu füllen.

Bereits zwei Jahre nach dem "Act of Dissolution" (1536) hatten aber die aufsässigen Pöbelhaufen vor allem in London City so zugenommen, daß der Bürgermeister (1538) eine berühmt gewordene "Petition" an den König richtete und nach vielem Wiederholen, unterstützt durch den Bischof von London, erreichte, daß 1546 zunächst zwei Hospitäler wiedereröffnet werden konnten, und zwar

1. St. Bartholomew's Hospital für Kranke (1546),
2. Bethlem Hospital für Irre (1546).

Wie vordringlich es war, die Geistesgestörten und Tobsüchtigen, die Gefährlichen und Unberechenbaren von der Straße zu bringen, zeigt die frühe Wiedereröffnung des Bethlem Hospital sehr deutlich. Erst später kamen drei weitere Gründungen dazu, die die Gruppe der "five Royal Hospitals" abschlossen, und zwar

3. Christ's Hospital für Waisenkinder (1553),
4. St. Thomas Hospital für Kranke jenseits des Flusses (1553),
5. Bridewell Hospital für Arbeitsscheue (1553).

Doch all diese finanz- und verwaltungspolitischen Veränderungen in der Irrenversorgung der englischen Hauptstadt änderten am Bethlem Hospital vermutlich nur wenig. Die Kapazität blieb gering: 1598, ein halbes Jahrhundert nach der Wiedereröffnung, waren nur 20 Irre im "Bedlam". Wieder eine Generation später galten die Zustände als "very unsatisfactory" (1632), was vermutlich zu Erweiterungsarbeiten 1644 und dann zur Abtrennung einer Frauenabteilung 1662 führte. Erst 1675 hat man sich endlich entschlossen, das erste Bethlem Hospital abzubrechen. Was damals verschwand, ist in groben Umrissen bekannt. Es waren etwa 12 Zellen, die beiderseits einer Mitteldiele von West nach Ost lagen.

Sehr viel eindrucksvoller wirkt das zweite Bethlem Hospital in *London*, das 1675 und 1676 nach Plänen von Robert Hooke errichtet und später durch Seitenflügel (1725, 1736) erweitert wurde. Seine auffallend repräsentative Nordfassade konnte an den Lower Moorfields beim alten Moor Gate voll zur Geltung kommen und ist deshalb von den gewandten Kupferstechern der aufstrebenden Weltstadt London oft und gerne verkauft worden. Man erkennt stets ein hohes Erdgeschoß, in dem vermutlich besonders ausbruchssicher die Tobsüchtigen saßen. Darüber lagen zwei Obergeschosse, die durch abwechslungsreiche Dächer geschützt wurden. Der etwas höhere Mittelbau, die Seitenflügel und die beiden Seiten-Risalite ließen ein fünfgliedriges Gesamtwerk entstehen, das so reich und vornehm wirkte, daß es mit den Tuillerien, dem damaligen Schloß der französischen Könige beim jetzigen Louvre in Paris, verglichen wurde. Doch leider gibt es kaum sinnvolle Schilderungen oder Pläne vom Inneren des zweiten Bethlem Hospital, obwohl es erst 1815 abgebrochen wurde, als das dritte Groß-Irrenhaus in der Hauptstadt des Weltreiches bezugsfertig war.

Doch bevor seine Bauformen geschildert werden, ist es nötig, sich nach anderen Irrenhäusern in England umzusehen. Da gibt es vor allem die auffallend früh gegründeten Privatanstalten, wie etwa jene in *Box* in Wiltshire (um 1615!) oder die Gründung von H. Crooke in *London* (1630). Auch nach 1700, als dieser Irrenhaustyp auf dem Kontinent noch fast ganz unbekannt war, häuften sich in England die Neueröffnungen. Hervorzuheben sind die Privat-Anstalt von Edward Tyson in *London* (1706), der als Arzt am Bethlem Hospital wirkte, das von einer Witwe gegründete Bethel Hospital für Irre in *Norwich* (1713), das „Collegium Insanorum" von Nathaniel Cotton in *St. Albans* bei London (1745) und die Privatanstalt des Arztes Anthony Addington in *Reading* (1749).

Offensichtlich bewirkte die brutale Zerschlagung des mittelalterlichen englischen Hospitalsystems durch den König des eigenen Landes, daß die private Gründerinitiative frühzeitig geweckt wurde. Nach wie vor kümmerten sich ja weder die

Städte noch der Staat und schon gar nicht die Anglican Church um die Irren. Auch die Krone kam über die "five Royal Hospitals", die de facto ja von der Hauptstadt betrieben wurden, nie hinaus. Es ist für Kontinental-Europäer immer schwer vorstellbar gewesen, daß derartige Zustände, die man kaum bei überseeischen Halbwilden für möglich hielt, ausgerechnet in jenem „Culturstaat" Wirklichkeit waren, der damals industriell in jeder Hinsicht am weitesten entwickelt zu sein schien.

Auch heute kann man sich nur schwer damit abfinden, daß bis weit ins 19. Jahrhundert hinein immer wieder kommerzielle Unternehmer, private Stifter und idealistisch gestimmte Einzelgänger die wichtigsten Irrenhausgründungen geformt und getragen haben. Dies aber machte gerade die englische Irrenhausgeschichte so ideen- und abwechslungsreich und bewirkte den meilenweiten zeitlichen Vorsprung, den die Insel lange Jahrzehnte hindurch gegenüber allen Ländern der Welt hatte.

Nicht aus kommerziellem Kalkül, sondern eindeutig aus Protest wurde in *London* das St. Luke's Hospital (1718) gegründet. Es stand neben dem zweiten Bethlem Hospital in Moorfields und hatte den Sinn, die lieblosen und bald wieder skandalösen Zustände, die sich dort entwickelt hatten, durch bessere Vorbilder zu überwinden.

Die Gründung fand soviel Anklang, daß man eine ehemalige Gießerei in der Old Street durch George Dance senior umbauen ließ, wodurch das zweite St. Luke's Hospital (1751) entstand. Von hier aus hat William Battie (gest. 1776) seine Kämpfe (1758) um eine bessere Irrenbehandlung mit John Monro (gest. 1791) ausgetragen, der damals als praktisch tätiger Hausarzt, als "apothecary" (nicht als Apotheker = Pharmacist!) im zweiten Bethlem Hospital für die bedenklichen Zustände verantwortlich war.

Noch vor dem Ende des Jahrhunderts folgte dem zweiten ein drittes St. Luke's Hospital (1782–1786), das George Dance junior errichtete. Auch dieses prächtige metropolitane Irrenhaus ist oft in alten Kupferstichen festgehalten, leider aber nie genauer von innen beschrieben worden.

Doch die zukunftsweisenden Impulse kamen nicht aus der Hauptstadt London, sondern aus unbekannten Dörfern und kleinen Gemeinden. Wer kennt heute noch *Greatford* in Lincolnshire und seine wenigen Bauernhäuser, in denen der ziemlich ungebildete Landgeistliche Reverend Francis Willis (nicht Thomas!) 1776 einige Irre in seiner Nachbarschaft unterbrachte? Sein radikaler Verzicht auf alle Ketten und Prügel ließ diesen kauzigen Einzelgänger zu einer von antiken Autoren (Celsus) vorgeschlagenen Behandlung zurückfinden. Sie bestand in der gezielten Anwendung von Furcht und Schreck. Sein "moral management" (nicht treatment!) wirkte verbunden mit dem "strait jacket", der Zwangsjacke, so milde und segensreich, daß man bei der akuten Umnachtung des Königs George III. (1788 und 1801) nicht Londoner Experten in den Palast holte, sondern den Dorfpfarrer.

Nicht minder schrullig wirkt heute ein anderer, freundlich gemeinter Beitrag, den einer der englischen „Philanthropen" zur Verbesserung der Anstaltsarchitektur beisteuerte. Jeremy Bentham ließ 1791 in *London* ein bereits 1787 geschriebenes Buch erscheinen, das den skurrilen und umständlichen Titel hat: ›Panoptikon; or, the inspection-house: containing the idea of a new principle of construction applicable to any sort of establishment, in which persons of any description are to be kept under inspection; and in particular to penitentiary-houses ... mad-houses, lazarettos, hospitals, and schools‹.

Durch einen im Zentrum des Gebäudes sitzenden oder später auch umhergehenden Beobachter sollte eine bessere Übersicht erreicht werden. Das „größte Glück der größtmöglichen Zahl" wäre diesem Vorschlag folgend mit einem Minimum an Personalkosten erreicht worden. Denn je panoptischer das "layout" der Anstalt geplant war, um so besser konnte ein einziger Wärter, fast wie das Auge Gottes, alles oder mindestens sehr viele Gefangene oder auch Irre dauernd unter Kontrolle halten. Nur am Sonntag, der ja in England stets besonders streng geheiligt wurde, drehte man die Richtung um. Die Insassen blickten dann aus der Peripherie auf den im panoptischen Zentrum vorübergehend errichteten Altar, um so der besonderen Heilkraft des göttlichen Wortes unmittelbar teilhaftig zu werden (Abb. 14).

Es sei sofort hinzugefügt, daß sich das Prinzip des Jeremy Bentham in der Praxis immer schnell als unbrauchbar, teuer und sinnlos erwies. In der Theorie, in der Planung und manchmal sogar bei einigen Versuchsgründungen spielte das Panopticon aber eine hervorragende und sehr oft auch bahnbrechende Rolle. Da um 1800 offensichtlich die ganze Welt auf England sah, findet man panoptische Versuche in fast allen Kulturstaaten.

Zunächst aber sollen einige markante englische Beispiele genannt werden. Der reiche Buchhändler Thomas Guy, der als "governor" im Aufsichtsrat des alten St. Thomas Hospital südlich der London Bridge saß, war durch erfolgreiche Spekulationen mit Südseeaktien über Nacht so beängstigend reich geworden, daß er sich entschloß, für die Unheilbaren des auch ihm anvertrauten Hauses eine neue Bleibe zu stiften. So entstand Mr. Guy's Hospital in *London* (1723), in dem 1728 auch Irre aufgenommen wurden. Um diese vermutlich aus dem Keller des Haupthauses zu entfernen, errichtete man einen besser durchlüftbaren, aber ebenso ausbruchsicheren Neubau über der Erde. Er stand in typischer Art hinter dem Hospital, also eingangsfern und war außerdem unverkennbar panoptisch (Abb. 15).

Von einem zentralen Beobachtungszimmer konnte die "Matron", die Oberpflegerin, wie eine Spinne im Netz in den "dayroom", das Wohn- und Arbeitszimmer, sehen und zugleich noch zwei Mitteldielen überschauen, an denen zusammen 24 Zellen lagen. Außerdem hatte die „Aufseherin" den einzigen Ein- und Ausgang fest im Blick. – Noch mehr als diese sehr wörtliche Anwendung des panoptischen Prinzips überraschen aber die Jahreszahlen. Denn bei der Grundsteinlegung 1790 war das Buch von Bentham noch gar nicht veröffentlicht (1791)! Und außerdem soll es angeblich sieben Jahre (bis 1797) gedauert haben, bis das kleine Häuschen bezugsfertig war. Man sieht, wie überprüfungsbedürftig alle Zahlen auch hier sind.

In der Theorie der Baupläne, die nie ausgeführt worden

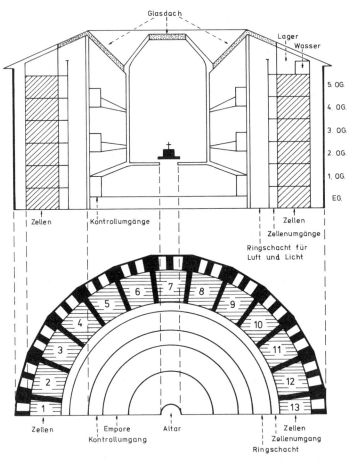

Abb. 14: *London*, Panopticon-Projekt des Jeremy Bentham (1787), 1791 veröffentlicht

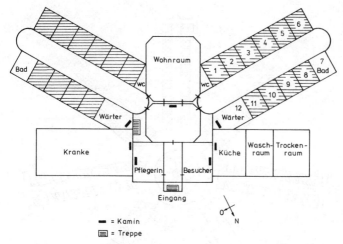

Abb. 15: *London*, "Lunatic House" of Guy's Hospital, 1790–1797

sind, kann man die panoptischen Wunschträume ebenfalls oft wiederfinden. James Bevans, damals einer der besten Baumeister in *London*, veröffentlichte 1814 das Projekt eines höchst phantastischen, siebenstrahligen Irrenhauses. Von einem unregelmäßigen Oktogon, in dessen Rundgang die "matron" oder der "steward", der Oberpfleger, ständig zirkulieren sollten, strahlten wie die Speichen von der Radnabe sieben Flügel ab. Zwar wurde einer, links des Eingangs, durch den Einbau der Küche panoptisch sinnlos benützt. Die anderen sechs Flügel hatten aber beiderseits einer langen Mitteldiele je etwa (2 × 12 =) 24 Zellen, die zusammen mit den zentralen "dayrooms" vom Rundgang her in kurzen Abständen beobachtet werden sollten. Unruhige Patienten, die gewiß eine besonders wachsame Aufsicht dringend nötig gehabt hätten, waren, vielleicht wegen des Lärms, vielleicht wegen des Geruchs und der Lage der Aborte, ganz zentrumsfern untergebracht. Die Wohnzimmer aber lagen in luft- und lichtlosen Winkeln. Eine Treppe im Mittelpunkt des Zentrums führte zu einem panoptischen Beobachtungsstand,

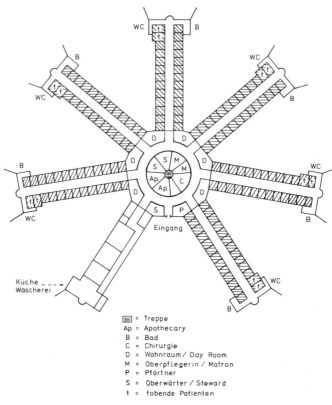

= Treppe
Ap. = Apothecary
B = Bad
C = Chirurgie
D = Wohnraum / Day Room
M = Oberpflegerin / Matron
P = Pförtner
S = Oberwärter / Steward
t = tobende Patienten

Abb. 16: *London,* Panoptisches Projekt von James Bevans, 1814 veröffentlicht

der es gestattete, alle Höfe und den Ein- und Ausgang rotierend zu überblicken (Abb. 16).

Gewiß wurde das Projekt des James Bevans (1814) niemals ausgeführt. Verwirklicht aber hat man eine vierstrahlig und zugleich verdoppelte Variante. Es ist dies das heute noch besuchenswerte "West-Riding Pauper Lunatic Asylum" in *Wakefield* (1815–1818), das von den Baumeistern Watson and Pritchett zunächst H-förmig errichtet wurde und erst durch die von Anfang an geplanten Anbauten, den Ostflügel (1831) und den Westflügel (1841), zum voll entwickelten panoptischen Organismus heranwuchs.

Auf einige Neuerungen sei noch besonders aufmerksam gemacht. Zwei der "dayrooms" waren so in die Flügel geschoben, daß der Einblick in die Mitteldiele vom zentralen Rundgang her erschwert war. Außerdem hatte man die finsteren und kaum zu lüftenden Gänge einseitig etwas geöffnet, indem unter Verzicht auf mehrere Zellen offene Balkone eingefügt wurden. Die beiden zentralen Wendeltreppen führten nicht nur zu hochliegenden panoptischen Zentren, sondern erlaubten durch sinnreich eingebrochene Fenster den Blick in fast jeden größeren Raum der Anstalt (Abb. 17).

Eine sehr wörtliche Verwirklichung des siebenstrahlig-panoptischen Projekts von James Bevans (1814) kam in *Bodmin* zustande. Dort errichtete man das "Cornwall County Lunatic Asylum" (1818–1820). Der Baumeister John Foulston (nicht Foulson!) entschloß sich zu einer sechsstrahligen Variante, die sich leichter in symmetrische Hälften teilen ließ. Links der Eingangsachse lebten die Männer, rechts die Frauen. Eingangsnah sollten die ganz Armen untergebracht werden und nach hinten jene Patienten, für die Spenden zur Verfügung standen. Außer diesen Abteilungen gab es eine weitere für Kranke, die wenigstens einen Teil der Kosten selbst zu bezahlen imstande waren. Sie lebten im ersten Obergeschoß des Zentralbaues (Abb. 18).

Trotz dieser Gliederung in zwei Hälften und drei Klassen gelang es, die beiden Gruppen der nicht selbst Bezahlenden weiter zu gliedern, und zwar in Genesende und Ruhige, die am Eingangshof und nach hinten ihre Flügel hatten, während die Unruhigen dazwischen wohnten. In dieser Abteilung der besonders schwierigen Patienten kam es sogar zu einer noch weitergehenden Abtrennung der nassen, also der unreinlichen und zudem der schreienden Irren. Wieder waren sie ganz am Flügelende der unmittelbaren Aufsicht entrückt, wie dies ja das Projekt von Bevans schon vorsah.

Schließlich sei noch besonders auf einige Neuerungen hinge-

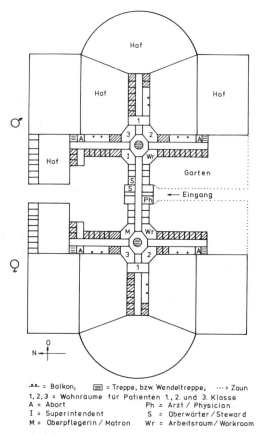

- ⊥ = Balkon; ▤ = Treppe, bzw. Wendeltreppe; ⋯ = Zaun
- 1, 2, 3 = Wohnräume für Patienten 1., 2. und 3. Klasse
- A = Abort
- Ph = Arzt / Physician
- I = Superintendent
- S = Oberwärter / Steward
- M = Oberpflegerin / Matron
- Wr = Arbeitsraum / Workroom

Abb. 17: *Wakefield*, West-Riding Pauper Lunatic Asylum, 1815–1818 (Watson and Pritchett), 1831 Ostflügel, 1841 Westflügel angebaut

wiesen. "Matron" und "Governor" überblickten von ihrem zentralen "sitting room" und "sleeping room" alle sechs Flügel und zwar, was überraschend ist, in beiden Stockwerken. Ihre Zimmer lagen nämlich auf halber Höhe, so daß sie über je zwei sehr genau berechnete Fenster in beide Ebenen sehen konnten.

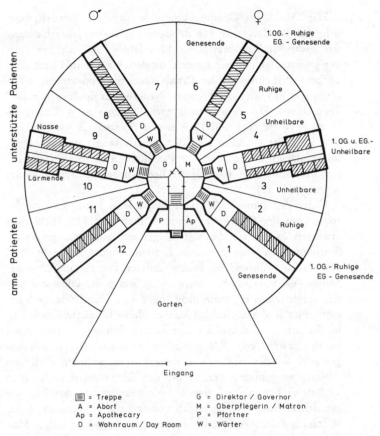

Abb. 18: *Bodmin*, Cornwall County Lunatic Asylum, 1818–1820 (John Foulston)

Leider lagen jedoch vor den Dielen mit den Zellen wieder wie in Wakefield die "dayrooms". Daß außerdem noch zusätzliche Wärterzimmer und platzfressende Treppenhäuser dazwischengeschoben waren, wirkt sehr unbeholfen und fehlerhaft, hatte aber vielleicht doch irgendeinen Sinn.

Das "Middlesex County Lunatic Asylum" in *Hanwell,* westlich von London, war für deutsche Psychiater jahrzehntelang das wichtigste Ziel ihrer Reise. Hier lernten sie nicht nur eines der größten Irrenhäuser kennen, sondern sie konnten auch panoptische Prinzipien in der Praxis studieren und zudem, allerdings erst in späteren Jahren, die Neuerungen des "no-restraint" übernehmen. Das Haus wurde nach Plänen von W. Cubitt erbaut, 1831 eröffnet und 1836 erweitert, aber nie ganz vollendet. Zunächst entstand eine der damals längst üblichen Dreiflügelanlagen, in die aber, wie Pavillons in der Schloßarchitektur, drei achteckige, panoptische Beobachtungszentren eingefügt waren (Abb. 19).

Unter den panoptischen Gesichtspunkten hätte man mindestens zwei der Oktogone wie in Wakefield (1815–1818) dort erwarten sollen, wo die Seitenflügel am Mittelbau ansetzten. Stattdessen lag aber das erste Zentrum in der Eingangs- und Mittelachse, während die beiden anderen fast bis ans Ende der Seitenflügel vorgeschoben waren. Von jedem der Oktogone hätten mindestens vier, wenn nicht sogar acht Flügel wie die Speichen eines Rades abstrahlen können. Man begnügte sich jedoch in der ersten Ausbauphase mit kurzen Stummeln, von denen bei der Erweiterung 1836 wenigstens zwei nach lateral voll ausgestaltet worden sind. Zwei weitere, sehr wahrscheinlich von Anfang an geplante Trakte, die den Eingangshof nach vorne verlängert hätten, sind ebensowenig verwirklicht worden, wie ein dritter Bau, der vermutlich vom zentralen Oktogon in der Mittelachse des Areals nach hinten hätte abstrahlen sollen. Man sieht, daß die panoptischen Prinzipien in der tagtäglichen Praxis offensichtlich doch nicht alle Wünsche befriedigten. Dennoch kam es zunächst noch zu keiner Abkehr von den Prinzipien des Jeremy Bentham.

Vielmehr errichtete man erst kurz vor der Mitte des 19. Jahrhunderts das gewiß prächtigste panoptische Irrenhaus, das in England je gebaut wurde, nämlich "The Devon County Asylum" in *Exeter* (1832–1845). Es steht heute noch wohlerhalten und ist mindestens so besuchenswert wie das alte Hanwell. Das

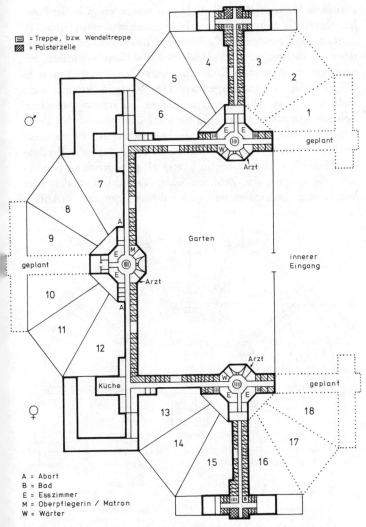

Abb. 19: *London-Hanwell*, Middlesex County Lunatic Asylum, 1831 eröffnet (W. Cubitt), 1836 erweitert

grandiose Haus der Grafschaft Devon wurde von Charles Fowler, einem der besten Londoner Baumeister, entworfen (Abb. 20). Statt eines runden oder achteckigen Beobachtungsraums oder einer Wendeltreppe, die zugleich mehrere Ebenen erschloß, bevorzugte man einen halbkreisförmigen Gang, von dem sechs Flügel radiär ausstrahlen sollten. Die Wärterin konnte nicht mehr sitzend im Mittelpunkt verharren, bis irgend jemand im Spinnennetz zappelte, sondern sie hatte „ambulatorisch", durch ständiges Hin- und Hergehen, im Beobachtungsgang zu überwachen. Heute weigern sich manchmal sogar englische Psychiatrie-Historiker, Bauten wie in Exeter als panoptisch zu bezeichnen. Sie meinen, das Zentrum fehle. Tatsächlich findet man kreisförmige Strukturen und auch halbseitig genutzte Zirkulier-

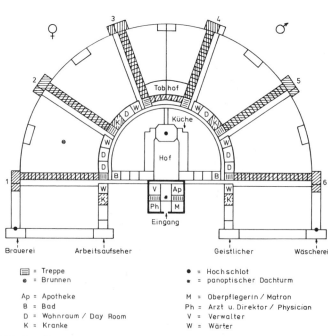

Abb. 20: *Exeter*, Devon County Asylum, 1832–1845 (Charles Fowler)

gänge in kleineren Abmessungen in vielen der bereits beschriebenen Irrenhäuser. Was Exeter und ähnlich großräumig geplante Bauten so abhebt, ist nur die Weite der Halbkreisgänge.

Wer aber all diese Argumente nicht gelten lassen will, der steige doch in Exeter im fast turmförmigen Eingangsgebäude, das ja ganz im Mittelpunkt liegt, bis zum pyramidenförmigen Dach hinauf und blicke vom aufgesetzten Wächterhäuschen mit dem Umgang in die vielen Höfe hinab, die sich wie Tortenstücke um ihn ringen. Man wird von dort fast wie das Auge Gottes beinahe überall hinsehen können. Es gibt nur wenige Stellen auf der Welt, an denen man heute noch panoptische Architektur so sehr als Wirklichkeit erleben kann.

Aber auch an anderen Stellen seines weitläufigen Irrenhauses erweist sich der Architekt Charles Fowler als ein Meister der Baukunst. Die Tagesräume liegen beobachtungsintensiv am Halbkreisgang und sind trotzdem gut mit Licht und Luft versorgt. Das Problem der stickigen, dunklen Winkel in Bodmin ist überzeugend gelöst. Daß Fowler keine Mitteldielen mehr baute, ist fast selbstverständlich. Auch die Tobenden wohnen nicht mehr irgendwo am Ende eines Flügels, sondern sind nahe der Mittelachse direkt am Kontrollgang zusammengezogen. Wie man hier jedoch mit lärmenden und stundenlang schreienden Patienten zum Ziel kommen wollte, ist schwer vorstellbar. Befremdlich wirkt auch, daß über der Tobabteilung die Kirche, in der Mittelachse (!), liegen sollte.

Auf panoptische Irrenanstalten in *Gloucester* (1823, 1840) und *Oxford-Littlemore* (1846) kann hier nur hingewiesen werden. Außerdem sei erwähnt, daß es in England heute noch mehrere guterhaltene "Workhouses" und Gefängnisse gibt, die meist vierstrahlig-radial panoptisch, teilweise sogar nach 1850 erbaut worden sind. In der Irrenheilkunde aber wurde das Prinzip des Jeremy Bentham um 1850 endgültig als unbrauchbar, schädigend und zu teuer aufgegeben.

Inzwischen ist es sogar in England so sehr vergessen, daß Medizinhistoriker in London die unhaltbare Behauptung verbreiten, panoptische Irrenhäuser habe es auf den Britischen Inseln nie gegeben. Fast ebenso verfehlt ist die seit einigen Jahren in Frankreich verbreitete Meinung, panoptische Irrenhäuser seien als besonders niederträchtige Unterdrückungsinstitutionen typisch für die menschlich entwürdigende Knebelung der Kranken in England. In Deutschland konnten kaum markante Fehlbeurteilungen aufkommen, weil nur wenige überhaupt von Jeremy Bentham wissen. Unter ihnen hatte Anton Bumm das abgewogenste Urteil. Er aber wirkte jahrelang (1888–1896) als Direktor in der einzigen panoptischen Anstalt in Deutschland, die in Erlangen (1834–1846) erbaut wurde.

Die Zukunft aber gehörte einem ganz anderen Anstaltstyp, der sich neben den panoptischen Träumereien entwickelt hatte und der ebenfalls der privaten Gründungsinitiative einer religiös gestimmten Minderheit zu verdanken war.

Die „Quäker" ("the Society of Friends") hatten in *York* ein vorbildliches Privat-Irrenhaus geschaffen, das unter dem bezeichnenden Namen "the Retreat" nach kurzer Bauzeit (1794 bis 1796) eröffnet wurde.

Einer der ersten Berichte schildert die Modell-Anstalt in sehr englischem "understatement" betont schlicht: "This house is situated a mile from York, in the midst of a fertile and smiling countryside." (Abb. 21)

Man lasse sich durch die scheinbar so trockene, geographisch genaue Schilderung nicht täuschen! Denn dahinter verbirgt sich ein radikal neues Programm, das heutigen Lesern deshalb so schwer nahezubringen ist, weil es jetzigen Zielsetzungen diametral entgegensteht. Während jetzt viele Psychiater eine gesellschaftsnahe Behandlung inmitten meist trostloser „städtischer Ballungsräume" für erstrebenswert und therapeutisch für sinnvoll erachten, gingen die Quäker mindestens eine Meile aus York, aus der Stadt aufs Land hinaus. Sie erreichten durch diesen Rückzug aus der Gesellschaft keineswegs nur eine freundliche Umwelt, sondern jene Einsamkeit, die in religiösen Gemeinschaften seit den ägyptischen Wüstentagen des heiligen Einsiedlers Antonius immer als erstrebenswertes Hilfs- und Heilmittel galt.

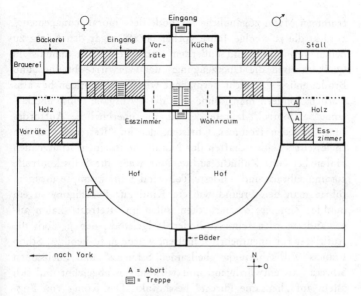

Abb. 21: *York,* "The Retreat", 1794–1796 (J. Bevans)

Das "Retreat" wurde nie von einem Arzt oder gar von einem Chefarzt und Direktor geleitet, sondern wie alle "private madhouses" in England, von ihrem Gründer und Besitzer. Hier bei York war dies die Gesellschaft der Freunde, aus der jedoch einer als besonders erfolgreicher Teehändler herausragte, nämlich William Tuke (1732–1822) von der Firma W. Tuke and Company. Seiner Energie war die Gründung des "Retreat" zu verdanken, nachdem ein Mitglied der Quäkergemeinde, eine fromme Frau, unter mysteriösen Umständen im Irrenhaus von York (erst 1777 gegründet!) verstorben war. William Tuke blieb auch de facto von 1796 bis zu seiner Erblindung im 88. Lebensjahr (1812) der „Hauptleiter", wie deutsche Besucher dies nannten.

Tatsächlich hätte er als medizinischer Laie und irrenärztlicher Ignorant therapeutisch höchstens die Kurpfuscherei eines Heilpraktikers bieten können. Statt dessen griff er auf die jedem frommen Mann zugängliche Methode des "moral management" zurück, die ja wenige Jahre vorher (1788) sogar den König zu heilen vermochte; und außerdem entwickelte sich damals in Quäkerkreisen die Überzeugung, der verwirrte Freund und Bruder müsse gar nicht permanent wie im Panopticon bewacht werden, sondern man könne ihm diese Aufgabe selbst überlassen. "Selfcontrol" lautete deshalb die unerbittliche Aufforderung an jeden frommen Christen, der im "Retreat" von den entfesselten Leidenschaften der Natur wie in einem schützenden Hafen bei Gott Zuflucht suchte. Nur wenn die Selbstkontrolle zusammenbrach und wildeste Tob- und Schreikrämpfe drohten, führte man den Freund wie ein Kind zur Beruhigung in ein dunkles Zimmer. Zwangsjacken sollen im "Retreat" kaum angewandt worden sein. Auch der Prügelstock, den ja noch die Aufklärer für unentbehrlich hielten, wurde nicht benützt. Schon Francis Willis hatte ja „heilsamen Schmerz" und „heilsamen Schreck" als entwürdigend und wirkungslos abgelehnt und sich allein auf „heilsame Furcht" beschränkt. Der König von England soll vor dem Landpfarrer gezittert haben. So mild und christlich-fromm das "moral management" im "Retreat" gewesen sein mag, ohne die raffinierte Angstmacherei der „heilsamen Furcht" ließ sich keine "selfcontrol" erreichen.

Wo soviel innerer Zwang mit Psycho-Tricks provoziert wurde, konnte man sogar auf Ketten und Gitter verzichten. Die Besucher waren jahrzehntelang fasziniert von der liebenswürdigen Atmosphäre des Hauses. Man bewegte sich scheinbar völlig zwanglos, obwohl jede Gelegenheit zu einer Übung genutzt wurde, sich selbst zu beherrschen. Außer hohen Gartenmauern und der Dunkelzelle gab es deshalb im "Retreat" nichts, was man nicht ebenso in jedem Landsitz eines Lords hätte finden können.

Gerade dies aber machte die Quäker-Gründung zum Wallfahrtsort aller Irrenhausreformer der nächsten Generation. Die Quäker der Neuen Welt gründeten in ihrer Stadt Philadelphia ein amerikanisches "Retreat". London beabsichtigte, das Bethlem Hospital nach dem Vorbild des Retreat zu verbessern. Der Zar, der während einer Englandreise die Quäkeranstalt persönlich kennengelernt hatte, ließ über seinen englischen Leibarzt Sir Alexander Crichton anfragen, wie man in St. Petersburg vorzugehen habe. Maximilian Jacobi träumte in der preußischen Provinz am Rhein von einem deutschen "Retreat" und übersetzte 1822 die Beschreibung, die der Enkel des Gründers, Samuel Tuke, 1813 gegeben hatte, Wort für Wort ins Deutsche. Auch die Illenau war noch geprägt vom Ideal der ländlichen Einsamkeit. Wenn heute so sehr bedauert wird, daß die meisten mitteleuropäischen Irrenanstalten nicht in den Großstädten und „mitten in der Gesellschaft" stehen, dann zeigt dies nur, wie sehr die frommen Weltflucht-Ideale unserer Vorfahren zu versinken beginnen.

Dabei muß man im Auge behalten, welche Schwierigkeiten größere Irrenanstalten in oder bei einer Stadt immer, auch schon vor 1800, mit sich brachten. So sehr es zu begrüßen war, daß die Industriezentren *Manchester* (1766) und *Newcastle upon Tyne* (1767) oder dann *York* (1777) neue Lunatic Asylums gründeten, die öffentlich und nicht mehr privat waren, so zeigte doch der Tod der Quäkerin (1792) kaum zwei Jahrzehnte nach der Eröffnung, wie schnell das Haus in York verlottert war.

Höchst erneuerungsbedürftig schien auch das ehrwürdig alte und stets so berüchtigte "Bedlam" in *London* zu sein. James Lewis erhielt den Auftrag, ein neues Haus zu entwerfen, das als drittes Bethlem Hospital (1812–1815) auf der anderen Seite der Themse errichtet wurde und heute noch als Kriegsmuseum dient. Noch einmal erbaute die Hauptstadt des Weltreiches für die Irren einen Palast, dessen sinnlos prächtige Front die Qualen der hier Lebenden nur verdecken konnte. In der Mitte der langen vierstöckigen Fassade stieg auf einer wuchtigen Freitreppe die riesige Sechs-Säulen-Vorhalle empor, die mit ihrem Dreiecksgiebel über das schwere Kranzgesims des Daches hinaufreichte. Eine alles überragende Kuppel sollte den königlichen Narrenpalast zieren, obwohl sie nicht zur Steigerung der Weihe eines Thronsaals zu gebrauchen war, sondern nur zur Maskierung eines Wasserspeichers diente (Abb. 22).

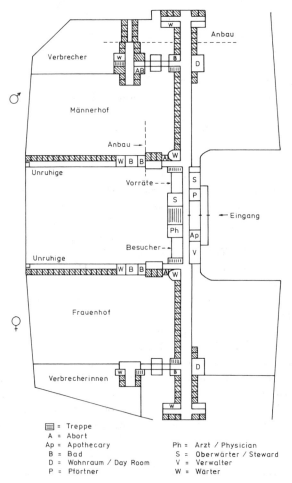

Abb. 22: *London*, Drittes Bethlem Hospital, 1812–1815 (James Lewis)

Im Innern waren Mitteldielen vermieden. Nicht die Zellen für die Nacht lagen nach Süden, sondern lange Gänge, in denen man tagsüber lebte. Wenn es aus Sicherheitsgründen vielleicht noch richtig war, Gefährliche und Lärmende im Erdgeschoß oder halb unter der Erde im Keller zu verwahren, was damals überall als normal galt, so konnte die Entscheidung, die Aufzunehmenden mit ihren unberechenbaren Reaktionen in das erste Obergeschoß zu verlegen, nur bedauert werden. Heilbare Kranke im zweiten und Unheilbare im dritten Stock unter dem Dach wohnen zu lassen, war sicherlich ungünstig. Aber wahrscheinlich kam es nie zu einer so strengen Trennung, denn wer hätte den Wirrwarr des Bedlam schon ordnen können?

Diagnostik trat ohnehin zurück, wenn ständig neue Jammernde und Tobende, neue Verwirrte und Weinende hereindrängten. Das Wichtigste blieb deshalb die Erweiterung. Da auch Königsmörder im damaligen England nicht mehr geköpft wurden, wenn sie nachweisbar geisteskrank waren, mußten als erstes zwei Abteilungen für Verbrecher und etwas kleiner für Verbrecherinnen an der Rückseite, hinter der Prachtfassade errichtet werden. Dann wurde es dringend, für die Unruhigen zu sorgen, die ebenfalls rückseitig zwei neue, lange Flügel erhielten. Da Kapazitätserweiterungen in der Innenstadt stets die Gärten verkleinern, wurde es jetzt noch schwieriger, die Patienten in Hof und Garten zu beschäftigen. Kaum vollendet wäre auch das dritte Bethlem Hospital reif zum Abbruch gewesen. Endgültig für Kranke geschlossen wurde es aber erst 1930!

Neue Irrengesetze und neue Irrenhausgründungen stürzten ganz England nach 1820 in eine fast fieberhafte Planungstätigkeit. Ging es doch darum, jetzt die Machtstellung der "private asylums" zu brechen und statt dessen ein Netz von öffentlichen "County Asylums" zu schaffen. Diese Verstaatlichungsbestrebungen sollten aber nicht allein in einem halb sozialistischen Sinn arme Irre auf Kosten von Reichen, oder genauer von bezahlenden Kranken in die Anstalten aufnehmen. Man wollte außerdem an den industriellen Produktionsstätten die öffentliche Ordnung und Sicherheit heben, sowie heilbare und damit nur vorübergehend Kranke durch gezielte Behandlung an den Arbeitsplatz zurückbringen.

Aus den zahlreichen und meist kaum erforschten Neugründungen ragen heraus das "Lunatic Asylum" in *Lancaster* (1816) und das ebenfalls noch weitgehend erhaltene "Asylum" in *Lincoln* (1820), in dem ja von 1835 bis 1840 erste "no-restraint"-Versuche durch Robert Gardiner Hill durchgeführt wurden. Genannt sei noch ein "Asylum" in *Chester* (1829) und in *Dorchester* (1832), sowie in *Maidstone* in Kent (1833), in *Northampton* (1838) und das große "County Asylum" in *Shrewsbury* (1845).

Genauer bekannt ist die prächtige Grafschafts-Irrenanstalt, das "County Asylum" in *Derby* (1846–1851), das die Baumeister Paterson and Duesbury errichteten. Teils am dritten Bethlem Hospital, teils an den traditionellen Dreiflügelanlagen anknüpfend, entstand hier eine neue Musteranstalt, die als Modell und Vorbild lange nachwirkte (Abb. 23).

Deutlich sind die je drei Abteilungen der Männer- und der Frauenhälfte gegeneinander abgeschottet. Man sieht die vorwiegend nach Süden liegenden langen Wohnzimmer, die kaum als Verbindungsgänge dienten und fast panoptische Beobachtungserker auf die Höfe hatten. Die Abstufung der Abteilung erfaßt man am schnellsten mit Hilfe dieser ummauerten Einheiten. Da gibt es eingangsnah Alte und Kranke, die von ziemlich Ruhigen und Unruhigen klar getrennt sind.

Die Jahrzehnte nach 1850 sind auch in England nur schlecht zu übersehen. Unzählige, fast unbekannte Neugründungen wechseln mit erschreckend riesigen und bedrückend abweisenden Monsteranstalten. Genannt seien *Denbigh* in Wales (1848) und *Manchester-Cheadle* (1849). Verwirrend weitläufig ist *Colney Hatch* bei London in Middlesex (1849–1851), das 1865 sogar noch erweitert wurde, sowie *Haywards Heath* (1857). Nach 1860 entstand in *Broadmoor* eine Anstalt, die nur für "criminal lunatics" bestimmt war und vielleicht wieder von Charles Fowler gebaut wurde.

Für die Zeit nach 1870 sind zu nennen: *Caterham* (1871) und *Hereford* (1872), *Lancaster* (1872), *Nottingham* (1879)

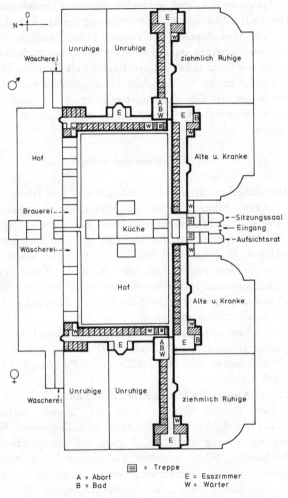

Abb. 23: *Derby,* County Asylum, 1846–1851 (Paterson and Duesbury)

und *Gloucester* (1879). Aber auch in den nächsten Jahrzehnten hat das reiche England pausenlos weitere Riesenanstalten eröffnet. Als abschließender Orientierungspunkt sei schließlich noch das "Bec Asylum" in *Tooting* (1902) genannt, das der Baumeister Harston im Pavillonsystem auf einem Gelände errichtete, das im mittelalterlichen England als Bauplatz für mehrere Dörfer genügt hätte. Solche Patientenstädte mußten allein schon wegen der Grundstückspreise in einsamen Gegenden liegen. Noch einmal kam "the Retreat" den Tendenzen der Zeit entgegen.

Schottland und Irland

Mittelalterliche Irrenhäuser in Schottland und Irland sind bis jetzt kaum bekannt geworden. Man möchte annehmen, daß Klöster und Wallfahrtsorte und dann die Bischöfe und Städte hilflosen Narren um der Barmherzigkeit willen Kost und Logis gewährten. Eine systematischere Zuwendung zum Irren ist aber erst in *Aberdeen* nachweisbar, wo 1742 in der Royal Infirmary wörtlich sogenannte „Bedlam-Zellen" eingerichtet wurden, was noch einmal zeigt, wie wichtig das Bethlem Hospital in London auch für Schottland gewesen ist.

Als nächste wichtigere Gründung sei das "Royal Asylum" in *Montrose* genannt, das 1781 oder 1792 eröffnet wurde. Wichtig sind außerdem in *Aberdeen* (1800) und in *Edinburgh* (1813) die "Royal Asylums".

Die schottische Irrenhausgeschichte beginnt jedoch erst richtig mit dem damals weltweit beachteten "Royal Asylum for Lunatics" in *Glasgow* (1810–1814). Sein Baumeister William Stark war damals offensichtlich ganz von panoptischen Ideen durchdrungen. Schon in seiner vielgelesenen Programmschrift ›Remarks on the construction of public hospitals for the cure of mental derangement‹, die vor dem Baubeginn 1807 in Edinburgh veröffentlicht wurde, hatte er das Prinzip der permanenten Beobachtung klar beschrieben und mit bestechender Folgerichtigkeit in praktikable Bauformen übersetzt (Abb. 24).

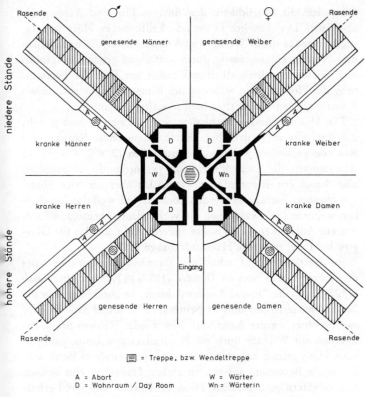

Abb. 24: *Glasgow*, Royal Asylum for Lunatics, 1810–1814
(William Stark)

Das heute leider ganz abgetragene Irrenhaus, das einst so viel zum Ruhm des Landes beigetragen hat, kann als vierstrahlig-stellarpanoptische Anlage bezeichnet werden. Um eine zentrale Wendeltreppe, die zum Beobachtungs-Ausguck auf dem Dach hinaufführte, lagen im Erdgeschoß wie in beiden Obergeschossen kreisrunde Kontrollgänge für die Wärter. Sie konnten in Dielen blicken, an denen die Zellen lagen und hatten zudem die Möglichkeit, den einzigen Ein- und Ausgang zu übersehen. Der Ausblick in die acht keilförmigen Höfe war dagegen verbaut durch Wohn- und Arbeitszimmer, die nach Süden und Norden gingen, sowie durch auffallend große Wärterzimmer. Vielleicht sollten all diese Zimmer am Tage der Beobachtung der Höfe dienen, während der Ringgang mehr nächtlichen Kontrollgängen vorbehalten bleiben sollte.

Die Männer- und Frauenhälfte war in zwei Klassen geteilt, die ihrerseits in je drei Bereiche für Genesende, Kranke und Rasende gegliedert wurden. So entstanden ($2 \times 2 \times 3 =$) 12 Abteilungen, die zwar hinreichend gegeneinander abtrennbar, aber kaum erweiterungsfähig waren. Da aber die vier Flügel nur begrenzt verlängert werden konnten und weil das Einschieben weiterer Trakte zwischen die vorhandenen ebenso ausschied, wie ein Aufstocken, blieb nichts anderes übrig, als das für Glasgow bald viel zu kleine Haus aufzugeben (1839).

Bis jetzt sind fünf schottische Irrenanstalten genannt worden. Nimmt man noch in *Dundee* (1812–1820) und in *Perth* (1822–1827) die "Royal Asylums" hinzu, so überblickt man die "seven chartered asylums of Scotland". Während von Dundee nur berichtet werden kann, daß hier wieder William Stark zusammen mit William Burn ein H-förmiges und kaum panoptisches Haus gebaut hat, vermochte die Irrenanstalt in Perth wieder große Beachtung auf sich zu ziehen. Das schon von unseren Urgroßvätern gern besuchte Haus steht heute noch wohl erhalten und zeigt, wie ausgewogen der schottische Baumeister William Burn das Neue mit dem Alt-Überlieferten zu verbinden vermochte. Zwischen zwei Seitenflügel, die über dem Erdgeschoß zwei Stockwerke haben, wurde ein Oktogon als panoptisches Beobachtungszentrum gestellt und durch ein drittes Obergeschoß so erhöht, daß auch alle umgebenden Gärten und Höfe überschaubar wurden. Eine der Mittel- und Eingangsachse vorgelegte Portalarchitektur ließ ähnlich wie in Hanwell eine Fassade entstehen, die sich vom überlieferten Palastbau so wenig unterschied, daß später die zweifellos panoptische Grundidee oft gar nicht bemerkt wurde.

Systematische Schulung muß man auch mitbringen, wenn man das prächtige "Crichton Asylum" in *Dumfries* (1834–1839) richtig würdigen will, das ebenfalls William Burn entworfen hat. Von zwei achteckigen Beobachtungszentren gehen je vier Flügelbauten ab, wobei allerdings ein Flügel beiden panoptischen Systemen gemeinsam ist. So kommt ein Gesamt-Komplex zustande, der im "layout" größte Ähnlichkeit mit Wakefield (1815–1818, 1831, 1841) hat, nicht aber im Aufriß. Denn das Haus in Dumfries ist größer, um ein Stockwerk höher und bis in alle Einzelheiten hinein sehr viel mehr proportioniert und gestaltet. Noch heute dient es, vorbildlich erhalten, seiner ursprünglichen Bestimmung.

In *Edinburgh* war das "Royal Asylum" (1813) längst zu klein geworden. Die elegante Stadt, die durch ihre vielen klassizistischen Säulenfassaden wie ein Pseudo-Athen des Nordens wirkt, bedurfte dringend einer gepflegten, geräumigen Anstalt. Sie entstand im Vorort *Morningside* (1841–1843), und zwar noch einmal nach Entwürfen von William Burn. Wie international die tüchtigsten Familien damals über die ganze Welt zerstreut waren, zeigt deutlich die Liste der Geldspender, die aus Madras und Bengalen, aus Westindien und Nordamerika ihre Beiträge schickten.

Dem Neubau in Edinburgh-Morningside entspricht das fast gleichzeitig errichtete Haus in *Glasgow-Cartinaval* (1843). Nachdem auch hier das panoptische "Royal Asylum" ausgedient hatte, errichtete der Baumeister J. Charles Wilson in den aufwendigen Formen des Neo-Tudor-Style zwei sehr stimmungsvolle Gebäude, die noch heute im alten Baumbestand eines gepflegten Parks heilsame Kuratmosphäre verbreiten.

Nicht alle schottischen Irrenanstalten sind in diesen Jahrzehnten so sorgfältig und dauerhaft gebaut worden. Zahlreiche kleinere Häuser mußten errichtet werden, wenn aus den wenigen vorzeigbaren Modellanstalten ein Netzwerk von Irrenhäusern werden sollte, das das ganze Land überspannte. Doch leider sind gerade diese "District Asylums" der kleineren Städte kaum beachtet worden. Sie müßten gesucht werden in *Kirk-*

lands (1831) und *Elgin* (1832), in *Inverness* (1864), in *Banff* (1865) und *Stirling* (1869).

Den Abschluß der Entwicklung bilden auch in Schottland jene typischen Groß-Irrenanstalten im Pavillonsystem. Als Beispiel sei abschließend noch das in *Glasgow* errichtete "District Asylum" (1891) hervorgehoben.

Irische Irrenhäuser sind von kontinental-europäischen Ärzten fast nie besucht und kaum beachtet worden. Wer Hanwell und York, Glasgow und Perth gesehen hatte, mußte wieder nach Hause zurück. Die Erforschung mittelalterlicher Irrenzellen, die bei so vielen frommen Iren-Mönchen mit ganz frühen direkten Ägypten-Beziehungen zu erwarten wären, scheint noch kaum versucht worden zu sein.

Als erste wichtigere Gründung gilt das in *Dublin* errichtete St. Patrick's Hospital, das der anglikanische Geistliche und Dichter (von ›Gulliver's Reisen‹) Jonathan Swift gegründet hat. Seine Bereitschaft, Irren zu helfen, setzt heute noch in Erstaunen. Nachdem er einige Jahre (1710–1714?) als "Governor of Bethlem" Hospital in London die Qualen der Irren kennengelernt hatte, stiftete Swift große Geldmittel für seine Gründung in der irischen Hauptstadt, die aber erst nach seinem Tod 1745 begonnen wurde.

Zu den frühen Irrenhäusern der Insel gehört außerdem jenes in *Cork* an der Südküste, das um 1798 entstanden sein soll. – Neben Gründungen, die nur Irren dienten, gab es aber auch "Lunatic Cells" in Arbeitshäusern. In *Dublin* kann man im "House of Industry" um 1800 solche Zellen für Unheilbare nachweisen.

Ein neues Kapitel der Geschichte der irischen Anstalten begann mit der Gründung des "Lunatic Asylum" in *Dublin-Richmond*. Im Jahre 1815 baute man vermutlich zur Entlastung des "House of Industry" ein altes Gefängnis um und richtete zunächst eine Frauenabteilung ein. Einer der seltenen Besucher weiß zu berichten, daß vier (dreistöckige) Flügel einen quadratischen Hof umgaben, der in vier Bereiche unterteilt war. Das

Haus diente später als eines der ersten "District Lunatic Asylums". Wenn es zunächst von der Stadt Dublin gegründet wurde, muß es somit später verstaatlicht und in die Verwaltung des "County of Dublin" übergegangen sein. Alle Irren dieser Grafschaft und außerdem jene von zwei weiteren benachbarten "Counties" wurden um 1830 in Dublin-Richmond zusammengezogen. Hier entstand einer der ersten Verankerungspunkte des staatlichen Irrenversorgungssystems, das bereits um 1850 die ganze Insel übersponnen hatte.

Wie stürmisch die Gründungstätigkeit damals in Gang kam, soll eine Aufzählung zeigen. "District Asylums" wurden gegründet oder eröffnet in *Armagh* (1824, 1825) und *Limerick* (1825, 1827), in *Belfast* (1829) und *Londonderry* (1829), dann in *Carlow* (1831) und *Maryborough* (1833), sowie in *Cork* (1833) und *Ballinasloe* (1833, 1834). Dann folgten weitere "District Asylums" in *Tipperary* (1833), *Waterford* (1834, 1835) und in *Clonmel* (1835). Zu dieser Entwicklung, die kaum ein anderes Land in Europa so früh und so intensiv zeigte, hatte ein Irrengesetz beigetragen, das bereits im Jahre 1821 unter George IV, König von England, in Kraft getreten war. Es ermächtigte den "Lord Lieutenant", die "distcricts" einzurichten und dort Anstalten zu bauen. Man bedenke, daß Esquirol in Frankreich das berühmte « lois de trente-huit », das Irrengesetz von 1838, erst Jahre später mit viel Energie und nur dank seiner trickreichen Täuschungskunst durchsetzen konnte. Seither ist in Frankreich jedes « Département » gezwungen, ein Irrenhaus zu haben.

Wie die vielen irischen Anstalten aussahen, die bereits in den Zwanziger- und Dreißigerjahren entstanden, kann leider kaum angegeben werden. Einen ersten Einblick gestatten aber zwei äußerst sorgfältige Bauzeichnungen, die sich in London im "RIBA", im "Royal Institute of British Architects" erhalten haben. Beide Blätter sind unterzeichnet mit "William Murray, 1835" und stellen ein größeres und ein kleines "District Lunatic Asylum" dar (Abb. 25).

Beim größeren versichert die Legende, daß es in *Ballinasloe*

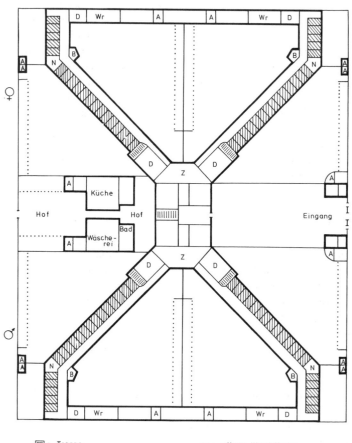

Abb. 25: Größeres Irisches "District Lunatic Asylum", verwirklicht in *Ballinasloe* und ähnlich in *Limerick*, 1835 gezeichnet von William Murray in Dublin

und ähnlich (etwas früher) in *Limerick* verwirklicht worden sei. Die kleinere Variante soll der Beschriftung am Rand der Zeichnung zufolge gebaut worden sein: in *Armagh* und *Belfast*, in *Londonderry, Carlow* und *Maryborough*, sowie wiederum leicht verändert in *Waterford* und *Clonmel*.

Damit entsteht der Verdacht, daß Irland vielleicht bereits um 1830 mit genormten oder weitgehend standardisierten Irrenhausplänen gearbeitet hat. Man beschränkte sich klugerweise auf einen größeren Typus mit 150 Patienten in 16 Abteilungen und einen kleineren, der 100 Patienten in 8 Abteilungen aufnehmen konnte. Bei alledem war man elastisch genug, den besonderen lokalen Gegebenheiten mit leichten Veränderungen entgegenzukommen.

Betrachtet man die RIBA-Pläne im einzelnen, dann kann gar kein Zweifel sein, daß die hier wiedergegebenen Bauten panoptisch sind, wenn auch in einer sehr eigenwilligen Weise. Denn das Beobachtungszentrum, hier "inspection lobby" genannt, ist zweigeteilt. Zwischen die Männer- und die Frauenabteilung wurde eine trennende Zone geschoben, die zu nutzen war 1. für den Eingangsbereich, 2. das Verwaltungsgebäude mit einem großen Beobachtungszentrum zwischen den wieder typisch keilförmigen Höfen und 3. für die Küche mit der Wäscherei. An das Zentralgebäude mit dem Turm schlossen dann auf der Männer- wie auf der Frauenseite fünfeckige Höfe an, die allseits umbaut waren und von zwei großen und vier kleinen Wärterzimmern gut überwacht werden konnten.

Wer erwartet, daß das irische Irrenversorgungssystem ebenso rasch vollends ausgebaut wurde, wie man es begonnen hatte, wird sehr enttäuscht sein. Streitigkeiten der streng katholischen Iren mit den andersgläubigen, aber genauso englisch sprechenden Engländern, frühkapitalistische Konkurrenzkämpfe der hektisch aufschießenden Fabriken in Manchester und Dublin, schauerliche Mißernten, bedingt durch Schädlinge, die irische Kartoffeläcker zerstörten, aber nicht englische, all dies führte zu Massenelend, Hungersnot und Auswanderung, vor allem nach Nordamerika.

Dazu paßt gut, daß um 1850 in Irland nur in *Dundrum,* südlich von Dublin, ein "Criminal Lunatic Asylum" (1846–1850) erbaut wurde. Der Baumeister Jacob Owen hatte vor allem die Aufgabe, den Erfordernissen der Ausbruchssicherheit zu genügen. Daß Irre heilbar sind, daß Verbrecher grundsätzlich niemals ins Irrenhaus gehören, schien vergessen zu sein.

In einer Phase vorübergehender Besserung der allgemeinen Lebensbedingungen in Irland entstanden dann weitere "District Asylums" in *Kilkenny* (1852), *Killarney* (1852) und in *Sligo* (1853). Außerdem sei noch jenes in *Downpatrick* (1869) genannt. Während Irland 1835 bereits mindestens 10 "District Asylums" hatte, die in kaum 10 Jahren erbaut worden waren, gab es 50 Jahre später (1886) lediglich 22 derartige Irrenhäuser. Immer noch hatten zwei oder drei (der damals etwa 32) "Counties" mit einem gemeinsamen Asyl auszukommen.

Dänemark und Skandinavien

Mittelalterliche Irrenanstalten sind in Dänemark nur sehr undeutlich geschildert worden. Wichtig ist erst ein Tollhaus in *Kopenhagen.* Es wurde 1632 für dreißig Irre auf Anordnung des Königs Christian IV. eröffnet, der hölzerne Narrenkäfige in ein leerstehendes Pesthaus (1522) vor den Toren der Stadt einfügen ließ. Die Gründung erhielt nach ihrer Verlegung 1651 den Namen „Sanct Hans Hospital". Bereits 1658 ist dieses frühe dänische Irrenhaus aber durch Krieg zerstört worden. Wie unentbehrlich es inzwischen geworden war, zeigt die Nachricht, man habe das „Sanct Hans Hospital" bereits 1665 wiedereröffnet. Über 100 Jahre später wurde auch dieses Haus zum zweiten Mal durch Krieg vernichtet (1808).

Die Stadt Kopenhagen verzichtete darauf, den Wiederaufbau noch einmal in exponierter Lage vorzunehmen, sondern verlegte alles aufs Land. So wurde in *Roskilde-Bistrupgaard* ein neues „Sanct Hans Hospital" im Jahre 1816 eröffnet. Mäßige Entfernung von der Hauptstadt und große Felder mit den Resten eines Schlosses (vor 1200) ließen den Platz besonders geeignet erscheinen. Noch ist ungeklärt, ob der alte Herrensitz nur innen umgebaut wurde, oder ob man „nach Zeichnungen von Esquirol" in Paris bereits 1816 (!) zwei neue Seitenflügel errichtet hat. Ein später als „Slottet", als Schloß in den Plänen eingezeichnetes Haus diente nach 1860 als „Plejestiftelse", als Pflegestift für chronisch Kranke. Außerdem gab es nach 1816 auch Bauernhäuser, in denen die Kranken wie in Geel wohnten. Besonders genannt sei der „Lemmegaarden", ein von Ställen und Scheunen umgebenes Feld, an dem auch Wohnhäuser standen, die später als zweite Pflegeanstalt dienten, weil das „Slottet" zu klein geworden war.

Dank alter Baupläne, die sich in Kiel (im Landesamt für Denkmalpflege) erhalten haben, kann man die zweite wichtige Irrenanstalt in Dänemark sehr genau beschreiben. Sie wurde für die deutsch sprechenden, südlichen Landesteile Schleswig und Holstein am Rande der Stadt *Schleswig* (1818–1820) fast gleichzeitig mit Bistrupgaard erbaut. Die Pläne stammen vom damals besten Baumeister, den es in Kopenhagen gab, von Christian Frederik Hansen. Auch er soll zumindest „Bauprinzipien" von Esquirol angewandt haben, obwohl nach wie vor ungeklärt ist, weshalb man sich nach Paris und nicht nach London orientierte und vor allem durch welche Ärzte man in Kopenhagen überhaupt französische Irrenheilkunde schätzen gelernt hatte (Abb. 26).

Die Irrenanstalt in Schleswig ist bereits 1829 umgebaut und später teilweise abgebrochen worden. Nur wer die Pläne gesehen hat, wird in den heute stehenden Resten den Gründungsbau erkennen können. Vier Flügel umgaben allseits einen fast quadratischen Brunnenhof. An seiner Innenseite zog ein Gang entlang, an dem die Zellen lagen. Einige hatten Vorräume, in denen der Kranke seinen Diener oder Wärter unterbringen konnte. Weniger reiche Patienten zogen in den hinteren Flügel, in dem kleine Zellen beiderseits einer altertümlichen Mitteldiele lagen. Für die Zeit des Anfalls stand ein halbrunder Trakt um den Tobhof zur Verfügung. Seine „Kammern für Wüthende"

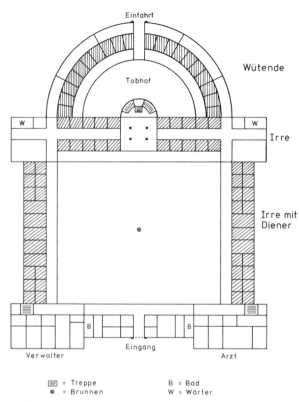

Abb. 26: *Schleswig*, Irrenanstalt, 1818–1820 (Christian Frederik Hansen), 1829 erweitert

wurden von zwei Gängen eingefaßt. Dies entsprach einer Forderung von Esquirol, der notfalls zusammen mit seinen Wärtern von vorne durch die Tür und von hinten durch ein Fenster in die Zelle einzudringen gedachte, wenn es galt, in höchster Not einen Unruhigen mit sanfter Übermacht zu bändigen.

Das Tob-Rondell in Schleswig entsprach den Wünschen des Pariser Meisters auch in einem anderen Punkt: Man hatte auf das Obergeschoß in der Unruhigen-Abteilung verzichtet, und zwar um den Lärm in Grenzen zu halten und um zu verhindern, daß sich Verzweifelte irgendwo hinabstürzen konnten.

Was den Esquirol-Vorschriften jedoch ganz und gar nicht entsprach, war die gewiß bedauernswerte Tatsache, daß der Brunnenhof allseits geschlossen war. Das typische französische « carré isolé » ist stets an einer Seite offen gewesen, und zwar meist im Westen. Hier sollten die vorherrschenden Winde ungehindert eindringen und die gefährlichen und krankmachenden Ausdünstungen der oft schmutzigen Kranken verwehen können. Ob Hansen als klassizistischer Ästhet dies nicht übernehmen konnte, oder ob man in Schleswig die tagelang alles durchdringenden und oft eisigen Westwinde zu sehr gehaßt hat, wäre noch zu erwägen.

Wenige Jahre später ist für Norwegen in *Oslo,* dem damaligen Christiania, ein panoptisches Irrenhausprojekt veröffentlicht worden (1828), das der Baumeister Christian Henrik Grosch nach Vorschlägen des Arztes Frederik Holst im Auftrag der Königlichen Kommission bereits 1825 entworfen hatte. Hier fühlt man sich nicht nach Frankreich, sondern ganz nach England oder fast nach Irland versetzt. Wer vor allem die Einzelformen des Bauvorhabens mit den Zeichnungen für ein größeres irisches Asyl des William Murray Strich für Strich vergleicht, wird bald die Überzeugung entwickeln, daß irgendwelche Kontakte unter den nordischen Experten bestanden haben müssen, die genauer aufzudecken eine lohnende Aufgabe wäre (Abb. 27).

Nimmt man zusätzlich noch das "Royal Asylum" in Glasgow (1810–1814) mit hinzu, das ja zunächst wegen des mühlradartigen Gesamtbildes so ähnlich zu sein scheint, dann wird erst deutlich, wie sehr sich panoptisches Bauen bereits auseinanderzuentwickeln begann.

In Schweden reicht die Irrenfürsorge besonders weit zurück. Leider ist kaum zu beurteilen, welche Fakten hinter der halblegendären Nachricht verborgen sind, Mönche hätten in *Uppsala* schon 1305 (?) einige Narren in einem besonderen Haus aufgenommen. Keinerlei Zweifel wird jedoch aufkommen, wenn man liest, daß König Gustav Wasa um 1530 während der Re-

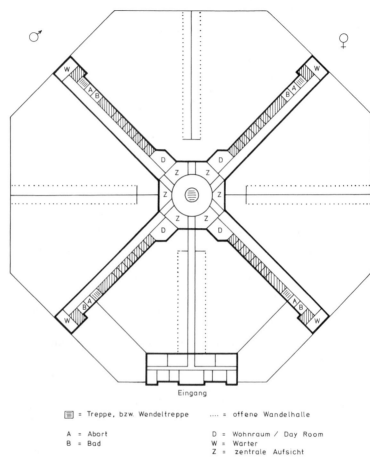

Abb. 27: *Oslo*, Panoptisches Irrenhausprojekt der Kgl. Kommission, 1828 veröffentlicht von Christian Henrik Grosch nach Vorschlägen von Frederik Holst

formation das „Tollhaus" in *Vadstena* gegründet hat. Das altersschwache Gebäude steht noch und wird gerne abgebildet. Auch in *Stockholm* gibt es noch Reste des „Danviks Tollhauses" (1551) zu sehen, das sich aus Irrenzellen eines Franziskanerklosters entwickelt hat.

Mehrere kleine Irrenhäuser des 18. Jahrhunderts, aus denen jene in *Göteborg* und *Växjö* hervorragen, sind um 1838 zu größeren Anstalten zusammengefaßt worden. So entstanden die Irrenhäuser in *Vadstena* und *Malmö*, in *Uppsala* und in *Härnösand* (1844), die Entwicklungszentren der Irrenheilkunde in Schweden geworden sind.

In Finnland wurden zwei frühe Irrenhäuser bekannt, die in ehemalige Leproserien eingebaut waren. Das ältere stand in *Kronoby* bei Vasa (1687), das jüngere in *Sjählö* bei Åbo (1771). Beide Gründungen waren noch um 1840 nach wiederholten Erweiterungen in Benutzung und dienten vielleicht später erneut als Pflegeanstalten.

Eine neue Zeit begann jedoch, als in Helsingfors, dem heutigen *Helsinki,* und zwar im Vorort *Lappvik* (1840–1841) eine große Anstalt gegründet wurde. Sie ist zum Kristallisationskern der Irrenversorgung des ganzen Landes geworden und diente später auch als Universitäts-Klinik der Ausbildung des ärztlichen Nachwuchses am Krankenbett. In der entscheidenden Übergangsphase wirkte hier als Direktor Christian Sibelius (1905–1922), der 1909 zum Professor der Psychiatrie ernannt wurde und damit nach Schweizerart ein Auseinanderklaffen von Anstalts- und Hochschulpsychiatrie fürs erste verhindern konnte. Christian Sibelius war ein Bruder des Komponisten Jean Sibelius (Finlandia 1899).

Vorbildliche Archivstudien haben vor einigen Jahren sogar die Entwurfszeichnungen des Irrenhauses in Lappvik zu Tage gefördert. Sie sind bezeichnet mit „Carl Engel, 1836" und zeigen eine zweistöckige Dreiflügelanlage, die durch zwei weitere Bauten ohne Obergeschoß, die an beiden Seiten des Eingangshofes liegen, zur H-Form ergänzt werden.

In Dänemark war das „Sint Hans Hospital" wenige Jahre

nach seiner Eröffnung hoffnungslos überfüllt. Man weiß, daß um 1850 ein großzügiges Projekt von Harald Selmer erwogen wurde, das auch der belgische Irrenhausfachmann Joseph Guislain 1852 sehr beachtete. Nach diesen, wahrscheinlich aber nach ähnlichen Plänen, wurde dann in *Aarhus* (1852) eine neue Irrenanstalt im Backsteinstil der dänischen Renaissance erbaut. Auch diese Gründung ist durch Anbauten (1859–1861 und 1886–1888) ständig verändert und erweitert worden.

Im Anschluß an Aarhus erhielt die Anstalt in *Roskilde-Bistrupgaard* (1853–1860) ein weiträumiges neues „Kurhuset", eine Heilanstalt, während die bisherigen Gebäude, wie bereits angedeutet, als Pflegeanstalten weiterbenutzt wurden. Später (1881–1909) noch einmal vergrößert, blieb so das „Sanct Hans Hospital" durch alle Jahrzehnte der entscheidende Schwerpunkt der Irrenheilkunde in Dänemark (Abb. 28).

Daran änderte sich auch nichts, als weitere Anstalten in *Vordingborg* (1857), *Viborg* (1876) und in *Middelfart* (1888) erbaut wurden, die alle noch vor 1900 erweitert worden sind.

Die Frage der Hochschulpsychiatrie war nie drängend, da das kleine Land nur eine einzige Universität hatte. Eine im Kommunehospital in *Kopenhagen* (1863) eingerichtete Irrenabteilung konnte später als Universitätsklinik für den Unterricht am Patienten benutzt werden. Bedrückender war das in allen Ländern nicht zu lösende Problem der unbrauchbar falschen Irrenzählungen und der ständig zunehmenden Überfüllung. Auch in Dänemark waren um 1910 große Projekte im Jugendstil für Seeland im Gespräch, die vom Baumeister Varming vorgelegt worden waren. Ob sie ausgeführt wurden, ist noch zu prüfen.

Auch in Norwegen wurde nach Jahrzehnten des Planens und Verwerfens und wieder Neuplanens schließlich eine große Anstalt bei der Hauptstadt errichtet, und zwar in *Oslo-Gaustad* (1855). Das dortige « Sindssyge Asyl » wurde vom Baumeister Schirmer errichtet. Wenn alte Abbildungen nicht täuschen, ließ er von den Längsseiten eines schmalen Hofes beiderseits je drei zweistöckige Bauten abgehen. Sie endeten wie die Nightingale-Wards in England und Schottland mit je zwei polygonalen Eck-

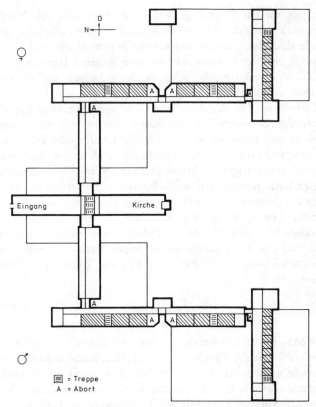

Abb. 28: *Roskilde-Bistrupgaard,* Sanct Hans Hospital, Kurhuset, 1853–1860

türmen. Zum Hof hin zeigten die sechs, frei für sich stehenden Häuser Backstein-Treppengiebel, so daß zusammen mit einem wuchtigen Turm in der Mittelachse ein sehr imponierendes Gesamtbild entstand. Norwegische Kenner versichern, daß die Anstalt in Gaustad auch heute noch vorbildlich erhalten sei.

Neben dem « Rotvold Sindssygeasyl » in *Trondheim* (1872) sei noch besonders die Irrenanstalt in *Kristiansand-Egs* (1881) genannt, die am Wege liegt, wenn man das Schiff von Norddänemark über das Skagerrak benützt. Die weitläufigen Gebäude sind aber von der historischen Forschung bis jetzt ebensowenig beachtet worden, wie die noch jüngeren Irrenanstalten in *Trondheim-Reitgjerdet* oder in *Bodø-Rønvik* südlich von Narvik, die alle noch vor 1900 entstanden.

Obwohl in den skandinavischen Ländern noch viele Einzelheiten der Geschichte der Irrenhäuser der Entdeckung harren, zeichnet sich heute schon ab, daß alle Länder sehr frühzeitig die Impulse aus England, Frankreich und später auch aus Deutschland aufnahmen. Armut und geringe Bevölkerungsdichte, riesige Entfernungen und nordische Winter haben die Entwicklung des Irrenhauses gewiß langsamer ablaufen lassen als anderswo. Die imponierenden Resultate, die aber schließlich in Roskilde-Bistrupgaard oder in Oslo-Gaustad zustande kamen, sind von den Mitteleuropäern zu wenig beachtet worden, die damals meinten, nur in Paris und England könne man Neues lernen.

Frankreich

Wenn Medizinstudenten in der psychiatrischen Vorlesung überhaupt mit der Geschichte der Irrenheilkunde in Berührung gebracht werden, dann steht fast immer Philippe Pinel als große Wendemarke wie eine Wasserscheide zwischen den Zeiten. Vor ihm und vor der Französischen Revolution von 1789 gab es, so wird behauptet, im „finsteren Mittelalter" nur „Ketten und Käfige", aus denen mißhandelte Narren heraus jammerten, bevor sie mit Prügeln totgeschlagen oder von Ratten zerbissen dem Hungertod preisgegeben wurden. Nach Pinel aber begann im Morgenlicht des republikanischen Zeitalters die jetzige „wissenschaftliche Psychiatrie". „Freiheit, Gleichheit und Brüderlichkeit" leuchteten als strahlende Prinzipien auch in die Schweineställe der Narren. „Um die Würde des Geisteskranken" ist es, so wird betont, seit Pinel gut bestellt.

Gewiß kann man durch pseudoreligiöse Weihestunden das

zuweilen erlahmende Fachinteresse des Studenten wieder beleben. Andererseits aber ist längst geklärt, daß die primitive Schwarzweißmalerei der äußerst sentimentalen Pinel-Legende wissenschaftlich unhaltbar und radikal falsch ist. Denn in Frankreich wie in vielen anderen Ländern gibt es in den Jahrhunderten vor der Revolution zahllose vorbildliche Irrenhäuser; und Ketten und Fesselungen können heute längst auch nach 1789 an vielen Orten nachgewiesen werden, und zwar auch, so schmerzlich dies für Pinel-Freunde sein mag, in der von Pinel selbst geleiteten Anstalt in Paris.

Hier geht es nicht darum, den „unsterblichen Ruhm" eines freiheitstrunkenen Kettenbefreiers zu schmälern. Keineswegs ist beabsichtigt, ein geheiligtes französisches Nationaldenkmal schon wieder beschmutzen zu lassen.

Trotz aller Empfindlichkeiten unserer Nachbarn sollte aber doch geprüft werden, wieweit das historisch Belegbare und deutlich Nachzuweisende Pinel als Wendemarke bestätigt. Daß außer Franzosen auch anti-royalistische und anti-christliche Kreise dabei vielleicht enttäuscht werden könnten, muß in Kauf genommen werden.

Zunächst ist wie in vielen anderen Ländern von einem sehr frühen, halblegendären Irrenhaus zu berichten: In *Metz* sollen bereits um 1100 irgendwelche Narren vielleicht vom Bischof, vielleicht von Mönchen der frommen Stadt in einem besonderen Gebäude aufgenommen und gepflegt worden sein. Weil eindeutige Belege fehlen, hat man klugerweise darauf verzichtet, Prioritätsansprüche gegenüber dem « primer manicomio del mundo » in Valencia (1409) oder gegenüber dem Bethlem Hospital in London (1398, 1403) zu stellen.

In einem so betont christlichen Land wie dem alten Frankreich sind außerdem Wallfahrtsorte zu erwarten, die, wie das belgische Geel, die Hoffnung der Irren und ihrer Angehörigen weckten. Tatsächlich sind solche Stätten vor kurzem nachgewiesen worden. In *Bourbriac* in der Bretagne gab es vor 1300 zwei Narrenzellen, die beiderseits der Kirche der Krypta lagen. Der Kenner wird sofort vermuten, daß sie besonders ausbruchssicher, aber auch feuchtkalt und schlecht zu lüften gewesen sein mögen. Außerdem weiß man, daß in *Larchant* an der Seine in einem heute noch gut erhaltenen Anbau der Kirche St. Mathurin vor 1400 Irre untergebracht waren.

Oft mißverstanden wurde von vielen Geschichtsschreibern und besonders von Übersetzern die im Französischen allerdings oft schlampig benützte Bezeichnung « petites maisons ». Tatsächlich ist damit das « Hôpital des Petites Maisons » in *Paris* gemeint. Die freundliche, fast spaßige Bezeichnung wurde für die ehemalige Leproserie des Klosters St. Germain-des-Prés, an der heutigen « rue de Sèvres », verwendet, nachdem dort seit 1554 oder 1557 immer mehr Irre eine Bleibe fanden.

Schließlich sei noch das Irrenhaus genannt, das die Stadt *Marseille* um 1600 für ihre verwirrten Bürger offenhielt. Denn damit wird vollends deutlich, daß sich schon jetzt die wichtigsten Irrenhaustypen, die man in Deutschland finden kann, auch in Frankreich an einzelnen markanten Beispielen nachweisen lassen. Es wäre eine verlockende Aufgabe, die Spitzen des Eisbergs in weitere Tiefen zu verfolgen und zu prüfen, wie weitverbreitet Irrenzellen an Wallfahrtsorten gewesen sind und seit wann es üblich wurde, Narren in leere Leproserien aufzunehmen.

Daß auch nach dem Ende des Mittelalters fromme Mönche Irre bei sich aufnahmen, kann in keinem Land deutlicher gezeigt werden, als ausgerechnet in Frankreich, in dem es vor Pinel angeblich nur unmenschliche Narrenquälereien gegeben haben soll. Die um 1500 vielleicht erlahmende christliche Tradition wurde wieder aufgenommen und mächtig belebt durch Brüder, die aus Italien kamen, obwohl sie eigentlich aus Spanien und Portugal stammten. Ihr dort üblicher Name « Hermanos de la Caridad de San Juan de Dios » war zunächst in das italienische « Fatebenefratelli » übersetzt worden, änderte sich aber noch einmal in « Frères de la Charité », als eine Italienerin, Marie de Medici aus Firenze (die Königin von Frankreich geworden war) die Pflegegemeinschaft aus ihrer Heimat berief.

Schon Esquirol hat in seinen Musestunden Nachrichten über die Niederlassung der Barmherzigen Brüder gesammelt und dabei zahlreiche Irrenzellen nachweisen können, die an manchen Ordensniederlassungen zu markanten Irrenhäusern ausgebaut wurden. Da jedoch im nachrevolutionären und antikirchlich gestimmten Frankreich keine Aufmerksamkeit für Berichte zu erwarten war, die eine Liebestätigkeit der Mönche im Dienste des Irren günstig beleuchteten, blieben Irrenhäuser der Orden vor 1789 fast unbekannt. Esquirol selbst mag sein gelehrtes Wissen halb verschwiegen haben, denn wenn er durch Lancieren der Pinel-Legende bei Ministerien und Volksvertretern Geld für die Irren herausschlagen wollte, dann gelang dies um so besser, je finsterer das Mittelalter war. Erst auf dunklem Hintergrund konnte man sich in den Strahlen seiner neuen großzügigen Humanität hinreichend schmeichelhaft beleuchten.

Heute aber kann offen über die Licht- und auch über die Schattenseiten der ordenseigenen Irrenhäuser berichtet werden. Zu den ältesten Niederlassungen der «Frères de la Charité» im südlichen Frankreich gehört jene in *Cadillac-sur-Garonne.* Dort entstand auf der Basis einer mittelalterlichen Herberge St. Léonard, die am Jakobsweg nach Spanien Pilgern ein Obdach bot, im Jahre 1617 neben den Klostergebäuden der Barmherzigen Brüder ein «Hôpital Ste. Marguerite». Weil das fromme Haus nur mühsam aus Spenden zu finanzieren war und weil zudem bereits aufgenommene arme Irre nicht fortgejagt werden konnten, gründeten die «Frères de St. Jean de Dieu» im Jahre 1650 eine Abteilung für zahlende Irre. Sicher entsprach sie in gewissem Sinn durchaus den kommerziell orientierten "privat asylums" in England. Ein gravierender Unterschied sei jedoch nicht übersehen: Die erzielten Profite flossen in Cadillac wieder in das Unternehmen zurück und dienten so den vorbildlichen Zielen einer erweiterten und vertieften Beschäftigung mit dem hilfsbedürftigen Geistesverwirrten. Man weiß, daß ab 1782 den Irren ein weiteres Gebäude zur Verfügung stand.

Im Gegensatz zu Kaiser Joseph II., der ja in Österreich die „Barmherzigen Brüder" schonte und bei der Vertreibung der Mönche wegen ihrer staatspolitisch wichtigen Tätigkeit sogar schützte, haben die französischen Revolutionäre in Cadillac zehn Jahre später (1792) alles aufgelöst und die Gebäude als Nationalgut eingezogen. Schlimmer war, daß revolutionäre Beschränktheit im Übereifer der Zerstörung auch die Mönche verjagte und damit auf das mühsam gesammelte Wissen, das man damals in Frankreich im Umgang mit Irren hatte, auch noch verzichtete. Mehr als zehn Jahre stand alles leer. Einzelne Kranke vegetierten möglicherweise in den zerfallenden Gebäuden dahin. Erst 1808 hat die Restauration in bewußt antirevolutionärer Zielsetzung die « Sœurs de l'Ordre de la Sagesse » berufen, die Cadillac wiederaufbauten und nach mehreren Erweiterungen zu einem Schwerpunkt der neueren Psychiatrie im südlichen Frankreich gemacht haben. Ohne die prärevolutionären Infrastrukturen hätte sich dieser frühe Knotenpunkt im Netzwerk eines landesweiten Versorgungssystems nicht so reibungslos bilden können.

Es ist hier nicht möglich, alle der fast 30 Niederlassungen des Ordens in Frankreich ebenso genau zu schildern. Genannt sei nur *Poitiers,* wo 1619 ein « Hôpital St. Louis de la Charité » gegründet wurde, in dem später auch Irre unter der Obhut der Brüder lebten. Ein ähnliches Bild bot sich in *Niort* im dortigen « Hôpital général de la Charité » (1628).

Besonders wichtig aber ist *Charenton* geworden, das östlich Paris am rechten Ufer der Marne unmittelbar vor ihrer Mündung in die Seine liegt. Hier standen Ruinen einer protestantischen Kirche, die während der heftigen Glaubenskämpfe kurz vorher zerstört worden war. Um einer Wiedereinnistung der Ketzerei vorzubeugen, berief man die « Frères de la Charité », die 1641 mit dem Wiederaufbau begannen und neben ihrem Ordenshaus auch Unterkünfte für Kranke errichteten. Bald gab es auch Epileptiker und Irre in Charenton, die teils mit, teils ohne Bezahlung der Obhut der Brüder anvertraut wurden.

Dies alles wäre recht wichtig, wenn es hier noch darum ginge, prärevolutionäre Irrenhäuser zu finden, um die Pinel-Legende zu widerlegen. Aufhorchen wird man jedoch, wenn man bemerkt, daß nach 1720 auch „distinguierte" Staatsgefangene mit einem «lettre de cachet», einem Einweisungsbefehl, hier am Kloster lebten. Wenn das Hospital der Mönche tatsächlich als Gefängnis des Ancien Régime mißbraucht wurde, wenn die Brüder in ihrer schlichten Einfalt sich hier als Kerkermeister des Absolutismus verwenden ließen, dann ist es nicht mehr verwunderlich, wenn sie später die volle Wut der Revolutionäre getroffen hat.

Tatsächlich schienen politische Gefangene zwischen den Irren von Charenton aber eine Ausnahme gewesen zu sein. Viel häufiger gab es das Umgekehrte: Irre in Gefängnissen. Nur der Grad der Gefährlichkeit und vermutlich auch der Vornehmheit entschied, wer wohin gebracht wurde. Ein so weltmännischer Marquis, wie jener de Sade, der dem Sadismus den Namen gab, lebte selbstverständlich in Charenton und bezahlte dafür als Gefangener wie ein Luxus-Privatpatient soviel, daß die Mönche manchen armen Irren zusätzlich miternähren konnten.

Hochgefährliche Verbrecher wurden damals in Frankreich in Ketten gelegt und in Marseille auf die Galeeren geschmiedet. Nur einige politische Delinquenten kamen zusammen mit tobsüchtigen Mördern und schwerkriminellen „Rasenden" in ein altes Stadttor, das eine der Fernstraßen beherrschte, die von *Paris* nach Osten führten. Wegen ihrer maßlosen Befestigungsanlagen (acht Türme umgaben auf kleinstem Raum die sinnlos dicke Mauer eines kleinen Innenhofes) hieß die kleine Festung «la Bastille». Sie wurde am 14. Juli 1789 vom „Volk von Paris erstürmt", das damit die Revolutionszeit eröffnete. Mit den politischen Gefangenen erlangten auch Mörder und Narren die Freiheit. Noch einmal zeigte es sich, daß es grundsätzlich falsch ist, Rechtsbrecher zusammen mit Geisteskranken zu verwahren.

Die Behauptung, vor Pinel habe es nur Ketten und Käfige gegeben, verführt auch zur stillschweigenden Unterstellung, man habe Irre vor 1789 überhaupt nicht ärztlich behandelt. Auch dies trifft keineswegs zu. Es ist zwar richtig, daß es keine „psychische Curmethode", kein «traitement moral et philosophique» gegeben hat. Aber am Körper des Irren einsetzende Heilungsversuche waren durchaus üblich.

Auch in *Paris* war man sehr wohl darauf eingerichtet. Es ist genau bekannt, welche Säle im alten Hôtel-Dieu auf der Seine-Insel vor 1789 für diese mehrwöchigen Kuren bestimmt waren. Männer kamen in den Saal St. Louis im 1. Obergeschoß und Frauen waren einen Stock höher im Saal Ste. Geneviève untergebracht. Da es, mindestens vorübergehend, nur 15 und 26 Betten gab, lagen „mehrere Rasende" in einem « grand lit ». Von Ketten und Käfigen ist übrigens nirgends die Rede. Wie „liberal" es zuging, zeigt die Nachricht, daß die Patienten sich gegenseitig schlugen und „sich Schaden zufügten". – Zur Therapie standen Bäder und Duschen zur Verfügung. Belladonna und Morphium sind bezeugt. Im übrigen war man auch hier so sehr von der fatalen Viersäftelehre des Galen überzeugt, daß man mit allen Möglichkeiten versuchte, die schlechte Mischung von Blut, Schleim, Gelber und Schwarzer Galle in eine Eukrasie zurückzuverwandeln. Dies konnte nur durch Kochung, durch „pepsis" gelingen, wobei nach der heilsamen Krise die krankmachenden Stoffe als „materia peccans" aus dem Körper zu entfernen war. Deshalb sind auch bei den Kuren im Hôtel-Dieu exzessive Aderlässe und drastische Abführmittel, häufiges Erbrechen und die Provokation von Ausschlägen bei Irren üblich gewesen. Niemand möge behaupten, man habe vor Pinel bei den Geistesgestörten keinerlei Behandlung versucht.

Wenn aber zu heilen versucht wird, erfüllt sich die Erwartung, daß mindestens einige gesund werden, auch dann, wenn uns heute rückblickend die Eingriffe sinnlos und gefährlich erscheinen mögen. So ist einem Besucher (1781) durchaus Glauben zu schenken, der versicherte, „viele Geisteskranke seien dort genesen".

Wer aber nicht geheilt werden konnte, wurde weitergegeben. Männer kamen in das « Hôpital de Bicêtre » und Frauen in die « Salpêtrière ». Gewiß sind die Kuren bei neu aufkeimender Hoffnung auf Heilung manchmal wiederholt worden. Wer aber endgültig in den Stätten der Unheilbaren war, konnte tatsächlich nur noch auf seinen Tod warten.

Daß Pinel hier eingesetzt hat, daß er nicht im Hôtel-Dieu (!), sondern im Bicêtre und in der Salpêtrière wieder Hoffnung auf Heilung geweckt hat, dank seiner neuen Methode, den Geist durch den Geist zu heilen, dies ist das Umwälzende. Im Vergleich damit verblaßt die Kettensprengung, die man sich ohnehin im Alltag der Anstalten nur als ganz unwesentliche Veränderung vorstellen sollte.

Denn keineswegs waren die Patienten ohne die Fesseln jetzt „frei". Pinel vertauschte vielmehr die eisernen Kettenringe mit dem in England seit Jahrzehnten bewährten "strait jacket". Auch diese Zwangsjacken unterschieden sich von jedem anderen Mantel oder Hemd vor allem durch überlange Ärmel, die im Anfall auf dem Rücken des Patienten verknotet wurden. Weil sie die Bewegungsmöglichkeiten des Oberkörpers sehr stark einschränkten, sei allen Ernstes erwogen, ob gut gepolsterte Ketten nicht ebenso gesund oder gar bequemer zu tragen waren. Jedenfalls sind die grauenhaftesten folternden Fesselungen erst für die Zeit nach Pinel bezeugt. Damals erst hinderte man den Unruhigen durch Zwangsstehen, Zwangsliegen, Zwangssitzen an jeder Bewegung. Damals erst bekam der Kranke auch eine Holzbirne in den Mund gebunden, damit er weder beißen noch spucken, ja nicht einmal jaulen und wimmern konnte.

Wann und wo Pinel die Ketten zum ersten Mal abnahm, kann leider immer noch nicht einwandfrei nachgewiesen werden. Daß es sofort nach der Revolution 1789 geschah, ist unwahrscheinlich, weil Pinel erst 1792 als Arzt im Bicêtre tätig war und 1795 zu den Frauen in die Salpêtrière überwechselte. Da er angeblich zuerst Frauen „befreite", käme somit nur die Zeit nach 1795 in Betracht.

Andererseits hat ein Wiener Arzt noch 1803 im Bicêtre einen „Mordbrenner" gesehen, der „mit einem eisernen Band um den Hals" mit einer Kette an der Wand angeschmiedet war. Und 1809 berichtet wieder ein Besucher, daß „heftig Rasende" mit „eisernen Bändern am Halse und an den Füßen an die Mauer ihrer Zelle befestigt" sind. Daß überhaupt die ebenso widerlichen wie sinnlosen Halsringe in Frankreich verwendet wurden, mag erstaunen. Sind solche Augenzeugenberichte nicht aber vor allem deutliche Fingerzeige für alle, die sich verpflichtet fühlen, die weitschweifigen Geschichten um Pinel zu überprüfen? Ob sich dieser Aufwand lohnen würde, ist fraglich. Denn jetzt schon steht fest, daß sich der Kettenbefreier um 1810 oder 1815 zusammen mit seinem Schüler Esquirol zweifellos endgültig durchzusetzen vermochte. Seither bewundern die Deutschen nur noch die Zwangsjacken und empfehlen sie uneingeschränkt für die unterentwickelten Anstalten in Mittel- und Osteuropa.

Noch besser wäre es gewesen, wenn die Gäste in *Paris* auch die Anstalten genauer beachtet hätten, und zwar auch jene, die bereits am Vorabend der Revolution im Zuge royalistischer Reformen verwirklicht oder geplant waren. An erster Stelle sind hier die « Petites Loges » (nicht « Petites Maisons »!) im Hôpital de la Salpêtrière zu nennen, die der damals herausragende Baumeister Charles François Viel (1786–1789) errichtet hatte. Ein Entlüftungsgewölbe im Dach mit zentraler Entlüftungskuppel erwies sich als so wirkungsvoll, daß hier vielleicht zum erstenmal auch für Unreinliche Zellen zur Verfügung standen, die nicht wie Tierställe entsetzlichen Gestank verbreiteten. Denn die Patienten lagen kaum bekleidet auf Stroh, das nicht ständig erneuert werden konnte. Man rufe sich ins Gedächtnis zurück, daß die «Petites Loges » des Viel fast gleichzeitig mit dem Wiener Narrenthurm (1784) entstanden sind.

Während hier schon ganz deutlich sichtbar wird, daß das angeblich so passive « Ancien Régime » der Könige sehr wohl etwas für die armen unheilbaren Irren getan hat, tritt dies noch deutlicher in einem Projekt zutage, das Jacques René Tenon 1788 in *Paris* zur Ausführung vorgeschlagen hat. Da hier die Heilbaren des Hôtel-Dieu aufgenommen werden sollten, sprach der Chirurg, der später auch als Anatom bekannt wurde, von einem « Projet d'hôpital pour des fous curables » (Abb. 29).

Klar und deutlich wird hier schon vor Pinel gesagt, daß man Irre für heilbar hält und daß sie ins « Hôpital » und nicht ins Gefängnis gehören. Dem Plan ist weiter zu entnehmen, daß Tenon außer zahlreichen Einzelzellen für die Zeit des Anfalls auch « moyens de liberté » forderte für die « temps de remis-

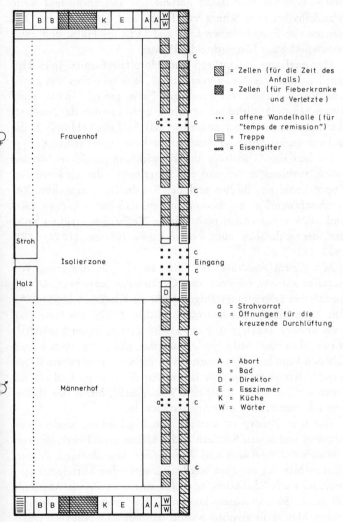

Abb. 29: *Paris*, «Projet d'hôpital pour des fous curables», 1788 entworfen (nach Vorschlägen von Jacques René Tenon)

sion ». Gemeint sind damit gartenartige Innenhöfe und weite Wandelhallen zum Schutz vor Regen und Sonne. Breite Öffnungen der Fassade ließen Luft und Licht ins Haus, und zwar rechtwinklig zur Längsachse des Hauses.

Der englische Philanthrop und Hospitalreformer John Howard nannte dies "cross-ventilation". Wie sehr aber das englische Vorbild schon vor Pinel auf Paris gewirkt hatte, sagte Tenon selbst. Ausdrücklich erwähnte er in London das (zweite!) Bethlem Hospital und außerdem das St. Luke's Hospital, die er kurz vorher auf einer Studienreise kennengelernt hatte.

Da hier nur Grundzüge der Entwicklung gezeichnet werden sollen, verbietet es sich, auf alle Einzelheiten der verwirrenden Topographie des Bicêtre und der Salpêtrière einzugehen. Zusammenfassend sei nur hervorgehoben, daß hier seit etwa 1804 und 1806 verschiedene, meist kleine Neubauten errichtet wurden, die schließlich zum « carré isolé » führten (1819, 1821, 1822, 1824).

Mit diesem Ausdruck, der sich an eine Formulierung von Esquirol anlehnt, sei jener neue Gebäudetyp bezeichnet, der sich damals bei behandlungsfähigen Irren zu bewähren begann. An den Längsseiten eines fast quadratischen Hofes errichtete man zwei niedere Trakte mit je etwa zehn Zellen, denen Säulenhallen im klassischen Stil vorgelegt wurden. Die dritte, nach Westen gehende Seite blieb unbebaut, um so die vorherrschenden Winde ungehindert einströmen zu lassen. An der vierten Hofseite im Osten errichtete man meist eine Wandelhalle, hinter der Wohn- und Eßzimmer, aber auch Arbeitsräume lagen.

Der neue Bautyp ist weniger von Pinel selbst, sondern von Esquirol und seinen Schülern nach 1820 in ganz Frankreich verbreitet worden. *Rouen* und *Montpellier*, *Cadillac* und *Poitiers* können hier nur erwähnt werden, denn in den Mittelpunkt gestellt sei *Paris-Charenton,* wo 1823 eine neue Privat-Abteilung für etwa 150 umnachtete Damen im eleganten Stil der französischen Metropole errichtet wurde, nämlich « Le Nouveau Quartier des femmes aliénées pensionnaires » (Abb. 30).

Gewiß erinnert das Haus am Hang hinter dem alten Ge-

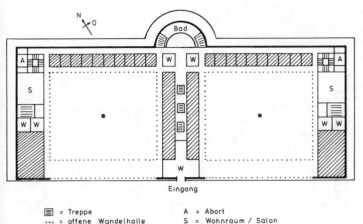

	= Treppe	A = Abort
... = offene Wandelhalle	S = Wohnraum / Salon
● = Brunnen	W = Wärter

Abb. 30: *Paris-Charenton*, «Quartier des femmes aliénées pensionnaires», 1823–1828 (nach Vorschlägen von J. E. D. Esquirol)

mäuer der längst vergessenen Barmherzigen Brüder zunächst an das Projekt von Tenon (1788). Es lohnt sich auch, die beiden Grundrisse Punkt für Punkt zu vergleichen und vielleicht sogar den des «Lazzaretto» in Genova danebenzulegen, obwohl die hier aufscheinenden möglichen Zusammenhänge von niemandem erwähnt werden.

Viel besser aber ist es, in die Zukunft zu sehen und das riesige Irrenhaus in *Marseille* hinzuzunehmen. Das dortige «Grand Hospice d'Aliénés» wurde (1835–1838) vom regionalen Verwaltungsbezirk, dem «Département» als staatliche öffentliche Anstalt errichtet, und zwar vom dortigen Regierungsbaumeister, dem «architect du département», Penchaud (Abb. 31).

Er konnte damals nichts Besseres tun, als zahlreiche «carrés isolés» neben einer trennenden Zone in der Mittelachse so anzuordnen, daß spiegelsymmetrische Rechts-Links-Beziehungen entstanden. Da Esquirol und seine Schüler wegen der Selbstmordgefahr jedes Obergeschoß radikal ablehnten, war die Platzverschwendung enorm. Riesige Wege und überwältigende Kosten

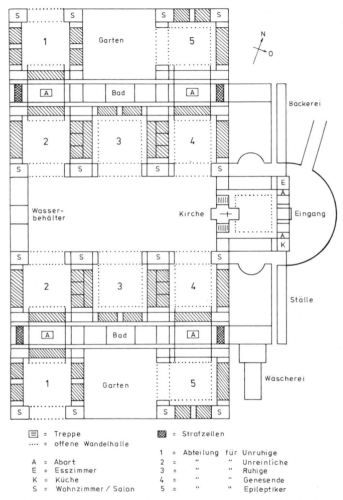

Abb. 31: *Marseille*, « Grand Hospice d'Aliénés », 1835–1838 (Penchaud)

wurden hingenommen. Nur eine reiche Fernhandelsstadt, die wie Marseille stets Frankreichs Tor zu den Märkten des Orients war, hatte die Kraft, einen so weitläufigen Palast bauen zu lassen. Doch wer so denkt, vergißt *Paris* und vor allem den Nestor der damaligen Anstalts-Ärzte: Jean Etienne Dominique Esquirol. Er war nach Lehrjahren bei Pinel in der Salpêtrière (1812 bis 1825), wo er zunächst nur als « médecin surveillant de la division des folles » Dienst tat, nach Charenton geholt worden. Hier wirkte er (1826–1841) jahrzehntelang als « médecin en chef ». Man sollte dies nicht mit „Chefarzt" übersetzen, denn Esquirol unterstand zusammen mit dem gleichberechtigten « chirurgien en chef » dem allmächtigen Verwaltungsdirektor des Hauses. Dies alles hat ihn jedoch nicht gehindert, jahrelang unzählige Patienten zu behandeln und ständig Ärzte zu hervorragenden Anstaltsdirektoren heranzubilden, die bald die wichtigsten Irrenhäuser in ganz Frankreich leiteten. Esquirol fand als temperamentvoller Südfranzose außerdem noch Zeit, seine neu erbaute, sehr einträgliche Privatirrenanstalt zu leiten, das Irrengesetz von 1838, jenes berühmte « lois de trente-huit », durchzusetzen und sein weltweit als grundlegend empfundenes Buch (1838) zu schreiben.

Hier aber ist vor allem wichtig, daß Esquirol, wieder im Jahr 1838, eine der größten und prächtigsten Irrenanstalten beginnen ließ, die je errichtet wurde: « La Maison Royale de *Charenton* ». Als Baumeister hatte er Emil Jacques Gilbert gewonnen, der damals zu den besten gehörte, die es in Paris gegeben hat (Abb. 32).

Wieder errichtete man zahlreiche « carrés isolés », die aber nicht wie in Marseille in rechteckige Felder eingefügt waren, sondern parallel nebeneinander in zwei Reihen, oder genauer auf zwei Terrassen lagen. Denn nach wie vor baute man, jetzt etwas höher, am Hang des Marne-Tals genau über jener Stelle, an der einst die jetzt abgerissenen Bauten der « Frères de St. Jean de Dieu » gestanden hatten.

Die für einen Großbau zunächst ungünstig erscheinende Abschüssigkeit erwies sich bald als Vorteil. Die Bewohner der hinteren, oberen Höfe konnten nämlich über die unteren hinwegsehen und so einen noch prächtigeren Weitblick nach Süden genießen. Jetzt zeigte sich erst, wie vorteilhaft es war, eine Seite des «carré isolé» grundsätzlich nicht zu bebauen. War der Irre früher stets in vier Wände eingepfercht und von der Zelle oder den Hofmauern umgeben, so öffnete sich jetzt wenigstens eine Seite in die Welt hinein.

Die drohende Absturzgefahr entschärfte der Baumeister mit einem Trick, der schon in den Barockgärten angewandt wurde, wenn das Auge des Fürsten über die Schloßmauern hinweg ins Land hineingehen sollte. Die Mauern wurden dort in einen Graben versenkt und so optisch zum Verschwinden gebracht. In Charenton genügte es, bergseitig von den Stützmauern damals sogenannte „Wolfsgräben" auszuheben. Die Vortäuschung der Freiheit war vollkommen; und dennoch dürfte Charenton so ausbruchssicher wie der Wiener Narrenthurm gewesen sein.

Während der deutsche Esquirol-Schüler Roller fast gleichzeitig in der großherzoglich-badischen Anstalt Illenau (1837–1842) durch ein imaginäres Achsenkreuz der Grenzen Männer und Frauen ebenso scharf voneinander trennte wie die Heilbaren von den Unheilbaren, haben weltgewandte Pariser solche Härten zu vermeiden verstanden. Gewiß trennte man auch in Frankreich vernünftigerweise Männer und Frauen, die selbst nicht ahnen konnten, was sie im Wahn taten. Anderseits aber hat Esquirol sehr wohl gewußt, daß es immer wieder ein Akt ärztlicher Willkür war, zu erklären, ein Patient sei „unheilbar". Auch Roller muß dies geahnt haben, denn er berichtet selbst, daß er während seines Besuches in Paris miterlebte, wie Esquirol eine aufsässige Patientin dadurch „in die Schranken der Zucht und Mäßigung" verwies, indem er ihr drohte: «Vous passez aux incurables!»

Dieser Mißbrauch ärztlicher Entscheidungsgewalt, der einem jungen deutschen Zuchtknecht durchaus verlockend erscheinen mußte, findet sich aber beim alternden Esquirol nach Jahren reicher Erfahrung nicht mehr. Sein neues Charenton kennt keine

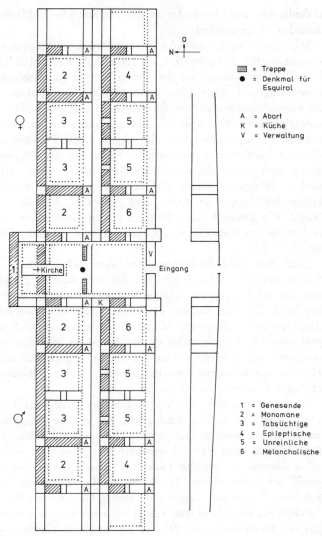

Abb. 32: *Paris*, « La Maison Royale de Charenton », 1838 begonnen
(Emil Jacques Gilbert)

Unheilbaren und vermeidet so die diagnostische Indifferenz deutscher Pflegeanstalten.

Statt dessen werden zunächst einzelne Krankheitsgruppen zusammengefaßt: die Epileptiker, die Melancholischen und schließlich die „Monomanen", die der Pariser Meister für nosologisch zusammengehörig hielt. Übrig bleiben so die Unreinlichen, die im weltmännischen Stil von Charenton zu bezeichnen sind als «Paralytiques», als Patienten „mit gelähmten Ausscheidungsorganen". Übrig bleiben auch die «Agités», die Tobsüchtigen, die jetzt nicht mehr irgendwo ganz hinten aus den Abgesonderten noch einmal abgesondert werden, sondern die eingefügt sind in die «carrés isolés» der oberen Terrasse. Zwischen den Höfen der Monomanen schrien und jaulten sie dort Tag und Nacht. Wie Esquirol dieses Problem in den Griff bekam, wie er Kranke vor Kranken zu schützen verstand, ist nicht überliefert.

Nach dem Tode des Meisters und dem Ausscheiden seiner Schüler aus den Schlüsselstellungen der französischen Psychiatrie trat ein Ereignis ein, das vermutlich niemand vorausgesehen hatte. Die Irrenanstalten des Landes erstarrten in der öden Routine eines permanenten Alltags. Neue, wenn auch vielleicht problematische Errungenschaften des Auslandes, wie das "no-restraint" der Engländer oder die betont hochschulfeindliche Haltung der deutschen Anstaltsdirektoren (Roller, Damerow) fanden in Frankreich kein Echo.

Man begnügte sich, den Vorschriften des Irrengesetzes von 1838 gerecht zu werden. Und gewiß war es eine riesige Leistung, in nur wenigen Jahrzehnten fast jedem französischen Département seine eigene Irrenanstalt zu geben. Der permanente Ausbau erfolgte aber nach dem einmal gewonnenen und gewiß bewährten Muster. Durch ihre Größe oder durch Sorgfalt ihrer Bauformen ragen nur wenige Gründungen heraus. Genannt sei nach 1840 das «Asile départemental d'Aliénés», das der Baumeister Paul Petit in die berühmte Kartause der Herzöge von Burgund in *Dijon* (1840–1842) eingebaut hat.

Nach 1850 entstand in *Avignon-Montdevergues* (1854–1862)

nach Plänen von Paul Lenoir ein fast panoptisches » Asile des Aliénés ». Etwa gleichzeitig baute in *Toulouse-Braqueville* (1858, 1865) der Baumeister M. J. Esquié ein ganz besonders prächtiges Irrenhaus.

Nachdem das nationale Unglück von 1870/71 nur zu vorübergehenden Unterbrechungen im Ausbau des landesweiten Versorgungssystems führte, entstanden am Ende des Jahrhunderts wie überall riesige Anstaltskomplexe am Rande der Großstädte. Als vorbildlich galt vor allem das « Asile départemental des Aliénés » in *Ville-Evrard* (1894), das nach Plänen des Baumeisters Morin-Goustiaux erbaut wurde. Das weitläufige Haus vermochte jedoch auf die Dauer die vielen überfüllten Anstalten von Paris ebensowenig zu entlasten, wie ja auch Colney Hatch bei London oder Egelfing-Haar bei München keine entscheidenden Lösungen der Kapazitätsprobleme darstellten. Trotz großer Finanzmittel und imponierender Anstrengungen fehlte es auch in Frankreich an überragenden Begabungen und dauerhaften Heilerfolgen.

Belgien

Östlich von Antwerpen liegt in Nord-Belgien etwa in der Mitte zwischen Schelde und Maas der kleine Ort *Geel*. Seit dem Mittelalter hat man dort die heilige Dymphna verehrt, die vor allem von Irren um Hilfe angefleht wurde. Zentrum der Hoffnung war ihr Hochgrab, an dem die Geistesgestörten beteten, bevor sie es rhythmisch umwanderten, um schließlich unter dem Sarkophag hindurchzukriechen.

Wer heute nach Geel kommt, findet zwischen den vielen niedrigen Häuschen, die weitverstreut in der weiten Ebene liegen, eine hochaufschießende, spätgotische Kirche mit einem nie vollendeten, wuchtigen Westturm. An seine Südseite wurde um 1687 eine Irrenherberge angebaut, die heute noch gut erhalten ist und zu den ältesten Einrichtungen für Geistesgestörte gehört, die man in Belgien sehen kann.

Wahrscheinlich hatte der Bau mehrere Vorläufer, die vielleicht zu einem „Gasthuis" gehörten, das heute noch westlich der Kirche der Dymphna steht, und zwar dort, wo bei Bischofskirchen das «Hôtel-Dieu» zu erwarten wäre (Paris und Laon, Orléans und Puy).

Auch in diesem Pilgerhospital wurden stets einige Irre aufgenommen. Da aber der Platz bei weitem nicht ausreichte, gab man andere Heilungssuchende in benachbarte Häuser zu Handwerkern und Bauern gegen Bezahlung in Kost und Logis. Bald waren in fast allen Dörfern der Umgebung zahlreiche Irre in „Familienpflege" bei einem „Kostgever" untergebracht. Je näher aber die Häuser am Heiligtum der Dymphna lagen, desto begehrter waren sie.

Wer nämlich von gefährlicher Unruhe heimgesucht wurde, konnte von hier besonders rasch und notfalls halb gefesselt zum nahen Grab der Heiligen gebracht werden, um so in den Genuß der ausgleichenden Wirkung ihrer sterblichen Reste zu gelangen. Irre, die sich jedoch gar nicht beruhigten, hatten die Möglichkeit, auch nachts dort zu bleiben. Zwar ließ man sie nicht in der Kirche am Grab der Dymphna im Chor angekettet schlafen, sondern man brachte sie in das Haus, das heute noch südlich am Westturm steht.

Das Gebäude ist einst aus rötlichen Ziegeln mit hellen Kalksteinbändern errichtet worden und erinnert unter dem bläulichen Schieferdach mit den beiden Erkerfenstern an die Wohnung eines Meßners oder Glöckners. Wer durch die Tür in der Mittelachse zwischen den beiden Fenstern eintritt, kann, nach rechts oder nach links gehend, in zwei fast quadratische Wohnräume mit behäbigen, offenen Feuerplätzen gelangen. Hier lebte vermutlich die Wärterin oder ein Verwandter des Irren, der mit ihm hierher gepilgert war.

Der Verwirrte selbst saß in einer Zelle, die hinter dem Wohnzimmer unmittelbar an der dicken Turmwand lag und keinerlei Außenfenster hatte. Es gab nur eine feste Tür und eine danebenliegende kleine Wandöffnung mit Holzladen, die Vorraum und Zelle miteinander verband. Nicht eindeutig geklärt ist, ob die Irren in den Zellen angekettet wurden. Und außerdem wäre zu untersuchen, ob vielleicht doch eine optische oder akustische Verbindung von den Zellen zum Altar oder zum Grab des heiligen Mädchens im Chor der Kirche bestanden hat. Eine im Osten der Irrenherberge verborgene Treppe verband das Erdgeschoß mit dem ersten Obergeschoß, wo sich alles in ähnlicher Anordnung wiederholte, so daß zusammen vier Irrenzellen und vier heizbare Vorzimmer bereitstanden. Doppelt belegt hätten somit höchstens acht Unruhige und ihre Wärter hier leben können. Man urteile jedoch vorsichtig, weil die Irrenherberge aus unbekannten Vorgängern entstand, oft zerstört und erst nach dem Zweiten Weltkrieg großzügig restauriert worden ist.

Andere Reste nachmittelalterlicher Asyle für Geistesgestörte gibt es in Belgien aber nicht. Das Irrenhaus, das von einem Bischof in *Gent* (1605) gegründet wurde und an dem seit 1828 Guislain wirkte, ist ebenso verschwunden, wie das «Hospice St. Julien» in *Brügge,* das noch vor 1700 in einer ehemaligen Pilgerherberge (von 1200) am Stadtrand eingerichtet wurde. Dank alter Baupläne ist zwar das alte „Sympelhuys" (1741) in *Bruxelles* etwas genauer bekannt. Es scheint aber ebenso unwichtig gewesen zu sein, wie ein 1791 in *Ypern* eröffnetes Irrenhaus, dessen Grundriß-Skizze wieder Guislain veröffentlicht hat.

Tatsächlich scheint vor 1800 oder sogar vor 1850 im ganzen heutigen Belgien kein einziges größeres Irrenhaus gebaut worden zu sein. Dies ist höchst erstaunlich, wenn man bedenkt, daß Flandern mit Gent oder auch Brabant mit Bruxelles und Antwerpen zur Zeit der burgundischen Valois-Herzöge um 1450 zu den reichsten Ländern der Welt gezählt hat. Auch später unter den Habsburgern war das Land bekannt für die Üppigkeit seines kultivierten Lebensstils. Aber weder Kaiser Karl V., der ja 1500 in Gent geboren wurde und sich stets als burgundischer Edelmann fühlte, noch Philipp II., der vom fernen Escorial aus die spanischen Niederlande in der Zeit des Abfalls der ketzerischen, separatistischen Nordprovinzen regierte, scheinen irgendein größeres Irrenhaus gegründet zu haben.

Später, als nach dem Spanischen Erbfolge-Krieg (1701-1713) die österreichischen Habsburger von Wien aus das reiche Land beherrschten, hat die Regierungskunst der Kaiserin Maria Theresia sehr wohl die Österreichischen Niederlande zu prägen vermocht. Die vieleckige «Maison de Force» in Gent wird immer ein Markstein der Gefängnisreform und der Vermenschlichung des Strafvollzugs bleiben. Aber weder die herzhafte Fürstin, noch ihr genialischer Sohn, Kaiser Joseph II., scheinen irgendetwas für die Irren in Belgien geleistet zu haben. Vergeblich sucht man ein Gegenstück zum „Wiener Narrenthurm" und zum Prager „Tollhaus". Sie fehlen ebenso wie die „Allgemeinen Krankenhäuser", hinter denen sie zu erwarten wären. Der Geist des aufgeklärten Absolutismus hat in diesem Land, das stets ein vorgeschobenes Bollwerk des Katholizismus gegen die „Irrlehren" des europäischen Nordens gewesen ist, nie so erneuernd wirken können, wie in den österreichischen Stammgebieten des Donauraums.

Dann aber brach die Flutwelle der französischen Revolutionsheere ins Land herein, überdeckte die ohnehin kümmerlichen Ansätze, die als Ausgangspunkt einer besseren Irrenheilkunde hätten dienen können. Während noch von 1790 bis 1794 immerhin 217 "pilgrims in de ziekenkamer" in Geel gezählt wurden, brach diese fromme Tradition mit der französischen Besetzung 1795 und 1797 ganz ab, um erst nach 1800 wieder sporadisch aufgenommen zu werden.

Auch nach der Napoleonischen Ära, als ab 1815 das heute belgische Gebiet ein Teil des „Königreiches der Vereinigten Niederlande" war, änderte sich wenig. Die Irrenanstalten zwischen dem Meer und der Maas galten auch damals als schlecht. Bis um 1850 hörten die Berichte reisender Ärzte nicht auf, die von Ketten, von stinkenden Narrenställen und mißhandelten Irren Kunde gaben.

Wie in England scheint es in Belgien um 1800 kaum städtische oder gar staatliche Irrenhäuser gegeben zu haben. Wer es bezahlen konnte, zog sich in eine der rein kommerziell betriebenen Privat-Anstalten zurück. Irrenärztliche Behandlung gab es dort aber ebensowenig, wie in den Zufluchtsorten, die von katholischen Ordensmitgliedern für die Armen geschaffen worden waren. Trotz der großen Opferbereitschaft und den frommen Zielen der Brüder entwickelten sich in den kirchlichen Irrenhäusern immer dann sehr schnell unwürdige Zustände, wenn ungenügende Geldmittel, überfüllte Zellen und kaum geschulte Pflegekräfte einen Wirrwarr von Problemen entstehen ließen, den niemand aufzulösen vermochte.

Die Wende zu einer neuen Irrenheilkunde ist deshalb auch in diesem Land nicht der Kirche und nicht dem aufgeklärten Monarchen zu verdanken. Auch haben die Revolutionäre, die 1831 das von den Niederlanden unabhängige „Königreich Belgien" schufen, den Geistesverwirrten nur wenig geholfen. Die „Gesellschaft" als Ganzes oder wenigstens eine Gruppe herausragender Ärzte und Irrenfreunde kann leider nirgends als Träger von Reformideen nachgewiesen werden.

Dagegen deuten alle Neuerungen immer wieder auf eine einzige herausragende Persönlichkeit hin, die selbständig und einsam in großer Beharrlichkeit durch Jahre hindurch einen neuartigen Irrenhaustyp gefordert und schließlich verwirklicht hat: nämlich Joseph Guislain. Er wurde in Gent (1797) geboren und schloß seine ärztlichen Studien 1819 ab. Kaum dreißig Jahre alt, legte er (1826) mit seinem «Traité sur l'aliénation mentale et sur les hospices des aliénés» ein Werk vor, das ähnlich wie das fast gleichzeitige Buch von Roller 1831 zur wegweisenden Programmschrift wurde.

Doch hier soll nicht von jenem neuen Umgang mit Geisteskranken gesprochen werden, den Guislain vorschlug, sondern von seinen drei musterhaften Irrenhausprojekten. An ihnen wollte er zeigen, wie man die Persönlichkeit des Irrenarztes als Heilmittel nutzen und wirksam werden lassen kann. Das Narrenhaus, das bisher nur als Zwangsmittel verwendet wurde, um die Gesellschaft vor den Gefahren der Geistesverwirrtheit zu schützen, sollte nun zum Therapeutikum „umfunktioniert" werden. Nicht die Instrumente und Methoden änderten sich, sondern die Motive und Ziele, denen sie dienten.

Das erste Projekt erinnert im Aufriß ganz an die damals üblichen Hospitäler. In der Mittelachse war eine ovale, kuppelüberwölbte Kirche geplant, an die rechts die Dienstzimmer des Direktors (und Arztes) und links die Zimmer des Chirurgen anschlossen. Noch weiter seitlich folgten niedere Bauten für Rekonvaleszente, die um rechteckige Höfe gruppiert waren. – Hinter dieser vorderen Reihe von Gebäuden lag ein weitläufiges System von Höfen. Sie waren spiegelbildlich symmetrisch zur Mittelachse, die als Grenze zwischen den Männer- und Frauenabteilungen diente. Es gab einen großen, allseits umbauten und quadratischen Hof, der ganz den « Monomaniaques » vorbehalten war und so deutlich macht, wieviel Guislain von Esquirol gelernt hatte. Seitlich schlossen beiderseits je zwei kleinere Höfe an, die den « Furieuses et maniaques » sowie den « Idiotes et epileptiques » vorbehalten waren. Ganz hinten in einer fünften Abteilung sollten die zahlenden Patienten in einem « Quartier des Pensionaires » ihre Behandlungsstätte haben.

Arm und reich, Privat-Anstalt und Wohltätigkeits-Asyl werden so in einer einzigen Institution zusammengefaßt. Dabei sind die etwa 300 Kranken zunächst in Männer und Frauen, dann aber weitgehend nach Diagnosen getrennt worden und nicht wie in Deutschland in Heilbare und „hoffnungslose Fälle". Daß die so entstehenden 10 Abteilungen starre Grenzen und fixierte Kapazitäten hatten, wurde im französischen Sprachbereich genauso in Kauf genommen, wie in den deutschen Staaten.

Das zweite Projekt, das Guislain 1826 vorschlug, stellt eine Kombination englischer und französischer Bauprinzipien dar. Dies mag gerade in Gent verständlich sein, wo sich die Einflüsse beider Länder fast die Waage halten. An zwei quadratische Höfe, die zusammen ein Rechteck bilden und so an die « carrés isolés » des Esquirol erinnern, sollten beiderseits halbkreisförmige Bauten angesetzt werden, die von zwei Beobachtungszentren im Sinne der englischen, panoptischen Prinzipien leicht zu übersehen waren. Während in den viereckigen Höfen Genesende lebten, sollten die Halbkreise in je drei fast dreieckige

Zonen unterteilt werden, die wieder 1. Monomanen, sowie 2. Unruhigen und Manischen und 3. Idioten und Epileptikern vorbehalten blieben.

Sieht man alle acht Abteilungen zusammen, so ergibt sich ein fast ovaler Gesamtkomplex. Er sollte nur zahlungsunfähigen Armen dienen, während eine zweite, genau gleich gestaltete Anlage Privatpatienten aufzunehmen hatte. Immerhin beabsichtigte Guislain, Armen und Reichen eine gemeinsame Kirche zu errichten, die zwischen den beiden streng getrennten Abteilungsgruppen ein Ort der Gemeinsamkeit gewesen wäre.

Das dritte Irrenhausprojekt des Joseph Guislain kombinierte das französische « carré isolé » und das englische, panoptische Beobachtungszentrum ganz besonders intensiv. An den Ecken eines quadratischen Feldes sollten vier Wärterzimmer errichtet werden, die wegen ihres achteckigen Grundrisses den Blick in vier Höfe und vier Gebäudeflügel erlaubten. Das mit vier weiteren, riesigen Bauten allseits quadratisch ummauerte Areal hätte, nach den Vorstellungen seines Erfinders, ähnlich wie später die Illenau, durch ein imaginäres Achsenkreuz der Grenzen in eine Frauenabteilung rechts und eine Männerabteilung links des Eingangs geteilt werden sollen, wobei die Zahlenden vorne und die Armen hinter dem zentralen Kreuzungspunkt untergebracht worden wären. Der Gleichmacherei in den profanen Wohngebäuden entspricht in diesem dritten Projekt eine sensible Differenzierung der Sakralzonen. Es gibt nämlich eine katholische Kirche (fast oval) auf der einen Seite, der auf der anderen ein achtkantiges, reformiertes Gotteshaus gegenüberstand.

Hinzuzufügen bleibt noch, daß dieses dritte Projekt bereits zwei Jahre vor seiner Veröffentlichung als Planzeichnung im « Salon des Beaux Arts à Bruxelles en 1824 » ausgestellt war. Hier wird sichtbar, mit welcher Geschicklichkeit bereits der jugendliche Guislain für die Irren zu agitieren verstand. Weil er auch später Künstlertum und Management, ärztliches Helfenwollen und persönliche Eitelkeit gleichzeitig als Triebfedern zu nützen vermochte, deshalb gelang es ihm, den Durchbruch in eine humanere Welt zu erzwingen und die belgischen Irrenanstalten auf einer höheren Stufe zu therapeutisch wirksameren Instrumenten zu machen.

Die Etappen des langen Weges können hier nicht genau beschrieben werden. Festgehalten aber sei, daß Guislain zwei Jahre nach der Veröffentlichung seines ersten Buches (1826) im Alter von kaum 30 Jahren das « Hospice des Hommes aliénés » in Gent als Arzt 1828 übernahm. Es wurde 1827 im ehemaligen « Cloître des Alexiens » eingerichtet, einer Pflegegemeinschaft, die sich seit Jahrhunderten auch im Rheinland (Aachen, Neuß, Köln) besonders den Irren zugewandt hatte.

Weil England an der gegenüberliegenden Küste des Kontinents vor allem in den Kanalhäfen lieber kleine Staaten sah, als ein „Vereinigtes Königreich der Niederlande" oder gar das mächtige Frankreich, das vor kurzem erst unter Napoleon die "splendid isolation" ernstlich bedroht hatte, deshalb unterstützte die Londoner Regierung im Jahre 1830 die revolutionären Separatisten in Bruxelles so wirkungsvoll, daß ein neuer Staat auf der europäischen Landkarte entstand, das Königreich Belgien. Die Übernahme frühkapitalistischer Produktionsmethoden aus England erlaubte es, die heimische Kohle und afrikanische Kolonien im Kongo so wirkungsvoll auszubeuten, daß Belgien um 1850 zu den reichsten und technologisch am weitesten entwickelten Ländern der Welt zählte. Die Faszination, die belgisches Gußeisen und belgische Lokomotiven auf deutsche Besucher ausübten, übertrug sich bald auch auf die Musteranstalten der erneuerten Irrenheilkunde des Landes.

Guislain hatte 1833 ein weiteres Buch erscheinen lassen, das ihn erneut als den führenden Anstaltsfachmann auswies. Die Universität seiner Heimatstadt Gent berief ihn als Professor. Doch lehrte er keineswegs Psychiatrie, sondern Physiologie (!). Offensichtlich war ihm die Ausbildung des Nachwuchses nicht so wichtig, wie Einfluß zu gewinnen auf die Entscheidungsträger des neuen Königreiches. Auch Auslandsreisen, die er 1838 nach Holland und dann in die Schweiz und nach Italien unternahm, dienten keineswegs nur den Studien eines lernbegierigen

Mannes, sondern zeigten Guislain als kritikfreudigen Exporteur seiner anspruchsvollen belgischen Irrenheilkunde. Die Früchte seiner Wertschätzung im Ausland erntete er aber zunächst in der Heimat, in Bruxelles.

Hier gelang es ihm, eine „belgische Kommission" bilden zu lassen, in die er dann selbst (1841) berufen wurde. Bereits 1842 legten die Irrenhausreformer den Idealplan einer zu bauenden Anstalt vor, der jedoch ebensowenig ausgeführt wurde wie ein anderes Projekt, das der Arzt C. Crommelinck ebenfalls 1842 dem Innenminister zuleitete, nachdem er von Studienreisen aus England, Frankreich und Deutschland zurückgekehrt war.

Dann aber ergaben sich neue Schwierigkeiten. Der Narrenspiegel einer stümperhaften Statistik verwirrte die Kommissionsmitglieder, denn immer noch war nicht geklärt, wo und für wie viele Irre gebaut werden mußte. Außerdem fehlten noch immer jene rechtlichen Grundlagen, die sich Frankreich bereits 1838 mit dem « lois de trente-huit » geschaffen hatte.

Das Belgische Irrengesetz wurde erst 1850 in Kraft gesetzt. Zwei Jahre später begann Guislain in *Gent* (1852) mit der Verwirklichung einer Musteranstalt. Diese « Maison d'aliénés » der Stadt (und nicht der staatlichen Provinzialverwaltung!) sollte 350 heilbare Männer aufnehmen. Man halte sich dies deutlich vor Augen. Denn verglichen mit der Illenau oder mit Charenton umfaßte das Bauprogramm somit nur ein Viertel. Es fehlten die beiden Frauenabteilungen und die Pflegeanstalt der chronisch kranken Männer (Abb. 33).

Das Programm war damit von den Grundlagen her asymmetrisch. Trotzdem hat man in Gent eine Anstalt errichtet, die, noch heute gut erhalten, immer wieder dadurch erstaunt, daß man links der Mittelachse bei den « Gateux » und « Déments » genau dieselben Bauformen finden kann, die man rechts des Eingangs bereits bei den « Agités » sah. Auch die wieder ganz hinten liegenden Abteilungen der unruhigen « Turbulents » entsprechen sich sinnloserweise spiegelbildlich. In der Mittelachse lag die große Kirche zwischen den Höfen der Genesenden und der Ruhigen. Ganz hinten sollte in der Mitte eine Badeabtei-

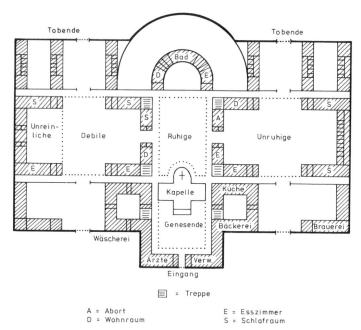

Abb. 33: *Gand*, « Maison d'aliénés », 1852
(nach Vorschlägen von Joseph Guislain)

lung gebaut werden. Weshalb sie halbrund sein mußte, wie die Tobabteilungen in Schleswig und Barcelona, ist nicht erläutert worden.

Der Tod des Joseph Guislain im Jahre 1860 raubte der belgischen Irrenhausreform ihren entscheidenden Kopf. Jetzt rächte es sich, daß der Meister nicht wie Esquirol in Paris rechtzeitig junge Leute an sich gezogen hatte. Gewiß vermochte er durch sein Lehrbuch ›Leçons orales sur les phrénopathies‹ (1852) einen klaren Weg in die Zukunft zu zeigen. Doch die Studenten, die erst im letzten Jahrzehnt seines Lebens von ihm in die Anstalt eingeführt wurden, waren noch nicht in jene Direktorenstellen zu berufen, die überall in Belgien erst geschaffen werden sollten. Wieder drohte die Gefahr, daß das Land zwar genügend private und kirchliche Zufluchtsstätten für Irre hatte, nicht aber Fachärzte und wirkungsvolle öffentliche Heilanstalten.

Wie gründlich die belgischen Reformen scheiterten, wird erst deutlich, wenn man die Neubauten am Ende des 19. Jahrhunderts betrachtet. Das große « Hospice d'Aliénés » in *Tournai* (nach 1880) und das immer wieder erweiterte, riesige Haus in *St. Nicolas,* südlich von Antwerpen, das 1897 bis 1899 noch einmal ausgebaut worden war, standen ganz unter kirchlicher Leitung.

Auch in Geel hatten die Irrenärzte kaum in das jahrhundertealte religiöse Gefüge eindringen können. Zwar war es Joseph Guislain gelungen, eine zentrale Behandlungsstätte, die „Infirmerie der Staatskolonie" (1858–1862) durch den Baumeister Pauli errichten zu lassen. Allen Besuchern war aber stets klar, daß auf diese Weise eine Heilung auf psychische Weise nicht möglich sein würde. Denn nicht der Direktor bestimmte den heilsamen Tagesablauf, sondern wie seit eh und je in der Familienpflege der „Kostgever".

Was die Welt in Geel aber immer noch faszinierte, war das atemberaubende Ausmaß an Freiheit, das der Irre in dieser bäuerlichen Gesellschaft genoß. Schon Esquirol war 1821 betroffen, schwer Kranke allein auf den Straßen zu finden. Köstler (vor 1839) und Mahir (1844), Popp (1844) und später noch Wilhelm Griesinger (vor 1860) bestätigten übereinstimmend, wie sehr die „Familienpflege" in Geel auf Zwangsmittel verzichten konnte. Doch nicht alle waren ehrlich genug zu berichten, was inzwischen zweifelsfrei feststeht: Mindestens ein Bürgermeister wurde in auffallend grauenerregender Weise ermordet. Andere Opfer der Freiheit waren Schwangere, Kinder und Alte, die immer „bevorzugte Objekte" wahnsinniger Gewaltverbrecher gewesen sind.

Niederlande

Die Suche nach mittelalterlichen Irrenhäusern in den Niederlanden hat bisher zu keinen eindrucksvollen Ergebnissen geführt. Ob es aber tatsächlich keine Herbergen für Geistesgestörte an Pilgerkirchen und Klöstern gegeben hat, oder ob die Erforschung der praereformatorischen Jahrhunderte nicht energisch genug betrieben wurde, soll hier nicht entschieden werden.

Als älteste Irrenhäuser der Niederlande sind drei Asyle in den Blick zu nehmen, die aber alle erst nach 1400 gegründet wurden. In *Delft* gibt es heute noch das oft ausgebaute „Geneeskundig Gesticht voor Krankzinnigen St. Joris", das seine Anfänge bis zum Jahre 1405 zurückverfolgen kann, in eine Zeit, in der Holland noch von Herzog Wilhelm von Bayern, einem Wittelsbacher, regiert wurde. Fraglich ist aber, ob es damals in der Stiftung schon Irre gab, oder ob man erst später ein „Dolhuis" angefügt hat.

Auch in *Zutphen,* zwischen Cleve und Deventer, reicht die Überlieferung weit zurück. Hier wurde nach 1425 von Engelbert Kreyninc ein Irrenhaus gegründet, das etwa gleichalt ist wie jenes andere, das in *Hertogenbosch* 1442 Reynerus van Arckel geschaffen hat. Nicht sehr viel jünger ist zudem das „Dolhuis" in *Utrecht,* dem wichtigsten Bischofssitz des Landes. Es wurde 1461 von Willem Arntz gegründet.

Wenn auch die Namen der Stifter erstaunlich oft überliefert sind, so läßt sich bis jetzt dennoch kaum erkennen, welche geistigen Strömungen diese Gründungswelle getragen haben. Gewiß regten sich damals schon jene religiösen Erneuerungsbewegungen, die später in Luther und Calvin gegipfelt haben. Es gibt auch Hinweise, daß vielleicht die „Brüder vom Gemeinsamen Leben" bei der Gründung in Zutphen erste Impulse zu geben vermochten. Bedenkt man, wie sehr dieser halb evangelische Reformorden damals auf jüngere Menschen gewirkt hat, wie sehr der Kardinal Nikolaus von Cues ebenso von ihnen beeinflußt wurde, wie der junge Luther, dann kann man sich vorstellen, daß im Auflodern religiöser Gefühle auch eine verstärkte Zuwendung zum Narren erfolgt sein mag.

Zu den alten holländischen Irrenhäusern gehört auch „het Doll-Huys" in *Amsterdam*. Es wurde 1562 kurz vor dem „Abfall der Niederlande" (1567) gegründet und bestand zunächst nur aus elf oder zwölf „dolhuyskens". Ständig erweitert (1592, 1615, 1637) entstand aber schließlich ein Gewirr von etwa 40 Zimmern, Kammern und Zellen, die bis 1792 benützt wurden (Abb. 34).

Durch einen glücklichen Zufall ist „het Doll-Huys" von Amsterdam durch einen prächtigen Kupferstich festgehalten worden, der die Gebäude aus der Vogelschau in einer klaren Gesamtansicht wiedergibt. Außerdem liegt seit einigen Jahren eine wertvolle Grundrißzeichnung vor. Sie bestätigt und ergänzt den Stich in glücklicher Weise, hilft aber nicht viel, wenn man die Chronologie der Entstehung der einzelnen Flügel und Zellen erfassen möchte. So oder so bietet sich hier jedoch die seltene Gelegenheit, genauere Angaben zu den Bauformen eines frühen Irrenhauses zu machen.

„Het Doll-Huys" lag am Kloveniers Burgwal. So heißt heute noch ein Kanal, eine typisch holländische Gracht, die, von Brükken überspannt und von alten Bäumen beschattet, den Ostrand des inneren Stadtkerns von Amsterdam bildet. Denn die Stadt an der „Amstel" hatte sich ja einst auf einem „Damm" rechts und einem „Damm" links des Flusses entwickelt, der dort die heute fast ganz zugeschütteten Kanäle Rokin und Damrak durchströmte. Um die junge Siedlung, die als Stapel- und Handelsplatz günstig zu liegen schien, gegen Überfälle zu schützen, umgab man sie durch ein U-förmiges Grabensystem, das sein Wasser von der offenen See, wie von der Amstel erhielt. Diese Verteidigungsanlagen umzingeln heute noch den Stadtkern als „Singel" im Westen und Süden, im Osten aber als „Kloveniers Burgwal" (auch „Colveniers Borg-Wall"?).

Die genaue Beschreibung der Lagebezeichnungen gestattet es anzugeben, wo eine immer reicher werdende Gesellschaft von Fernhändlern dem Narren einen Platz einräumte. Nicht bei

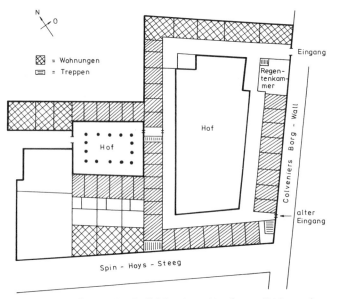

Abb. 34: *Amsterdam*, „Het Doll-Huys", 1562 erbaut, 1592 erweitert

den schwimmenden Schatztruhen, bei den Schiffen, Stapelplätzen und Lagerhäusern am Damrak war er geduldet. Es gab auch keine Unterkunft in der westlichen Stadthälfte, wo frische Westwinde die besseren Wohnviertel durchwehten, die sich um die Hauptkirche und das benachbarte Rathaus entwickelt hatten. Für Narren war ein Platz im Osten, im Abwind, gut genug. Dort bestand ohnehin schon der viel ältere, große Gebäude-Komplex für die Armen, der in Amsterdam „Gasthuis" genannt wurde, obwohl damit ein typisches Hospital gemeint war. „Doll-Huys" und „Gasthuis" lagen aber keineswegs nachbarlich nebeneinander, sondern waren durch mehrere Straßen und Gassenzüge voneinander getrennt.

So lehrreich es ist, die Lage des alten Irrenhauses von Amsterdam genau zu studieren, so bieten die Bauformen im einzelnen nicht viel. Die Front an der Gracht hatte zwei Portale.

Das größere in der Mitte war später zugemauert, weil hinter diesem Wandabschnitt acht fensterlose Irrenzellen eingebaut worden waren. Das kleinere Portal öffnete sich, ebenfalls sehr reich umrahmt und geschmückt, ganz rechts an der Kanalfront neben der „Regentenkammer", dem Tagungsraum des Aufsichtsrates.

Durch dieses Tor hat John Howard, der beste Hospital-Kenner des 18. Jahrhunderts, kurz vor 1784 dieses, wie er meinte, "hospital for the insane" betreten. Er erreichte so einen großen rechteckigen Hof. An einer der kurzen Seiten (im Norden) habe der "keeper" gewohnt, während an den drei anderen die Zimmer und Zellen der Irren aufgereiht waren. Ein überdeckter, aber offener Verbindungsgang umzog den großen Hof an allen vier Seiten. Howard betonte ausdrücklich, daß "each person ... a separate room" gehabt habe und daß im ersten Obergeschoß größere Kammern für jene Irren waren, die wie Pfründner im Hospital wenigstens einen Teil der Lebenskosten selbst bezahlen konnten.

Eine dritte Abteilung wird faßbar, wenn John Howard den kleinen Nebenhof beschreibt, an dem er 12 Zellen für Unruhige fand. Diese frühe Tobabteilung, schon damals als Irrenhaus im Irrenhaus abgeschieden und eingangsfern nach hinten gelegt, hatte feste Türen mit kleinen Öffnungen. Durch sie wurde auf angeketteten Kupferschalen das Essen durchgereicht, wie das auch in anderen damals vorbildlichen Irrenhäusern üblich war.

Abschließend hob Howard noch einmal ganz besonders hervor, daß keine einzige Zelle des Hauses ein Fenster nach außen gehabt habe. Alle Irrenkammern öffneten sich nur zu den Höfen. Dies macht deutlich, wie sehr man auch im betont liberalen Amsterdam die Wut ausbrechender Irrer gefürchtet hat. Die nicht berechenbaren Gefahren der Unvernunft zu bannen und durch Schloß und Schlüssel in den Griff zu bekommen, dies war immer noch die erste und wichtigste Aufgabe des Tollhauses.

Mitten im Freiheitskampf der Niederlande hat sich das Haus, in dem den Irren die Freiheit entzogen wurde, im ganzen Land weiter verbreiten können. Während vertriebene Juden aus Portugal und verfolgte "Pilgrim Fathers" aus England die Niederlande als den Sitz der Freiheit rühmten, hatte niemand den Einfall, man müsse auch den Irren von seinen Ketten befreien. Vielmehr galten Irrenhausneugründungen als lobenswert und wohltätig für alle.

Dies sollen einige Neugründungen belegen. In *Deventer* eröffnete man 1577 (?) das „Elisabethgasthuis", das wahrscheinlich schon damals Irre aufnahm. Auch in *Delft* wurde um 1600 die St. Joris-Stiftung erweitert. *Den Haag* erhielt 1607 ein Irrenhaus, das beim Pesthaus eröffnet wurde. In *Rotterdam* entstand nach 1650 das Irrenhaus in der „Hoogstraat".

Aber auch nach 1700 hörten die Neugründungen nicht auf. Wie sehr man aber sparte und mit vorhandenen oder leerstehenden Gebäuden auszukommen suchte, kann gar nicht übersehen werden. Da alle Klöster längst aufgelöst waren, richtete sich die Aufmerksamkeit auf alte Lepra- und Seuchenhäuser. Sie hatten zusätzlich den Vorteil, daß sie vor der Stadt lagen, wo schreiende und lärmende Irre weniger Furcht und Schrecken verbreiten konnten. Pesthäuser waren darüber hinaus in Holland fast immer von einem Wassergraben allseits umgeben, was die Ausbruchsicherheit nicht nur erhöhte, sondern vorbildlicher garantierte als bedrückende Mauern. Schließlich vergesse man nicht, daß auch halbleere Leproserien oder kaum benutzte Pesthäuser ständige Kapitaleinkünfte hatten, die mindestens zwischen den Seuchenzeiten für arme Irre benutzt werden konnten. Die gesellschaftliche Notwendigkeit, „Unvernunft auszuschließen" und in einen „Kreis der Verdammnis" zu bannen, ist somit bei den freiheitsliebenden Holländern genauso zuverlässig nachzuweisen, wie im royalistischen Klima Frankreichs, dessen absolutistische Könige keineswegs jeden politischen Flüchtling aufnahmen.

In *Amsterdam* wurde das alte Pesthaus vor der Stadt nach einem Brand wiederaufgebaut und als „Buiten-Gasthuis" bezeichnet. Es entsprach damit dem Innenstadtspital, das nun „Binnen-Gasthuis" hieß. In seiner Nähe lag ja „het Doll-Huys" (1562), das vermutlich dazu anregte, auch am Buiten-Gasthuis

1735 eine Irrenabteilung zu eröffnen. Diese scheint sich so sehr bewährt zu haben, daß „het Doll-Huys" 1792 ebenfalls in das Areal des ehemaligen Pesthauses hinausverlegt wurde. Das Irrenhaus vor der Stadt Amsterdam ist aber für die holländische Psychiatrie zu einer denkwürdigen Stätte geworden. Hier wirkte nämlich (1821–1827) J. L. C. Schroeder van der Kolk, der damals im alten Gemäuer einen neuen Stil im Umgang mit Irren erprobte. Ihm gehörte die Zukunft. Doch bevor dies geschildert werden kann, müssen noch andere Irrenhausgründungen in alten Seuchen-Isolierhäusern wenigstens aufgezählt werden.

Eine besonders markante Gründung stand in *Haarlem*. Dort war vor 1800 in der ehemaligen Leproserie vor der Stadt das „Pest en Dol Huys" eingerichtet worden. Seine Gebäude sind heute längst abgetragen. Man kennt sie aber gut dank einer Ansicht von vorne und von der Seite, die nach 1700 gestochen worden sind. Beide Blätter zeigen gemütliche Backsteinhäuschen zwischen lauschigen Hecken um ein altes Kirchlein gedrängt und von krummen Mauern umringt. Gerne möchte man hinter den hohen Fenstern am flackernden Kaminfeuer sitzen, obwohl es keinen Zweifel geben kann, daß dies nun der „Kreis der Verdammnis" ist, in den die Gesellschaft jene ausspuckte, deren Unvernunft nicht zu ertragen war.

In *Dordrecht* bedarf es noch genauerer Nachforschungen. Vielleicht ist aber auch das dortige „Geneeskundig Gesticht voor Krankzinnigen" (1759) aus einer Leproserie entstanden.

In Utrecht gilt es, Widersprüche aufzulösen. Während manche meinen, das Irrenhaus „Aedes Mente Aegrotantibus" (1793) sei aus dem Irrenhaus des Willem Arntz (1461) hervorgegangen, vermuten andere auch hier eine Leproserie als erste Behausung des Narren.

Ebenfalls Pesthaus-ähnlich liegt die heute noch teilweise erhaltene Irrenanstalt in *Leiden-Endegeest*. Ihre Vorläufer sind teils im berühmten Pesthaus von Leiden (heute Kriegsmuseum), teils aber in der Innenstadt in jenem St. Caecilia-Gasthuis zu suchen, in dem einst Herman Boerhaave seine Studenten am Krankenbett unterrichtet hat. Einer der alten Stiche, die den

Blick in den Innenhof wiedergeben, spricht in der Unterschrift direkt von « la Maison des Insensés » oder von „het Dol-huys".

Daß Irrenhäuser trotz aller Postulate moderner Theoretiker um 1800 auch durchaus mitten in der Stadt und damit vielleicht im Zentrum der „Gesellschaft" liegen können, sollte man nicht nur in Leiden, sondern auch in Hertogenbosch lernen. Ein Plan von 1857 im Reichsarchiv der Niederlande in Den Haag gibt Gebäude nördlich der Jakobs-Kerk wieder, die als „Krankzinnigenhuis" für Irre genutzt werden sollten. Dieser noch kaum erforschten Gründung nachzugehen, würde schon allein deshalb verlockend sein, weil sie am nach wie vor katholischen Süden der Niederlande, am Sitz des Bischofs stand.

Ob vor oder in der Stadt, vorauszusehen war schon damals, daß Irrenanstalten auf die Dauer auch in Holland nicht nur in billigen alten Häusern und Halbruinen untergebracht werden könnten. Ein Schlußstrich wurde jedoch erst 1837 gezogen. Damals erhob Schroeder van der Kolk öffentliche Anklage.

Wer nun erwartet, ein junger „Unmutsträger" habe hier mit der Faust auf den Tisch gehauen und in flammender Rede der Freiheit und der Menschenwürde in derber Muttersprache eine Gasse gebahnt, wird sehr enttäuscht sein. Denn der Protest erfolgte in gepflegtem Latein. Er wurde vorgetragen von einem Mann, der längst kein Anfänger mehr war, sondern Rector Magnificus der Universität Utrecht.

Jacobus Ludovicus Conradus Schroeder van der Kolk wurde 1797 geboren als Sohn des Arztes Henrik Willem van der Kolk (!) und seiner Frau C. W. P. geborene Schroeder. Nach dem Medizinstudium in Groningen (1812–1820) praktizierte er kurze Zeit in Hoorn und übernahm dann, wie schon berichtet, eine Arztstelle am Buiten-Gasthuis in Amsterdam (1821–1826), wo er sich vor allem den dortigen Geisteskranken zuwandte.

Im Jahre 1827 erreichte ihn ein Ruf als Hochschullehrer an die traditionsreiche Universität in Utrecht, dem er folgte, obwohl er keineswegs, wie oft behauptet, die Professur für Psychiatrie erhielt (die es nicht gab), sondern jene für Anatomie, wozu damals auch Physiologie und Pathologie gehörte. Als Anatomie-Professor und nicht als Anstaltsdirektor hat er, im krassen Gegensatz zu Guislain in Gent oder zu Esquirol in Paris, die entscheidenden Reformen in den Niederlanden durchgesetzt. Als er 1837 seine anklagende lateinische Rede ›De Debita Cura Infaustam Maniacorum . . .‹ hielt, blickte er auch in Utrecht inzwischen auf eine 10 Jahre lange Tätigkeit als „regent van het Krankzinnigenhuis" zurück. Zahlreiche Verbesserungen hatten sich auch hier längst bewährt. Nun galt es, das erprobte Modell landesweit als Leitbild anzuwenden und gegen Widerstände durchzusetzen.

Daß van der Kolk andererseits seine Anatomie-Professur nicht nur als Sprungbrett mißbraucht hat, um Kettenbefreier zu werden, ist inzwischen erwiesen. Es gibt von ihm sorgfältige Untersuchungen über das Nervensystem und die Placenta, über Lungenerkrankungen und über den Krebs. Gehirnanatomische Studien, die man vielleicht erwarten möchte, sind aber nicht bekannt geworden. Vielmehr soll der Anatomie-Professor jede Gelegenheit genützt haben, den „neumodischen Materialismus anzugreifen". Noch befremdlicher ist es zu hören, van der Kolk sei wie Pinel „einer der letzten Befürworter des Vitalismus" gewesen, einer Strömung in der Medizin, die im 18. Jahrhundert Stahl und Hoffmann in Halle im Kielwasser des deutschen Pietismus in Gang gebracht hatten. Auffallend ist zudem, daß immer wieder ein „praktischer Idealismus" des holländischen Irrenhausreformers betont wird. Dies alles spricht dafür, daß er ein tief religiöser Mann gewesen ist.

Wie van der Kolk das erste Irrengesetz der Niederlande (1841) durchsetzte und wie er 1842 „Inspecteur der Krankzinnigengestichten" und damit General-Kontrolleur aller Narrenzellen wurde, muß hier nicht in allen Einzelheiten berichtet werden. Wichtiger ist es, den großen Einfluß hervorzuheben, den wieder ein einzelner Mann auf die Entscheidungen der Staatsbehörden hatte. Er wurde verstärkt durch die prägenden Impulse, die er der heranwachsenden Ärztegeneration jahrelang durch seinen Unterricht in Psychiatrie gegeben hat. Mehrere seiner Schüler (J. N. Ramaer in Zutphen 1841 und Delft 1863;

C. J. van Persijn in Meerenberg 1852, 1874) haben als Anstaltsdirektoren seinen Idealismus weitergetragen.

Was hier aber wichtiger ist, war die Gründung der heute noch bestehenden vorbildlichen Anstalt in *Meerenberg* bei Haarlem. Schon 1842 sind sorgfältige, aber noch ganz unbrauchbare Planungen vorgelegt worden, die hier nur genannt seien. Als das „Krankzinnigen Gesticht" aber schließlich (1845–1849), vom Baumeister J. D. Zocher ausgeführt, eröffnet werden konnte, zeigte es sich, daß die Niederlande plötzlich am roten Faden der internationalen Entwicklung standen (Abb. 35).

Offensichtlich hatte man die Retreat-Idee der Quäker-Psychiatrie in England voll zu beherzigen vermocht und deshalb als Bauplatz die Düneneinsamkeit westlich Haarlem mit voller Absicht gewählt. Daß dort der Bauplatz billiger war, erleichterte gewiß das Unternehmen. Gewichtiger dürfte aber gewesen sein, daß eine therapeutische Atmosphäre und eine permanente Beeinflussung des kranken Geistes durch den Geist eines Seelenkenners nur dort gelingen konnte, wo die Abschirmung gegen schädliche Umwelteinflüsse gesichert war.

Man errichtete eine der üblichen Dreiflügelanlagen. Ihre Eingangsfront ist aber nicht wie ein heutiges Touristenhotel dem Meer (im Westen) zugewandt oder wie ein Tuberkulose-Sanatorium der Sonne im Süden. Die Front blickt vielmehr nach Osten und begrüßt den Patienten, der aus Haarlem und Amsterdam aus der Gesellschaft in die Einsamkeit der sonnendurchglühten oder winddurchfegten Dünen kommt.

Die Eingangszone in der Mittelachse mit dem Portier, dem Hausmeister und dem über ihnen im ersten Obergeschoß wohnenden Direktor trennte auch in Meerenberg Frauen- und Männerabteilungen. Dann folgten beiderseits am Eingang die Zimmer der 1. und 2. Klasse. Die nach rückwärts abgehenden Seitenflügel beherbergten die Patienten der 3. und 4. Klasse, während die Kranken der 5. Klasse direkt neben einem Tobzellen-Anbau wohnten.

Ob diese heute so aufreizende „Klasseneinteilung" von Meerenberg nur die Güte der Küche meinte oder ob auch nach sozia-

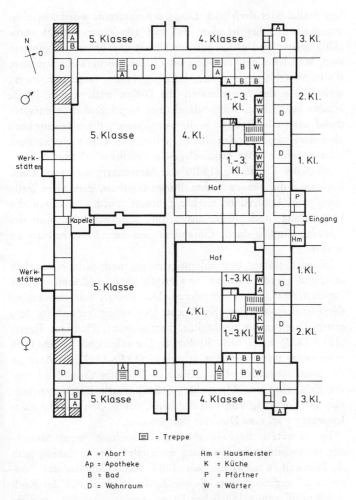

Abb. 35: *Meerenberg,* „Het Geneeskundig Gesticht vor Krankzinnigen",
1843–1849 (Zocher), 1854–1856 Seitenflügel

lem Status oder doch nach Diagnosen unterteilt wurde, ist nicht entschieden. Sicher ist aber, daß fast alle Zimmer gleich sorgfältig gebaut und gleich gut durchlüftet und beleuchtet gewesen sind. Man lebte den Tag über im Erdgeschoß in Wohnzimmern, die im Mittelflügel mit einem hofseitigen Gang verbunden waren, während in den Seitenbauten die Dielen nach außen lagen. Nachts begab man sich holländischen Gepflogenheiten entsprechend auf steiler Treppe in die „slapkamer", die möglichst hoch über dem nassen Boden liegen sollte. Die damit verbundene Absturzgefahr hätte Esquirol gewiß deutlicher erkannt.

Nach der Eröffnung (1849) war Meerenberg sofort zu klein. Patienten, die 1851 aus dem Buiten-Gasthuis, dem alten Pesthaus, von Amsterdam hierher gebracht wurden, machten die Überfüllung noch bedrohlicher und zerstörten den Sinn des Ganzen, nämlich durch Einsamkeit und tiefe Ruhe heilsam zu wirken.

Es wird immer bewunderungswürdig und ganz erstaunlich sein, daß gerade in dieser schwierigen Lage in Meerenberg das "no-restraint" eingeführt wurde. Die Anstalt war damit eine der frühesten auf dem Kontinent. Der kühne Versuch ist dem ersten Direktor zu verdanken. Bartholomeus Henricus Everts (1810–1883) hatte nach Studien in Deventer und Leiden 1834 promoviert und war dann jahrelang (1839–1847) als Arzt an der alten städtischen Irrenanstalt in Deventer tätig. Noch vor der Eröffnung von Meerenberg (1849) wurde Everts, vermutlich auf Vorschlag von van der Kolk, der ja (seit 1842) Staats-Inspektor war, zum Direktor dort ernannt.

Everts nützte die Zeit bis zur Vollendung seiner Musteranstalt, indem er Studienreisen unternahm. Ob er damals auch in Hanwell war, wo ja seit 1839 John Conolly das "no-restraint" erprobte, oder ob wieder der gelehrte van der Kolk den Anstoß zum gefährlichen Experiment gegeben hat, ist nicht geklärt. Jedenfalls gilt erst 1852 als das Jahr der Einführung des "no-restraint" in Meerenberg.

Damals aber (1852) wurde in der Anstalt ein neuer Sekundararzt eingestellt, der später als der markanteste Vorkämpfer des "no-restraint" galt, nämlich Cornelius Johannes van Persijn (sprich: Persein). Er hatte nur ein Jahr vorher (1851) in Utrecht bei van der Kolk promoviert und scheint dann rasch zunehmenden Einfluß auf die Anstalt in Meerenberg gewonnen zu haben. Während Everts kaum ärztliche Schriften hinterlassen hat und mehr als Verwalter geschildert wird, hat Persijn 1864 und 1893 über die Vorzüge des "no-restraint" ausführlich berichtet. Als Everts 1874 zurücktrat, wurde Persijn Direktor (bis 1891).

Die ersten Erweiterungen, die die Überfüllung in Meerenberg mildern sollten, bestanden in zwei Seitenflügeln (1854–1856), die rechtwinklig vom Gründungsbau nach seitlich abgingen. Sie gehörten zu den ersten Irrenabteilungen auf dem europäischen Kontinent und zu den ersten Neubauten überhaupt, die den Bedingungen des "no-restraint" entsprachen. Es galt ganz ohne Zwang auszukommen. Dazu waren zahlreiche Wärter nötig, die statt des Zwangsstuhls oder der Zwangsjacke den Patienten im Anfall zuverlässig festhalten konnten. Auch therapeutische Zwangsmittel wie die grauenvolle Drehmaschine, die entsetzliche Mundbirne für Schreiende oder Laufräder zum Ausstrampeln der Unruhe sind von den Verfechtern des "no-restraint" aus grundsätzlichen Erwägungen nicht angewandt worden. Es ist somit verfehlt, in Meerenberg nach solchen „Folterinstrumenten" zu suchen. Dennoch vergesse man nie, daß die meisten Türen verschlossen gehalten wurden und daß die Fenster vergittert sein mußten. Denn "no-restraint" ist noch nicht open-door-System.

Der neue, personalintensive Führungsstil war gewiß unendlich viel teurer, als die preiswerten Zwangsjacken oder gar die noch billigeren Ketten. Es spricht aber auch für den Reichtum der Welthandelsstadt Amsterdam und für die Macht des van der Kolk, wenn man sich trotz drohender Überfüllung soviel luxuriöse Humanität genehmigt hat. Da man jedoch besonders ergiebige Kolonien besaß und diese vorbildlich verwaltete, um sie in schöner Naivität ausbeuten zu können, floß genügend Geld in die Kassen, die andererseits kaum zu Verteidigungszwecken entleert wurden.

Auch Meerenberg wurde ständig ausgebaut. Als ein weiteres Ansetzen und Hinzufügen kaum noch sinnvoll war, entschloß man sich, in geringer Entfernung noch einmal von vorne zu beginnen. So entstand *Neu-Meerenberg* und damit auch in den Niederlanden eine jener riesigen Monsteranstalten, die kaum noch als therapeutische Instrumente gelten konnten. Aber nicht nur die Einsamkeit und Stille des "Retreat" waren dahin. Viel erschreckender schienen die atemraubenden Betriebskosten zu sein. Doch dies verblaßte, wenn man erschüttert erkennen mußte, wieviele Patienten immer noch vergeblich um Aufnahme baten.

Auch in anderen Teilen des Landes kann man dieselben Gesetzlichkeiten nachweisen, wenn auch verspätet und in begrenzteren Abmessungen. Hier sollen jedoch nur noch die wichtigeren Neubauten kurz aufgezählt werden. In *Delft* entschloß man sich, neben dem uralten und oft erweiterten Irrenhaus St. Joris einen großen Neubau (1851) zu errichten, der so nahe am teueren Baugrund der Innenstadt lag, daß alles bald als Fehlentscheidung galt. Etwas günstiger lagen die neuen großen Irrenanstalten in der Hauptstadt *Den Haag* (1851–1852), in *Amsterdam* (1855–1856) und in *Rotterdam* (1856–1859). Schlecht war auch der Standort in *Utrecht* gewählt, wo das „Gesticht voor Krankzinnigen" (1861) mitten in der Stadt ohne Luft und Licht und vor allem ohne Landwirtschaft für die Arbeitsbehandlung errichtet wurde. Offensichtlich hatte der alternde van der Kolk (gest. 1862) dies nicht verhindern können.

Daß die Schüler aber nun auch ohne den großen alten Mann ihre Entscheidungen treffen konnten, haben sie bald in *Hertogenbosch-Vught* (1885) und in *Medemblik* (um 1888) gezeigt. Beide Anstalten lagen weit vor den Städten, wo das Land zu erschwinglichen Preisen zu kaufen war, wo man in Sonne und Wind den Boden bearbeiten konnte und wo noch einmal der Traum von einem heilenden Gehege und von einem fast paradiesischen Schutzpark am Rande der Welt und der Gesellschaft Wirklichkeit geworden war.

Daß es außerdem auch in den Niederlanden mitten in den oft qualvoll engen Innenstädten Psychiatrische Universitätskliniken gab, sei nicht verschwiegen. Jene in *Amsterdam* (1885?) und in *Utrecht* (1913) gehören zu den ersten Gründungen dieses Typus. Die Klinik in der Anstalt und die Personalunion von Direktor und Professor hat aber in den Niederlanden kaum zu überzeugen vermocht.

Italien

Mittelalterliche Narrenherbergen und Irrenhäuser sind auch in Italien kaum beschrieben worden. Es gibt bis jetzt nur zwei oft wiederholte, aber nichtssagende Gründungsnachrichten, die aus *Bergamo* (1352) und aus *Firenze* (1387) stammen. Auch im ganzen Quatrocento scheint von 1400 bis 1500 keine einzige wichtigere Zufluchtsstätte geschaffen worden zu sein, an der man sich systematisch um Narren kümmerte.

Daß dasselbe Italien gleichzeitig durch seine Kunst und Architektur, seine Musik und Jurisprudenz, seine Fernhändler und durch seine Frömmigkeit größten Einfluß auf alle Nachbarländer gehabt hat, ist immer wieder erstaunlich. Auch wenn das antike irrenärztliche Wissen, das ja Celsus gerade in Italien so vorbildlich zusammenfaßte, in der Völkerwanderung gänzlich verlorenging, dann hätten im Mittelalter trotzdem Päpste und Bischöfe, Klöster und Wallfahrtsorte oder schließlich auch die Landesfürsten und die Städte den Irren helfen können.

Statt dessen scheinen die ersten Impulse zur Gründung von Irrenhäusern sogar aus dem Ausland eingeströmt zu sein. Jedenfalls wurde das «Manicomio» an der Piazza Colonna, mitten in *Rom* durch einen Spanier, Fernando Ruiz, gegründet, und zwar erst 1518 oder 1548. Nimmt man hinzu, daß das «primer manicomio del mundo» in Valencia bereits 1409 eröffnet wurde und dann 1512 einem Brand zum Opfer fiel, dann erscheint der Anfang der Irrenfürsorge am Zentrum der katholischen Christenheit in einem jämmerlichen Licht. Die ersten römischen Narrenhäuser sollten deshalb noch einmal sorgfältiger untersucht werden.

Denn später haben sich die Päpste sehr wohl um Geistesgestörte bemüht. Ihr « Manicomio di Santa Maria della Pietà » in *Rom* ist vielleicht 1561 gegründet worden. Nach 1700 entschloß man sich, das Haus dem alten Erzspital im Vatikan, dem Arcispedale di Santo Spirito in Sassia, anzuschließen. Papst Benedikt III. eröffnete (1725, 1728) einige Flügel am Tiberufer, die Papst Pius IX. erweiterte.

Neben Rom ist *Reggio Emilia* zu nennen. Denn auch dort läßt sich ein nie unterbrochener Traditionsstrom der Irrenfürsorge bis in die Zeit nach 1500 zurückverfolgen. Um 1536 sind nämlich in einer alten Leproserie (von 1217) mehrere Verwirrte aufgenommen worden. Das alte Seuchenhaus lag günstig einige Kilometer östlich der Stadt an der stets vielbefahrenen uralten Fernstraße, der Via Emilia, so daß die Ansteckenden abgesondert waren und zugleich günstige Gelegenheit zum Betteln hatten. Hier einige Irre mit unterzubringen, lag nahe. Später kamen Unheilbare und Arbeitsscheue, Straßenmädchen und Waisenkinder hinzu, bis 1754 nur noch Irre im « Ospizio di San Lazaro » Aufnahme fanden. Großzügige Ausbauarbeiten 1816 und später, ließen ein weitläufiges Krankenhausareal entstehen. Noch um 1900 war Reggio Emilia einer der wichtigsten Verankerungspunkte des psychiatrischen Versorgungssystems, das inzwischen ganz Italien überspannt hatte.

Die reichen Fernhandelsstädte haben erst spät ihre meist vorbildlichen Hospitäler auch für Irre ausgebaut. In *Venezia* gab es seit 1594 oder 1617 ein « Ospedale de' Pazzi incurabili ». Ihm entsprach in *Genova* das Irrenhaus « Ospedaletto », das 1679 gegründet wurde. Besonders genannt sei noch das Ospedale di Santa Dorotea in *Firenze,* in dem vor 1700 erstmals auch Irre Zuflucht fanden. Aus ihren Zellen erwuchs hundert Jahre später die epochemachende Reform, die mit dem Namen von Chiarugi verbunden ist.

Zu den wichtigsten Irrenhäusern Italiens gehört auch das « Manicomio di Sant' Orsola » in *Bologna*. Es wurde 1710 gegründet oder in bestehenden Gebäuden vor der Stadt eingerichtet, und zwar verwendete man hierfür Teile eines Pesthauses, das zwischen den Seuchenzeiten wenig benutzt wurde. Das Irrenhaus Sant' Orsola ragt deshalb heraus, weil hier ein Arzt gewirkt hat, der es bereits um 1710 ablehnte, Ketten zu verwenden. Er meinte, ein Leintuch oder breite Binden, wie sie bei strampelnden Wickelkindern üblich waren, seien schonender. Der Name des Neuerers, Antonio Maria Valsalva (1666 bis 1723), ist aber nicht wegen der irrenärztlichen Vorschläge bekannt, sondern weil mit ihm gelehrte, anatomische Entdeckungen verbunden sind. Valsalva hatte als junger Mann bei Marcello Malpighi in Bologna studiert und war dann dort Professor der Zergliederungskunst (1697) sowie nebenbei Wundarzt am „Hospital der Inkurablen" geworden, zu dem das Manicomio vielleicht gehörte. Unsterblichkeit erwarb er sich durch sein Werk ›de aure humana‹ (1704) und durch pathologisch-anatomische Studien, die später sein Schüler Giovanni Battista Morgagni in das wahrscheinlich wichtigste Buch des 18. Jahrhunderts einfügte. Es erschien unter dem alle Humoralpathologen herausfordernden Titel ›de causis et sedibus morborum‹ (1761) und begründete die neuartige Behauptung, jede Krankheit habe eine Ursache und einen Sitz in einem Organ des Körpers und sei keineswegs, wie vor allem Galen meinte, nur Folge einer ungünstigen Mischung der vier Kardinalsäfte Blut, Schleim, Gelber und Schwarzer Galle. Daß unter so gewichtiger Grundlagenforschung eine praxisorientierte Empfehlung für den Umgang mit Narren verlorenging, ist heute kaum überraschend. Niemand kam bis jetzt auf die Idee, Valsalva als Kettensprenger zu feiern.

Dies dürfte auch nicht vordringlich sein. Dagegen lohnt es sich, den Hinweis auf die Säuglingspflege und Kindererziehung zu beherzigen. So wie das Einwickeln mit Binden in Windeln und in ein Steckkissen in den ersten Lebensmonaten für günstig erachtet wurde, so sollte eine entsprechende Ruhigstellungstechnik nun auch dem Tobsüchtigen helfen. Vermutlich wurden zunächst nur am Liegenden die Beine zusammengebunden und die Arme an den Körper festgeschnürt. Schneller kam man zum Ziel, wenn man den Patienten im Anfall am Bett oder am nächsten Stuhl festzurrte. Daß hier eine neue Reihe scheußlicher

Gewaltakte ihren Anfang nahm, die in der sexuellen Abnormität des Sadismus enden konnte, liegt auf der Hand. Man beachte außerdem, wie billig die Einbindung war und wie gut sich Wärter und Zellen schonen ließen. Die Methode des Zusammenbindens schien sogar heilsam zu sein und erlaubte es zudem, mit noch mehr Patienten auch in Extremfällen fertig zu werden.

Bedenkt man, daß später auch das dunkle Zimmer und die Angstmacherei von den Engländern aus der Kinderstube entlehnt wurde, bedenkt man, daß die Drehmaschine in Deutschland ihre Vorbilder in der Wiege und in der Schaukel hatte, dann wird deutlich, wie sehr das Manicomio von Sant' Orsola zum Hauptportal eines psychiatrischen Wundergartens wurde, in dem man von liebevoller Folterung bis zu heilsamen Todesqualen fast jede Scheußlichkeit als letztes verzweifeltes Heilmittel anzuwenden gewillt war. Vielleicht ist deshalb der Irrenfreund Valsalva zu Recht vergessen.

Ein neues Kapitel der italienischen Irrenhausgeschichte begann, als in Florenz der erste aufgeklärte Herrscher seinen Thron bestieg. In Wien hatte Kaiserin Maria Theresia ihre Söhne Joseph und Leopold jahrelang von ausgesuchten Lehrkräften sorgfältig erziehen und für zukünftige Herrscheraufgaben heranbilden lassen. Während Joseph II. lange auf seine Bewährungsstunde als Kaiser zu warten hatte und die Jahre mit einer Studienreise (1777) zu seiner Schwester Marie Antoinette, der Königin von Frankreich, ausfüllte, wurde Leopold bereits 1765 im Alter von nur 18 Jahren vom Erzherzog von Österreich zum Großherzog von Toskana erhoben.

Von Wien kontrolliert und von Wien beraten, machte er seine florentiner Herrscherjahre zu einem Kabinettstück raffinierter Regierungskunst. Alles, was sich anderswo bewährt hatte oder in aufgeklärten Kreisen als dem Volke dienlich galt, wurde ohne Rücksicht auf alle Gepflogenheiten angewandt. Daß er die Folter abschaffte und die Impfung einführte, daß er Beisetzungen von Toten in Kirchen verbot, weil es während des Gottesdienstes zuweilen süßlich roch, mag fast alle überzeugt haben.

Problematischer war schon das Verjagen der Jesuiten. Da sich der Orden jedoch als bedingungsloser Parteigänger des Papstes dem Willen des Landesfürsten nicht zu beugen gewillt war und gleichzeitig durch Lehrer und Beichtväter ein Propaganda-Monopol an Schulen, Universitäten und Kirchen anstrebte, entschloß sich die Kaiserin in Wien zur Aufhebung. Auch im Großherzogtum Toskana ließ Leopold die Jesuiten verjagen. Die damit frei werdenden Mittel und vor allem die großen, leerstehenden Klöster und Konvikte, meist in bester Innenstadtlage, sollten zu einer umfassenden Volksbeglückung genutzt werden.

Denn „der Fürst ist für das Volk da und nicht das Volk für den Fürsten", wie ein Fürst und Bischof von Bamberg und Würzburg damals meinte, nachdem er Jahre am Hof in Wien zugebracht hatte. Auch Leopold sehnte sich danach, gerade die Ärmsten der Armen in Florenz zu beglücken. Durch ein Irrenhaus ließen sich sogar zwei Ziele in einer einzigen Tat erzwingen. Man konnte das Volk vor dem Narren und den Narren vor dem Volk schützen.

Auf diesem Hintergrund wird ein Schriftstück verständlich, das Leopold bereits 1774 unterzeichnet hat, und das bestimmte, man solle alle Irren des Großherzogtums an geographisch zentraler Stelle in einer einzigen Einrichtung billig vereinigen, so wie ja bisher bereits alle Armen kostensparend in einem einzigen, oft riesenhaften « Albergo dei Poveri » zusammengezogen worden waren. Als Groß-Narrenherberge hielt es der gewaltsame Volksbeglücker für richtig, das (jüngere) « Ospedale di Santa Dorotea » in *Firenze* festzulegen, das vor einigen Jahrzehnten (1750) eröffnet worden war. Der rücksichtslose Ton des Erlasses ließ keinerlei Zweifel darüber, daß ähnlich wie bei einer Entlausung der letzte Narr einzufangen sei, damit der Volkskörper notfalls auch gegen seine Einsichtsfähigkeit endlich von einem alten Übel radikal befreit werde.

Ausdrücklich und im Widerspruch zu anderen Darstellungen sei betont, daß nirgends von heilbaren Kranken oder gar von irrenärztlicher Therapie die Rede war. Leopold beabsichtigte keineswegs, eine Heilanstalt zu gründen. Andererseits wird aber auch nirgends von einem „Bannkreis der Verdammnis" gesprochen, in dem menschliches Elend zum Verschwinden gebracht werden sollte. Die lichtvolle Regierungsmaßnahme hat vielmehr als Ausdruck der Gnade zu gelten. Leopold sehnte sich leidenschaftlich danach, nicht mehr als Schlachtensieger wie seine Vorfahren, sondern als Beglücker seiner Untertanen unsterblich zu werden. Dieser Wunsch erhielt neuen Antrieb, als die Mutter in Wien, als Kaiserin Maria Theresia starb und der ältere Bruder, Joseph II., die Länder der Habsburger und das Heilige Römische Reich zu regieren begann. Die Umwandlung des Wiener Armenhauses zum „Allgemeinen Krankenhaus" (1784) veranlaßte Leopold, in der Toskana entsprechende Regierungsmaßnahmen anzuregen und energisch durchzusetzen. Die Wahl fiel auf das « Ospedale di Santa Maria Nuova » (nicht Novella!) in *Firenze*, eine mittelalterliche, oft erweiterte Gründung, die fast in der Stadtmitte und zudem am geographischen und politischen Mittelpunkt des Großherzogtums lag.

Es ist hier nicht der Ort, auf die Umbauten oder auf die Verbesserung des Anatomieunterrichts einzugehen, der an Wachsmodellen stattfand, die später ähnlich auch am „Josephinum" in Wien benützt wurden. Wichtiger ist es zu erwähnen, daß damals 1782 und 1783 zahlreiche Ärzte für die Patienten wie für den Unterricht neu gewonnen wurden. Einer von ihnen hieß Vincenzo Chiarugi (1759–1820). Er stammte aus Empoli, studierte im nahen Pisa und begann dann 1782, kaum 23 Jahre alt, als Nachwuchsarzt.

Da hinter dem Allgemeinen Krankenhaus in Wien eine besondere Irrenabteilung, der berühmte „Narrenthurm" angebaut wurde, lag es auch in Firenze nahe, das « Ospedale di Santa Dorotea » als Irrenhaus dem « Ospedale di Santa Maria Nuova » als allgemeinem Krankenhaus anzuschließen. In Wien sind jahrelang nur junge Assistenzärzte meist widerwillig wie auf einem Strafposten im „Narrenthurm" tätig gewesen. So mag man bezweifeln, ob sich Chiarugi sehr zu dieser Aufgabe drängte, oder ob er seine Aufstiegsmöglichkeiten verbessern wollte, indem er sich an so schwieriger Stelle selbstlos bewährte.

Jedenfalls war er im «Ospedale di Santa Dorotea» tätig, als sich der Großherzog im Jahre 1785, wenige Monate nach der Eröffnung des Wiener Narrenthurms (1784) entschloß, das Irrenhaus näher an das allgemeine Krankenhaus heranzuziehen. Die neue Einrichtung sollte in die Gebäude des alten «Ospedale di San Bonifazio» eingefügt werden, was auch nach längeren Umbauten (1788) geschehen ist.

Bereits ein Jahr später, 1786, soll der damals erst 27jährige Chiarugi noch im «Ospedale di Santa Dorotea» (?) die Ketten abgenommen haben. Weshalb er dies tat, ist ein ungelöstes Rätsel. Weshalb man in Wien dem Florentiner nicht zuvorgekommen war, oder ihn nicht wenigstens bald nachahmte, blieb bisher ungeklärt. Da aber die Französische Revolution erst 1789 ausbrach und Pinel gewiß nicht in den ersten Jahren der neuen Ära die Kettenbefreiung in Paris durchführte, deshalb ist Vincenzo Chiarugi ganz ohne Zweifel als der frühere „Kettensprenger" zu betrachten.

Für Italiener war dies stets ein Grund zu hemmungslosem Jubel. Heiße Vaterlandsliebe ließ sie jedoch vergessen, daß weder in Wien noch in Paris und damit in den Zentren der damaligen Weltmächte, der Name Chiarugi einen guten Klang haben konnte. Frankreich reagierte mit einer nationalistischen Verschärfung der Pinel-Legende. Österreich aber lehnte in den Jahren der anti-josephinischen Reaktion jegliche Kettenbefreierei ohnehin ab. Erst Jahrzehnte später entfernte man aus dem Wiener Narrenthurm zahllose eiserne Fesseln, die allerdings längst schon nicht mehr benützt worden waren.

Die Kettenbefreiung durch Vincenzo Chiarugi in Firenze im Jahre 1786 unterschied sich von jener des Pinel in Paris in zahlreichen Einzelheiten. So ist nirgends von Zwangsjacken die Rede, sondern von Binden und baumwollenen Tüchern, mit denen Hände und Füße „behandelt" wurden. Außerdem wird von Lederbändern gesprochen, die sogar mit eisernen Schrauben zu schließen waren.

Man muß enttäuscht zugeben, daß die Behandlung offensichtlich doch nicht zu einer völligen Befreiung führte. Vielmehr wurden in Firenze nur andere Mittel und anderes Gerät benützt.

Vincenzo Chiarugi ist zwei Jahre nach seiner epochalen Tat zum „Direktor" des neu eröffneten Manicomio, des « Ospedale di San Bonifazio», ernannt worden (1788). Ein Jahr später (1789) entwarf er eine Hausordnung, die dann unter dem Titel ›Regolamento dei Regi Spedali di Santa Maria Nuova e di Bonifazio‹ gedruckt wurde. Auf den über 400 Seiten des Werkes sind letzte Einzelheiten mit größter Umständlichkeit festgelegt.

Im Gegensatz zu den Wiener Narrenthurm-Ärzten, die ihre Tätigkeit in der Zelle nur als Sprungbrett zu beruflichem Aufstieg benützten, scheint sich Chiarugi sein Leben lang ganz den Irren zugewandt zu haben. Sein dreibändiges Werk ›della pazzia in genere e in spezie‹ (1793 und 1794), das vielleicht noch vor der Pariser Kettenbefreiung erschien, zeigt deutlich, wie intensiv und fast ausschließlich sein Denken in den vergangenen zehn Jahren um die Probleme der Narrheit gekreist war. Wenn er einst voller Hohn als « principe dei freniati », als Narrenkönig, verspottet wurde, so ahnte das Volk jetzt langsam, welche Wende der Fürst des Volkes durch Chiarugi eingeleitet hatte.

Doch Leopold war damals längst nicht mehr in der Toskana. Der überraschende Tod seines Bruders, des Kaisers Joseph II., im Jahre 1790 hatte ihn aus der Idylle seiner italienischen Spielwiese herausgerissen und an die Spitze der Großmacht Österreich gestellt. Er trug die Krone jedoch nur zwei Jahre. Schon 1792 starb Kaiser Leopold ganz unerwartet im Alter von nur 45 Jahren.

Das Werk des aufgeklärten Bruderpaares war jetzt in größter Gefahr. Denn die Reaktion gegen die vielen Neuerungen, die sie oft mit Gewalt erzwungen hatten, überlagerte sich mit dem Abwehrkampf, den das Erzhaus der Habsburger diesmal nicht gegen den Unglauben im Osten, sondern gegen die Französische Revolution im Westen zu führen hatte. Als schließlich noch die Schwester von Joseph und Leopold, als Marie Antoinette, die Königin von Frankreich, in Paris öffentlich enthauptet wurde, bestand weder in Wien noch in Firenze die geringste Veranlassung, halbrevolutionäre Aufklärer-Institutionen zu erhalten oder gar auszubauen.

Daß Chiarugi sein Manicomio durch diese gefährlichen Strudel zu steuern vermochte, ist eine Leistung, die bisher kaum anerkannt wurde. Gewiß hat auch er in Stunden des Zweifels Absprungversuche erwogen. Im Jahre 1802 soll er sogar einen Lehrstuhl für Hautkrankheiten übernommen haben. Doch schon 1805 begann sein klinischer Unterricht im Irrenhaus, den er bis kurz vor seinem Tod (1820) fortgesetzt hat. Wenn sein Florentiner Modell in vielerlei Hinsicht musterhaft und nachahmungswürdig gewesen ist, so sei doch betont, daß die Impulse nirgends aufgenommen worden sind. Was Esquirol in Frankreich, allerdings erst Jahrzehnte später, gelang, nämlich ein landesweites, nationales Versorgungssystem für psychisch Kranke aufzubauen, dies blieb Chiarugi damals versagt. Italien vergeudete seine Kräfte noch jahrelang in zahllosen Neuanfängen, die für die Bevölkerung im Ganzen wirkungslos blieben.

Eine dieser Modellanstalten soll hier beschrieben werden, weil es die französische Besatzungsmacht war, die damals von außen her die Neuerungen erzwang. Joachim Murat, der Sohn eines Gastwirts, war dank der Revolutionswirren zum Marschall (1804) aufgestiegen und hatte schließlich sogar die jüngste Schwester von Napoleon geheiratet. Das Paar bestieg im Jahre 1808 als König und Königin den Thron in Neapel. Die Herrschaft dauerte jedoch nur wenige Jahre (1808–1815), da nach dem Brand von Moskau und dem Ende des Korsen bei Leipzig die Tage der Napoleoniden gezählt waren.

Im Jahre 1813 ließ jedoch König Murat ein ehemaliges Kloster in *Aversa* nördlich von Napoli zum «Manicomio della Maddalena» herrichten. Hier wurden alle Irren zusammengebracht, die es im Herrschaftsgebiet gab. Auch nach der Vertreibung der Besatzungsmacht behielt man die Einrichtung bei, die dank tüchtiger Verwalter und Ärzte auch nördlich der Alpen schnell bekannt wurde. Der damalige Bildungsreisende, der „Neapel sehen und dann (schon) sterben" wollte, nahm, soweit er Arzt war, Aversa gerne in sein Besuchsprogramm auf (Abb. 36).

Deutlich erkennt man auf alten Plänen die ehemalige Klosterkirche mit dem anschließenden Innenhof. Außer den sehr zerstreuten Sälen und Zellen beeindruckt heute vor allem die Fülle des therapeutischen Angebots. Alle „mittelalterlichen" heilsamen Foltergeräte sind in großer Vollständigkeit bereitgestellt. Da gibt es den Drehstuhl, der sogar im Theatersaal aufgestellt war. Man findet die Dunkle Kammer, die vielleicht schon gepolstert war. Schauer durchrieseln den Beobachter, wenn er bemerkt, daß ausgerechnet in der Kirche, und zwar auf der Westempore, nicht weniger als zehn Englische Särge zum Zwangsliegen sowie gleichzeitig mehrere Fleischerhaken und Mauerringe zum Zwangsstehen vorbereitet waren.

Daß diese Marterhölle manche Abnorme zu lustvollen Sterbequalen einlud, scheint man in bester therapeutischer Absicht nicht bemerkt zu haben. Erfüllt von humanen Empfindungen für die Menschenwürde des Irren, erinnerte man sich gerne an den klassischen Autor Celsus, der in bestem Latein heilsamen Schmerz und heilsamen Schreck unumwunden empfohlen hatte. Daß die Ärzte in Aversa jetzt zudem fortschrittlich und hochwissenschaftlich arbeiteten, demonstriert schließlich noch der große Sektionsraum am Kirchenchor. Auch hier suchte man wie in so vielen Irrenhäusern der damaligen Welt mit bewunderungswürdiger Ausdauer nach dem Sitz der Krankheit, nach dem materiellen Substrat und jener Formveränderung, die die Narrheit angeblich irgendwo im Körper bewirkte. Daß dadurch auch noch die Leiche des Kranken oft vergeblich und sinnlos zerwühlt wurde, braucht heute nicht besonders betont zu werden.

Die Gründung der neuartigen Irrenhäuser in Firenze (1788) und in Aversa (1813) regte an anderen Orten zu ähnlichen Unternehmungen an. Damals entstand in der Lagune von *Venezia* auf der Insel San Servolo ein «Manicomio», das (1797) die «Fatebenefratelli», die Barmherzigen Brüder des heiligen

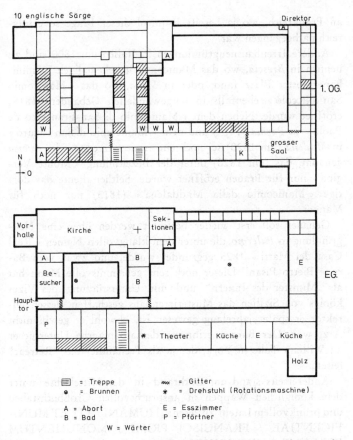

Abb. 36: *Aversa*, «Manicomio della Maddalena» (= «Reale Casa de' Pazzi»), 1813 eröffnet in ehem. Kloster

Johannes von Gott, zunächst nur für Männer eröffneten. Der aus Portugal und Spanien stammende Orden hatte damals zahlreiche Niederlassungen in Italien, aus denen das Mutterhaus auf der Tiberinsel in Rom herausragte. Leider ist bis jetzt nicht deutlich zu erkennen, welche italienischen Niederlassungen auch Irre aufnahmen. Man erinnere sich aber an Wien und Linz oder an Frankreich, wo ja bereits Esquirol dieser Frage so erfolgreich nachgegangen war.

Andere Irrenhausneugründungen in Italien um 1800 sind zu nennen in *Brescia,* wo das Manicomio im ehemaligen Dominikanerkloster Platz fand, oder in *Siena,* wo das « Manicomio San Niccolò » ebenfalls in umgewandelten Gebäuden (1818) eröffnet wurde. Neben dem « Manicomio di San Francesco de Paola » in *Parma* (1819) und dem « Manicomio di San Lazaro » in *Modena* (um 1820) sei noch ein zweites Irrenhaus in *Aversa* genannt, das (um 1820) unter der Bezeichnung « Monte Vergine » nur für Frauen eröffnet wurde. Seither diente das dortige « Manicomio della Maddalena » (1813) nur noch für Männer.

Genauer soll erst wieder berichtet werden über eine Neugründung in *Palermo,* die unter dem klangvollen Namen « Real Casa dei Matti » 1825 gegründet wurde, und zwar vom Barone Pietro Pisani. Dieser noch sehr geheimnisvolle Mann hat als „Minister des Innern" und mit Unterstützung des Vizekönigs von Sizilien das Musterirrenhaus geschaffen, dessen Direktor er später jahrelang gewesen ist, obwohl er gewiß nicht Arzt war. Der Barone erinnerte deshalb manche Untersucher an William Tuke in York, der ja als Teehändler das "Retreat" leitete.

Andererseits stand am Dachrand in der Mittelachse unter dem königlichen Wappen in anspruchsvollen Großbuchstaben und prunkvollem Latein zu lesen: „HUMANITATI ET MUNIFICENTIAE / FRANCISCI PRIMI / MONUMENTUM PERENNE / MDCCCXXV." Dies mußte den Eindruck eines geradezu königlichen Hauses hinterlassen, wozu ja auch der schlichte Prunk des Namens « Real Casa » gut zu passen schien (Abb. 37).

Wer die Fassade des Baumeisters Nicolo Raineri zum erstenmal sieht, wird von der hohen baukünstlerischen Qualität betroffen sein. Auf eine Plattform, die alle Unebenheiten des Bodens ausgleicht, sind nur zwei Stockwerke gelegt, die mit einem wuchtigen Gesims abgeschlossen werden. Auch ohne Säu-

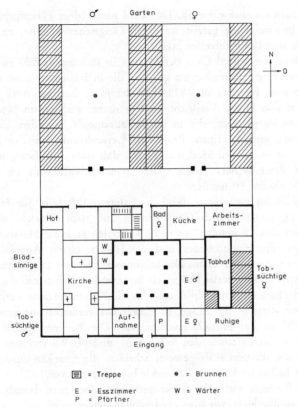

Abb. 37: *Palermo*, « Real Casa dei Matti » des Barone Pietro Pisani, 1825 eröffnet (Nicolo Raineri)

len und ohne Dreiecksgiebel wirkt die Front wie eine Denkmalwand und wie die Stätte eines heiligen Kultes der Menschlichkeit.

Niemand wird erwarten, daß sich hinter der Mitte der Fassade ein quadratischer Innenhof verbirgt, an den sich links die Kirche und rechts sogar ein Tobhof anschließt. Arbeitszimmer, Küche und Bad sowie ein Durchgang zum Garten schließen das

173

Haus nach rückwärts ab. Das Feld hinter dem Hauptgebäude ist in zwei Höfe geteilt, an deren Längsseiten je zehn, zusammen also 40 Einzelzellen lagen.

Weil die « Real Casa dei Matti » in Palermo (1825) zu den ersten Irrenhausneubauten gehörte, die in Italien errichtet worden sind, besuchte sie 1828/1829 der junge Berliner Arzt Wilhelm von Horn. Vielleicht kam er damit auch einem Wunsch seines Vaters nach, der in Berlin zusammen mit dem „alten Heim", einem urigen Praktiker, Geisteskranke mit solchem Temperament den Studenten zeigte, daß einer von ihnen, nämlich Peter Willers Jessen, später seine Privatanstalt in Kiel „Hornheim" (!) nannte.

Wilhelm von Horn fand in Palermo 150 Irre. Sie lebten streng getrennt nach Geschlechtern und nach Klassen, wobei außer den „Rasenden" in je 20 Tobzellen auch die Melancholischen, die Hypochonder und die Idioten eigene Abteilungen hatten. Zwar gab es ein Dunkelzimmer, aber seit 1825 keinerlei Ketten und keinerlei Prügel als Strafe oder als Behandlung. Da von Horn ein Freskobild sah, das die Kettenabnahme verherrlichte, entsteht die Frage, ob damit das vielleicht nur gemalte Relief an der Fassade gemeint war. Der Berliner sprach mit den 4 Ärzten sowie den 9 Wärtern und 9 Wärterinnen des Hauses, die sehr stolz gewesen scheinen, die Kranken durch Arbeit heilen zu können. Gedruckte Instruktionen von 1827 schickte der Besucher vielleicht direkt nach Berlin, wo man damals sehr genau überlegte, wie man ein Irrenhaus bauen solle.

Man wird deshalb nicht überrascht sein, um 1833 bereits zwei weitere Herrn aus Berlin in Palermo zu finden. Es waren die Ministerialbeamten Mandt und Rust, deren Bericht, mit Bauplänen (!), noch jahrelang im Preußischen Geheimen Staatsarchiv aufbewahrt worden ist. Irgendwelche Auswirkungen auf die preußischen Anstalten scheint das Modell in Palermo aber nicht gehabt zu haben. Auch in Oberitalien beachtete niemand die neuesten irrenärztlichen Errungenschaften des Mezzogiorno.

An wichtigeren Neugründungen dieser Jahre seien noch aufgezählt in *Pesaro* das « Manicomio di San Benedetto » (1829) und in *Bergamo* das «Manicomio Astino» (um 1833). Beachtenswert wäre gewiß das «Ospedale dei Pazzarelli» im aufstrebenden *Torino,* der heimlichen Hauptstadt des damaligen Italien, wo der überragende Baumeister Giovanni Talucchi einen Neubau errichtete, der 1834 eröffnet wurde. Leider ist auch dieses heute noch wohlerhaltene Haus nie richtig beschrieben worden, obwohl dort der wichtige Irrenarzt Giovanni Stefano Bonacossa (1804–1878) jahrzehntelang als Primarius und Lehrer gewirkt hat.

Wie unsicher und schwankend alle Ärzte und Baumeister in Irrenhausfragen um 1830 immer noch waren, kommt heute jedem Betrachter grell zum Bewußtsein, wenn er eine der seltenen Zeichnungen des «Manicolo» sehen kann, das damals in *Genova* (1834–1841) errichtet wurde (Abb. 38).

Noch einmal verwirrten die panoptischen Wunschträume des Jeremy Bentham (1787, 1791) die Baumeister; und diesmal sogar in Italien. Von einer ovalen, kuppelüberwölbten Kirche, die als Beobachtungszentrum genützt werden sollte und mit ihren fünf Stockwerken alles überragte, gingen nicht weniger als sechs Flügelbauten strahlenförmig wie die Speichen von der Radnabe in alle Richtungen der Windrose ab. Diese Radiärbauten waren dreistöckig und endeten in einem vierstöckigen Risalit. Im Innern lagen etwa 16 bis 20 Zellen beiderseits einer Mitteldiele, was eine Gesamtkapazität von etwa 300 Zellen in vielleicht 18 Abteilungen ergeben würde.

Das monströse Gebilde ist als einziges panoptisches Irrenhaus in Italien tatsächlich jahrelang benützt worden. Esquirol erwähnte es (1838) kurz. Der Belgier Guislain hat es (vor 1852) fassungslos bestaunt. Dann aber geriet es schnell in Vergessenheit. Nur der historisch besonders gebildete deutsche Irrenarzt Anton Bumm, Direktor der panoptischen Anstalt in Erlangen, kannte das «Manicolo» um 1900 noch infolge seiner gelehrten Studien. Erst zwischen den Weltkriegen ist das Gebäude endgültig beseitigt worden. Damit verlor Italien ein Irrenhaus, das gewiß von Anfang an lächerlich unbrauchbar war. Andererseits ging mit dem «Manicolo» aber auch ein Denkmal zugrunde,

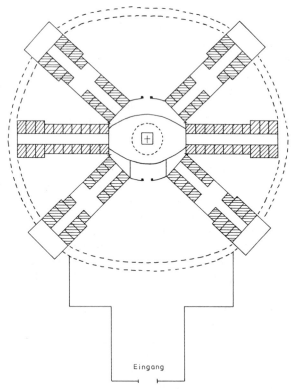

Abb. 38: *Genova*, Panoptisches Irrenhaus « Manicolo », 1834–1841

das wie wenig andere die Bereitschaft der frühen Irrenärzte bekundete, über alle Grenzen hinweg zum Wohle ihrer Patienten experimentierend voneinander zu lernen.

Die schwere Mißbildung des « Manicolo » hat aber gewiß auch lähmend auf die italienische Bereitschaft gewirkt, neue Irrenanstalten zu bauen. In *Venezia,* wo dringend eine Frauenanstalt fehlte, da die Barmherzigen Brüder auf San Servolo nur Männer aufnahmen, fügte man das geplante Manicomio (1835) kurzerhand dem « Ospedale Civile San Giovanni e

Paolo » an, das ja ohnehin die weitläufigen alten Bauten des Dominikanerklosters hinter dem Colleoni-Denkmal nicht ganz ausfüllte. Das benachbarte *Triest* machte 1841 sogar den schweren Fehler, ein Manicomio mitten in der Innenstadt in einem unbrauchbaren, mittelalterlichen Bischofspalast zu eröffnen. Auch *Torino,* das nur entsetzlich überfüllte Irrenhäuser hatte, wagte sich an keinen Neubau, sondern adaptierte 1853 die ehemalige Kartause von *Collegno* vor den Toren der Stadt.

Zu nennen sind schließlich auch Privatanstalten wie jene « Villa Antonini » (1860) in *Milano,* an der ein so bekannter Irrenarzt wie Serafino Biffi (1822–1899) wirkte. Nach Studien in Pavia war er vorübergehend an verschiedenen Anstalten, vielleicht auch im bekannten Manicomio von Milano-Senavra (1780) tätig. Dann führten ihn weite Reisen nach Belgien und Frankreich (1856) sowie nach Deutschland (1858), wo er längere Zeit bei Roller in der Illenau wie ein Schüler gelernt hat. Noch heute zeigen die vielen Schriften des Serafino Biffi, daß auch aus privaten Anstalten wichtige Impulse gekommen sind, auf die auch die italienische Psychiatrie klugerweise nicht verzichtet hat. Auch hier entstanden wieder einzelne Modellgründungen, deren hohes pflegerisches Niveau und deren zuweilen vielleicht überzogener Aufwand nicht nur den Neid des Armen hervorgerufen hat. Viel wichtiger war, die Herausforderung hoher Standardleistungen als Antrieb zu empfinden und auch in öffentlichen Anstalten ähnliches zu verwirklichen.

An großzügigen staatlichen Irrenhausneubauten seien im vereinigten Italien wenigstens zwei genannt. In *Como* steht heute noch ein wohlerhaltenes « Manicomio Provinciale », das um 1867 entstanden sein soll. Noch eindrucksvoller ist aber das jüngere « Manicomio di San Niccolò » (1871–1873), das in *Siena* erbaut wurde. Aus den zahllosen weiteren Neubauten seien nur noch die Irrenanstalten in *Firenze* (1892) und in *Ancona* (1898, 1901) herausgegriffen, weil sie sich, im damals üblichen Pavillonstil errichtet, kaum noch vom international Üblichen unterscheiden.

Spanien

Ähnlich wie in Italien ist die Irrenheilkunde auch in Spanien nach 1800 weit hinter den nordwesteuropäischen Ländern zurückgeblieben. Ob ein erstarrender Katholizismus oder die im Süden abgeschwächte Aufklärung die Entwicklung des Irrenhauses gehemmt hat, kann hier nicht abgewogen werden.

Wer drohende nationale Schande rechtzeitig abwenden wollte, erinnerte gerne an das «primer manicomio del mundo», das ja nicht im irrenärztlich führenden England oder im überlegenen Frankreich gegründet wurde, sondern zweifellos in Spanien. Der Ruhm, das erste Irrenhaus der Welt (1409) gegründet zu haben, läßt sich jedoch nur dann untermauern, wenn man streng an dem Begriff «manicomio» festhält.

Denn inzwischen ist längst geklärt, daß es einzelne Irre oder Irrenabteilungen auch in anderen Hospitälern oder an Klöstern und Kirchen gegeben hat. Mit dem Wort «manicomio» ist deshalb ein selbständiges, für sich bestehendes Irrenhaus gemeint.

Außerdem weiß man, daß aus islamischen Ländern vereinzelte, sehr frühe Nachrichten (seit etwa 800) vorliegen, die ebenfalls von Irrenhäusern berichten. Da sich hier jedoch kaum entscheiden läßt, wie unabhängig diese Institutionen von Hospital und Moschee waren, und weil außerdem feststeht, daß Irrenzellen in Bagdad oder Kairo gewiß muslimisch gewesen sind, deshalb ist es in Spanien günstig, unter «manicomio» nur christliche Irrenhäuser zusammenzufassen.

Obwohl hier mit Rücksicht auf spanische Empfindlichkeiten die Legende vom «primer manicomio» so behutsam wie möglich behandelt wird, muß doch auf drei Orte eingegangen werden, die in Spanien selbst den Ruhm von Valencia scheinbar bedrohen. Zunächst ist von *Palencia* zu berichten, wo der legendäre Kämpfer el Cid, ein Urbild des christlichen Maurentöters, um 1068 eine Gründung San Lazaro eröffnet haben soll, die zuweilen sogar als „Anstalt" bezeichnet wird, weil dort angeblich vorübergehend einige Irre aufgenommen wurden. Die zweifelhafte Geschichte verdient hier nur deshalb Beachtung, weil der Name «San Lazaro» auf eine Leproserie hinweist, die sehr wohl als Einnistungsort für Irre geeignet gewesen sein könnte.

Außerdem muß der «Maristan» in *Granada* kurz genannt werden. Denn dieses islamische Hospital wurde (1365–1367) vom dort regierenden Sultan Mohammed V. errichtet und diente nach der christlichen Eroberung 1492 mit Sicherheit lange Zeit als «Casa de los Locos», als Narrenhaus. Die Frage ist nur, ob das Haus auch bereits für diesen Zweck geschaffen wurde.

Während heute sogar spanische Psychiatrie-Professoren dies ohne jede sinnvolle Begründung in penetrantem Tonfall behaupten und so Valencia um den Ruhm des ersten Irrenhauses der Welt bringen, waren gewissenhaftere Untersucher hier oft sehr viel vorsichtiger. Tatsächlich läßt sich alles nur an Hand einer wohlerhaltenen Gründungsinschrift auf der Alhambra in Granada entscheiden. In den langatmigen und blumenreichen Gebetswendungen dieses Textes findet sich auch ein Wort (und zwar leider nur ein einziges Mal), das vielleicht Irre bezeichnet, vielleicht aber auch nur körperlich sehr Geschwächte und keineswegs geistig erkrankte oder behinderte Menschen. Das ungelöste Problem ist aber keineswegs nur eine Herausforderung an alle Sprachenkenner. Viel schwieriger fällt es zu beurteilen, ob man in Granada um 1365 überhaupt Erkrankungen des Geistes und der Seele, des Verstandes und der Gemütslage genauer erfaßt hat, und welche unserer heutigen Psychose-Patienten damals in einem «Maristan» aufgenommen worden wären. Granada wird deshalb sowenig wie Palencia den Ruhm von Valencia überstrahlen können.

Schwieriger ist die Lage jedoch in *Barcelona*. Hier gibt es ein «Hospital d'En Colom», das nach 1200 gegründet wurde und vielleicht schon bald danach einzelnen Irren Zuflucht gewährte. Seit wenigen Jahren kann man mit hinreichender Sicherheit eine Irrenzelle mit Strohsack und Decke nachweisen, die dort um 1389 vorhanden war. Außerdem kennt man die Namen und den Aufnahmetag mehrerer Hospitaliten, die mit Ketten festgebunden waren (1376) oder zwangsweise gebracht und gefesselt in das Irrenzimmer eingesperrt worden sind (1377). Da dies alles vor 1409 geschah, wäre der Ruhm von Valencia dahin, wenn man nicht betonen würde, daß das dortige « manicomio » ja eine völlig selbständige, nur für Irre geschaffene Einrichtung war, während das « Hospital d'En Colom » in Barcelona doch neben vielen anderen Leuten auch Kranke und sogar einige geistig Verwirrte zuweilen eine Zeitlang aufnahm.

Der Gründer des Irrenhauses in *Valencia* war der « Padre » Juan Gilabert Jofré, der 1350 geboren wurde, bis 1369 in Lerida Jura und vermutlich auch Theologie studierte, um dann (1370) in das Kloster des Ordens « Nuestra Señora de la Merced » in Puig einzutreten. Fünf Jahre später (1375) empfing er die Priesterweihe. Dann war er Prior einer Niederlassung seines Ordens in Montblanch bei Poblet und seit 1408 in Valencia. Wenige Monate nach Beginn seiner Wirksamkeit in diesem damals reichen und aufstrebenden Mittelmeerhafen, der die Verbindung zum aragonesischen Sizilien wie zum Orient aufrecht hielt, gründete Jofré 1409 das Irrenhaus.

Leider sind die Einzelheiten der Entstehungsgeschichte für den heutigen Geschmack allzu sehr gefühlsbetont entstellt worden. Wie bei Pinel oder der Nightingale macht es Mühe, zwischen Schwulst und Kitsch das Elementare der humanitären Großtat zu erfassen. Jedenfalls soll der Padre auf dem Weg zum Gottesdienst in der halborientalischen Innenstadt einige Irre beobachtet haben, die von Kindern oder übermütigen jungen Leuten geärgert und gequält worden sind. Seiner Empörung gab der konstruktive Unmutsträger aufgrund seiner jahrelangen Schulung als Geistlicher in einer flammenden Predigt Ausdruck. Aufgewühlt und aufgewiegelt fanden sich noch am selben Tag die ersten Kämpfer für eine humanere Welt bei ihm ein und beschlossen, ein reines Irrenhaus zu schaffen.

So schön und schlicht dies alles zu sein schien, so fragt man sich doch, weshalb gerade ein Mercedarier-Mönch den zündenden Funken auslösen konnte. Im Gegensatz zu anderen Orden hatte es diese fromme Gemeinschaft stets als ihre besondere Aufgabe empfunden, christliche Geiseln aus den grausigen Klauen muselmanischer Scheusale zu befreien. Wenn nämlich Kaufleute oder Beamte des Königs in die unteritalienischen Besitzungen aufbrachen, wenn Mönche nach Rom oder Pilger nach Jerusalem wollten, dann sahen sie sich immer wieder mitten auf dem Meer von Verbrecherbanden umringt. Diese Seeräuber kamen aus den islamischen Häfen der nordafrikanischen Mittelmeerländer, wo man damals halbverhungert in entsetzlicher Armut voll Neid auf die reichen Christen blickte, die nicht nur den Süden Spaniens, sondern auch die Inseln um Italien immer mehr in ihre Gewalt brachten.

Durch Menschenraub ließ sich aber nach Verkauf der Gefangenen auf den Sklavenmärkten oder auch durch Lösegeld aus christlichen Ländern das Gefälle zwischen arm und reich etwas ausgleichen. Den Mercedariern gelang es immer wieder, todesmutig als Käufer und Unterhändler mit Geldsäckchen in der Hand nach Tunis oder Algier zu fahren. Von dort kehrten sie mit Geiseln zurück, die schwere Eisenketten trugen und fromme Lieder sangen. Wenn dann die Fesseln in Valencia klirrend zu Boden fielen, überwältigte die Dankbarkeit Befreite und Befreier. Die Ketten wurden in den Kirchen aufgehängt, wo man sie manchmal heute noch bestaunen kann (Santo Domingo de la Calzada). Wenn aber Mercedarier so sehr auf Befreien und Kettensprengen eingestellt gewesen sind, warum sollten sie dann blind sein für jene, die ihre Fesseln im Gegensatz zum Verbrecher ohne eigene Schuld zu tragen hatten?

Zu all dem kam in Valencia hinzu, daß hier viele reiche Kaufleute durch risikofreudigen Fernhandel oft über Nacht hohe Gewinne machten. Es ist deshalb nicht überraschend, in der Gründungsurkunde des Irrenhauses (1410 von Martin I., König von Aragón, Valencia, Sizilien) nicht den « Padre » als Gründer zu finden, sondern lediglich zehn Kaufleute, die das Bürgerrecht der Stadt besaßen. Dieser Aufsichtsrat der Reichen sollte beim Ausscheiden eines Mitglieds nur durch Reiche ergänzt werden können. Denn die Summe, die man spenden mußte, galt als sehr hoch und garantierte so, daß die Entscheidungen von wagemutigen und persönlich erfolgreichen Männern getragen wurden. Ausdrücklich war festgelegt, es dürfe kein Geistlicher, kein Ritter, kein Jurist und vor allem kein bettelnder Mönch am Vorstandstisch sitzen.

Von ärztlicher Behandlung ist im königlichen Gründungsprivileg, wie zu erwarten, nirgends die Rede. Verpflegung und Betreuung „verrückter und verblödeter Menschen" stehen ganz im Vordergrund. Auch Ketten werden genannt; und zwar stand es dem Vorsteher des Irrenhauses frei, sie anzuwenden, wann immer er es für unumgänglich erachtete.

Doch das Schicksal war diesem ersten Irrenhaus der Welt nicht günstig. Kaum 100 Jahre nach seiner Gründung brannte es (1512) ab. Man weiß nichts über seine Bauform oder über die Zahl der Aufzunehmenden. Auch die Lage in der Stadt ist nur ungenau bekannt. Was übrig blieb, war lediglich eine Irrenabteilung, die im « Hospital General » von *Valencia* noch jahrhundertelang schlecht geleitet und unzulänglich finanziert fortbestand.

Doch dies gab es auch in anderen spanischen Städten. Als Beispiel sei das « Hospital de Santa Cruz » in *Barcelona* genannt. Um die hoffnungslos zersplitterten Stiftungen der Stadt zu einer leistungsstarken Einrichtung zusammenzufassen, errichtete man (1401, 1481) einen später immer wieder erweiterten Neubau, der Teile des alten « Hospital d'En Colom » in sich einschloß. Vermutlich entwickelte sich aus den einzelnen Zellen des noch mittelalterlichen Hauses eine Irrenabteilung, die um 1800 eine beträchtliche Größe erreicht hatte, was sich anhand alter Pläne gut zeigen läßt.

Recht ähnlich verlief die Entwicklung in *Zaragoza*, der Hauptstadt des Königreichs Aragón. Dort gründete Alfonso V. das bald herausragende « Hospital General de Nuestra Señora de Gracia » (1425). Auch hier wurden Irre aufgenommen, die bald so zahlreich waren, daß eine eigene Abteilung geschaffen werden mußte.

Als weiteres Beispiel kann *Palma,* die Hauptstadt von Mallorca genannt werden. Im dortigen «Hospital General» (1456) gab es ebenfalls Irrenzellen, aus denen eine Abteilung hervorging, in der nur Geistesgestörte lebten. Schwierig ist bei all diesen Hospitälern immer die Datierung. Denn grundsätzlich sollte man drei Jahreszahlen auseinanderhalten, und zwar jene für die Eröffnung der Neugründung (1), der ersten Irrenzelle (2) und der deutlich abgetrennten Irrenabteilung (3).

Ausdrücklich festgehalten sei aber, daß all diese Irrenabteilungen in Hospitälern mit dem Begriff «manicomio» nichts zu tun haben. Ein völlig selbständiges Irrenhaus, in dem nur Geistesgestörte lebten, ist erst wieder Jahrzehnte nach der ersten Gründung in *Sevilla* (1435, 1436) unsicher nachzuweisen. Es hatte zunächst den Namen «Hospital de San Cosme y San Damian» und wurde dann auch als «Hospital de los Inocentes» bezeichnet. Dies legt die Vermutung nahe, daß zunächst vielleicht gar kein typisches «manicomio» gegründet werden sollte. Man kennt den Namen des Stifters, des Marcos Sánchez de Contreras, und weiß, daß ein älteres Haus für Kranke gekauft wurde. Erst über 200 Jahre später (1689) veränderte ein größerer Umbau die alte Stiftung endgültig in ein Hospital der «Inocentes». Mit „Unschuldigen" waren damals häufig Geistesgestörte gemeint, während in Italien mit «Ospedale degli Innocenti» (Firenze) meistens Findelhäuser bezeichnet werden.

Ein echtes «manicomio» entstand fast gleichzeitig in *Valladolid* (1436, 1489). Es wurde unter der eindeutigen Bezeichnung «Casa de Orates» von Don Sancho Velázquez de Cuéllar gegründet. Dies erinnert an das «Hospital de los Inocentes» in *Toledo* (1473, 1480), das ebenfalls ein hoher Geistlicher, der Domherr und «Nuncio» Francisco Ortiz gestiftet hatte.

Beide Gründungen sind kaum untersucht worden. Dies gilt leider auch für ein noch erhaltenes Irrenhaus in *Salamanca* (1570, 1580), das mit seinen Anfängen vielleicht in die Zeit um 1500 zurückreicht. Ganz ungeklärt ist auch die Frage, seit wann es Irre im «Hospital Real» in *Granada* gegeben hat. Das von den Katholischen Königen bald nach der Eroberung der Stadt (1492) begonnene Haus wurde später sehr regelmäßig als

« Hospital Real de los Locos », als Königliches Spital der Narren, bezeichnet. Tatsächlich konnte man dort noch 1960 die letzten hölzernen Gitterzellen bestaunen, obwohl die Stadt damals längst neuere Irrenanstalten hatte.

Ungeklärt ist in Spanien auch die Frage, seit wann und in welchem Umfang der Orden der « Hermanos de la Caridad de San Juan de Dios », der Orden der Barmherzigen Brüder des heiligen Johannes von Gott, Geistesgestörte gepflegt hat. Nach der akuten Psychose des San Juan de Dios in *Granada* scheint dieser noch selbst in einem der Ur-Spitäler des Ordens einzelne Irre aufgenommen zu haben. Wieweit jedoch das nach seinem Tod immer prunkvoller ausgebaute Hauptspital der Brüder in *Granada* (1540) oder ihr wichtiges Hospital in *Madrid* (1552) Irre gepflegt hat, kann kaum beurteilt werden. Jedenfalls sind bis jetzt nirgends jene typischen Irrenabteilungen bekannt geworden, die Esquirol in Frankreich beschrieb, oder die in Österreich in Wien und Linz an den Niederlassungen des Ordens nachgewiesen werden können.

Zu erwägen ist auch, ob San Juan de Dios damals über die Grenzen Europas hinausgewirkt hat. Denn ohne das Vorbild in Granada wäre in *Mexiko* kaum das « Hospital de San Hipolito » (1567, 1590) als „erstes Irrenhaus in Amerika" durch Bernardino Alvares gegründet worden.

Die lebhafte Gründungstätigkeit des « Siglo de Oro » brach nach 1600 schnell in sich zusammen. Um 1700 ist nur in *Córdoba* ein « Hospital de Agudos » oder « Hospital del Cardenal » (1701) zu nennen, das Cardinal de Salazar errichtet hat. Es gab dort etwa 20 Irrenzellen. Dann aber scheint es wieder jahrzehntelang zu keinerlei Neugründungen in ganz Spanien gekommen zu sein.

Um so erstaunlicher ist es, daß noch vor dem Ende des Jahrhunderts in *Toledo* ein vorbildlicher Neubau errichtet wurde, der heute noch gut erhalten ist. Das « Hospital de Dementes » oder « Hospital del Nuncio » ging aus der Stiftung Nuntius Ortiz hervor, die der Cardinal de Lorenzana damals erneuerte. Man kennt sogar den eigentümlichen Namen des Baumeisters, der das Haus von 1790 bis 1793 von Grund auf neu errichtete. Es war Ignacio Haam (Abb. 39).

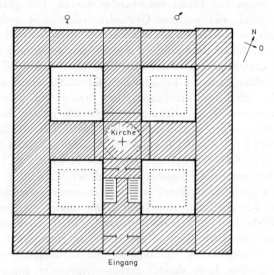

Abb. 39: *Toledo,* Hospital de Dementes, 1790–1793 (Ignacio Haam)

Wenn man bedenkt, daß das «Manicomio» nach dem Wiener Narrenthurm, (1784), aber noch vor dem "York Retreat" (1796) erbaut wurde, daß es nach dem Projekt von Tenon (1788), aber fast gleichzeitig mit den panoptischen Vorschlägen des Bentham (1791) entstand, wenn man sich vor Augen hält, daß auch das «Spedale di San Bonifazio in Firenze» (1788) sehr wohl als Vorbild hätte dienen können, dann ist es fast unbegreiflich, warum sich niemand bisher die Mühe machte, diese offensichtlich hervorragende Gründung genauer in den Blick zu nehmen. Tatsächlich gibt es weder eine genauere Beschreibung noch einen Plan. Auch in Toledo selbst sind keinerlei alte Bauzeichnungen bekannt. Man zeigt aber gerne eine Luftaufnahme, die deutlich vor Augen führt, was bisher Besucher kaum erfaßt haben, nämlich daß das «Manicomio» vier quadratische Innenhöfe hat. Den Kern bildet eine Kirche mit kleiner Kuppel. Von hier gehen kreuzförmig vier kurze Flügel ab, die so vier Felder voneinander trennen. Das ganze Areal wurde mit vier weiteren Gebäuden rechtwinklig umbaut. Da jedoch Nachbarhäuser an zwei Seiten alles verdecken, kann man tatsächlich nur die südliche Eingangsfront sehen oder aus großer Entfernung die Nordseite hoch über dem Steilhang im Gegenlicht durch ein Fernglas bewundern. Die etwas nüchterne Südfassade öffnet sich prächtig und breit in eine zweistöckige, eingezogene Säulenhalle. An ihrem Gebälk steht in klassischen Großbuchstaben unmißverständlich „MENTIS. INTEGRAE. SANITATI. PROCURANDAE. AEDES. CONSILIO. SAPIENTI. CONSTITUTAE. ANN. DOM. MDCCXCIII."

Daß Spanien 1793 mit soviel sachlicher Würde dem Unglück seiner geistig Behinderten entgegenzukommen vermochte, sollte man sich deutlicher einprägen. Denn immer noch gilt jenes gräßliche Bild als bezeichnend, das Francisco Goya nach 1794 unter dem Titel ›Casa de los Locos‹ in einer gewiß genialischen Pinselführung anprangernd und aufreizend gemalt hat. Der Meister hatte damals gerade wieder eine seiner akuten Psychosen überwunden und schilderte grell in lichtdurchzucktem Hell-Dunkel die Hölle, die sich in den Gewölben unter dem «Hospital General de Nuestra Señora de Gracia» in Zaragoza entwickelt hatte.

Was hier als herausfordernde Beleidigung der Würde des Leidenden anklagend in schauerlicher Stimmung vergegenwärtigt wird, ist jedoch ein Ort, der gewiß nicht unüberlegt für Geistesgestörte ausgewählt wurde. Nur hier im Keller oder genauer im Erdgeschoß war der Tobsüchtige hinreichend ausbruchssicher untergebracht. Hier war es außerdem im Sommer kühl und dämmerig, wenn draußen grelles Licht und brüllende Mittagshitze auch dem Gesunden den Verstand zu rauben drohte. Genauso waren jedoch in Hamburg („Allgemeines Krankenhaus St. Georg") oder in Philadelphia ("Pennsylvania Hospital") bis um 1840 unruhige und schlagbereite Irre im Keller der großen Krankenhäuser zu suchen. Zaragoza fällt deshalb keineswegs aus den Grenzen des Üblichen, und es gibt deshalb auch gar keine Veranlassung, in Spanien so zu tun, als wisse man nicht, in welcher Stadt Goya gemalt habe.

Daß der begnadete Künstler ohne Zweifel alles sehr einseitig schilderte, wird deutlich, wenn man sich an Iberti (1791) erinnert, der fast in denselben Jahren dasselbe Hospital in Zaragoza gerade wegen seiner humanen „Arbeitstherapie" so überschwenglich lobte, daß sogar Pinel (1806) meinte, Paris müsse sich mindestens in diesem Punkt an den alten spanischen Erfahrungen im Umgang mit Irren neu orientieren. Bald aber zerstörte der Krieg wieder alles. Denn als napoleonische Truppen Zaragoza (1808) belagerten und nach langen Stellungskämpfen schließlich eroberten, sank das „Allgemeine Spital unserer Frau von der Gnade" in Schutt und Asche. Die verkohlten Ruinen sind Jahre später in Kupferstichen wieder sehr anklagend festgehalten worden.

Besatzungsregime und Volksaufstand, Königsmord und Bürgerkrieg haben nach 1800 in Spanien zwar manche erstarrte Tradition zu unterbrechen vermocht, trotzdem aber keine neuen Irrenhäuser geschaffen. Als nach den umfangreichen Klosterauflösungen (1835) riesige Gebäude überall leer standen, hätte man erwarten sollen, daß der Staat die günstige Gelegenheit benützen würde, um hier seine geistesgestörten Bürger einzunisten.

Tatsächlich geschah jedoch bis zur Mitte des Jahrhunderts gar nichts. Erst 1848 kam eine unbrauchbare erste Statistik der Irren in ganz Spanien zustande. Gesetze (1849 und 1852) forderten sechs neue staatliche Großanstalten, die selbstverständlich nie aber auch nur geplant wurden, da das Land an der Grenze des finanziellen Zusammenbruchs dahintaumelte.

Das einzige, wozu man sich noch aufraffen konnte, war die Gründung eines « Manicomio modelo ». Manche begrüßten es als die ersten Strahlen einer neuen Ära der Humanität, als in *Leganés,* südlich vor Madrid, ein abgewohnter Palast des Duque de Medinaceli mit Staatsgeldern gekauft und (1852 bis 1859) umgebaut wurde. Das hier endlich eröffnete « Manicomio

Santa Isabel» wurde zwar nach der regierenden Königin genannt, aber trotzdem nirgends nachgeahmt. Spanien hatte kein Geld für das Nötigste und deshalb erst recht keine Finanzmittel für Irrenhausneubauten, die nur weitere Ausgaben nach sich gezogen hätten.

Wieder war es die Privatinitiative, die sich in den reichen Randprovinzen im Nordosten die Ohnmacht des Staates zunutze machte und so auch in Spanien erste neuzeitliche Anstalten schuf. Schon im Jahre 1844 war nördlich von Barcelona in *Lloret de Mar* vom Arzt Francisco Campedorá y Paris eine Privatanstalt gegründet worden, die aus unerfindlichen Gründen den heute erschreckenden Namen «Torre lunatica» erhalten hatte. Obwohl der König erst 1859 seine Erlaubnis zur Eröffnung gab, blühte das Irrenhaus rasch auf und reizte so andere zur Nachahmung.

So entstand die Privatanstalt in *San Baudilio de Llobregat* in einem ehemaligen Kloster südlich von Barcelona (1854). Der Gründer Antonio Pujadas y Mayans war durch die Klosterauflösung (1835) als Novize ähnlich wie Pinel aus der Bahn seines vorgezeichneten Lebenswegs geworfen worden. Er studierte Medizin in Montpellier und Paris, ging nach Hanwell, wo er das "no-restraint" kennenlernte, das er als einer der Allerersten auf den Kontinent verpflanzte, indem er San Baudilio gründete. Wieder waren es die Finanzmittel von Kaufleuten einer Hafenstadt, die wie einst in Valencia den Anfang erlaubten. Als aber undurchschaubare Zwischenfälle (1861), Gerichtsverhandlungen und auch noch die Cholera (1885) die Betriebskapitalien zusammenschrumpfen ließen, soll der Gründer unter einem Berg von Schulden (1888?) zusammengebrochen sein.

Doch längst waren andere Privatanstalten gegründet. Aus ihnen ragte heraus das Irrenhaus «Nueva-Belén» in *Barcelona*, das vielleicht nach dem "Bethlem-Hospital" in London so hieß. Der Gründer Juan Giné y Partagás war weder Pfarrer noch Irrenarzt und nicht einmal Internist, sondern Chirurg. Er eröffnete auf gut Glück 1857, erhielt dann (1859) die staatliche

Erlaubnis vom König und wirtschaftete so erfolgreich, daß er 1873 in vorbildliche Neubauten umziehen konnte.

Gefahr drohte nur durch den Wettbewerb des «Instituto Frenopático», das in *Barcelona* (1862) durch die Ärzte Tomas Dolsa und Pablo Llorach gegründet worden war und dann jahrzehntelang höchst segensreich am Rande der Weltstadt wirkte.

Vielleicht sollte noch die Privat-Irrenanstalt genannt werden, die der Arzt José María Esquerdo in einem ehemaligen Bauernhaus in *Carabanchel Alto* südlich von Madrid (1877) eröffnet hat. Doch alle diese Gründungen wurden in den Schatten gestellt durch eine fast im Geheimen wirkende Privatanstalt, die Pedro Mata um 1900 bei *Reus* in den ausschweifendsten Formen des katalanischen Jugendstils errichten ließ. Das Unternehmen hat, wenn man all die vielen Pavillons und Nebengebäude zusammen nimmt, den Umfang einer mittelgroßen rheinischen Provinzialanstalt. Niemand aber scheint sich um ihre Geschichte bemüht zu haben.

Das eklatante Zurückbleiben des spanischen Staates trotz seiner Verpflichtung, sich um seine geisteskranken Bürger zu kümmern, wurde um 1860 wieder einmal als empörend empfunden. Ein Wettbewerb (1859) sollte die Planungstätigkeit der Baumeister beleben. Bauplätze für diesmal sieben neue Groß-Irrenanstalten wurden festgelegt. So entstand in den letzten Jahrzehnten des Jahrhunderts immerhin noch das riesige «Instituto Mental de Santa Cruz» in *Barcelona,* das vom Baumeister Oriol (?) schon 1859 geplant worden sein soll, obwohl andererseits E. Rogent und J. Artigas den gewaltigen Bau (1880 bis 1889) ausgeführt haben. Hier wirkte später Emilio Pi y Molist, einer der wenigen spanischen Anstalts-Psychiater, die um 1900 auch außerhalb der Halbinsel dank zahlreicher Schriften bekannt waren. Das vorbildlich erhaltene Haus, ein imponierendes Denkmal der Irrenheilkunde in Südeuropa, wird jetzt (1977) als Opfer der Baulandspekulationen mindestens teilweise abgerissen (Abb. 40).

Nicht sehr viel günstigere Voraussagen sind für das fast

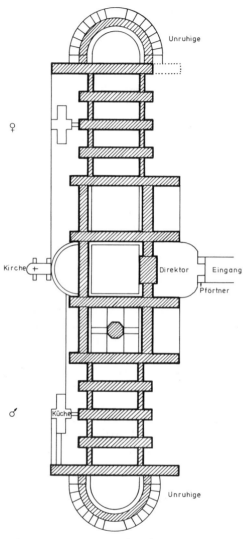

Abb. 40: *Barcelona*, « Instituto Mental de la Santa Cruz », 1880–1889
(E. Rogent u. J. Artigas)

ebenso imponierende « Manicomio Provincial » in *Zaragoza* möglich. Zwar kann man jetzt noch die Backstein-Pavillons sehen, deren Pläne Eusebio Lidon (?) sehr sorgfältig (1879 bis 1884) entworfen hat. Doch die rasch wachsende Stadt umgibt längst die einst ganz am Rande in Feldern liegende Anstalt.

An kleineren, öffentlichen Irrenanstalten sei noch genannt das « Manicomio » in *Teruel* (1864), ein leider bereits ganz abgetragenes « Manicomio » in *Oviedo* (1881), sowie die fast selbständige Irrenabteilung, die hinter dem Hospital Provincial in *Malaga* (um 1900) gut erhalten ist.

Spanien hatte somit um 1900 den Anschluß an Mittel-Europa doch noch zustande gebracht und sich im Gegensatz zu vielen osteuropäischen Ländern in die Reihe der „Culturstaaten" eingereiht. Die so grundlegenden Jahre von 1810 bis 1840 blieben jedoch eine Lücke, die sich kaum schließen ließ. Ein Gegenstück zum Werk des Pinel und des Chiarugi, einem echten „Kettensprenger" und „Irrenheiler", hat dieses westeuropäische Land aber nicht hervorgebracht.

Portugal

Auch in Portugal dürfen Wallfahrtsorte und Klöster erwartet werden, an denen Irre im Mittelalter Hilfe suchten. Bis jetzt konnten diese frühen Irrenzellen aber nicht überzeugend nachgewiesen werden. Halblegendär sind auch jene Säle für Geistesgestörte, die in *Lisboa* am « Hospital Real de Todos-os-Santos » (1490) angeblich bestanden haben sollen.

Sie gelten als Vorläufer jener Irrenabteilung, die in *Lisboa* nach dem entsetzlichen Erdbeben (1755) im « Hospital Real de São José » (1775) eingerichtet wurde. Die Gründung ist deshalb bemerkenswert, weil sie auffallende Parallelen zum „Allgemeinen Krankenhaus" in Wien und zum Irrenhaus des Chiarugi in Firenze zeigt. So wie in Österreich und in Italien wurde auch in Portugal die Aufklärung mit der Vertreibung der Jesuiten (1759) eingeleitet. Der allmächtige Minister Marqués de Pombal (1699–1782), der vorher Botschafter seines Landes in London und in Wien (1745) gewesen war, verjagte die Mitglieder der Societas Jesu nicht einzeln, wie früher die Juden, sondern sperrte nach Seefahrerart alle Jesuiten zusammen in ein Schiff, das nach Rom fuhr, um dort seine Last wie Abfall dem Papst vor die Füße zu werfen.

Das große, leere Jesuitenkloster (1575?) nahe am Stadtzentrum von Lisboa bot sich trotz schwerer Erdbebenschäden als Krankenhaus an. Man blieb zwar bei der üblichen Bezeichnung « Hospital » und nannte das Haus auch nach dem Namensheiligen des Königs José (1750–1777). Trotzdem wurden aber nicht mehr alle Hilfsbedürftigen aufgenommen, sondern vor allem solche, die heilbar waren, oder jene, die eine öffentliche Störung darstellten.

Zu diesen gehörten auch alle Irren, die wahrscheinlich wieder im Keller oder an Hinterhöfen untergebracht wurden. Dadurch entstand eine Einrichtung, die ebenso an das « Ospedale des Chiarugi » erinnert, wie an den Wiener „Narrenthurm" (1784). Irgendwelche Ärzte oder gar Kettensprenger der Irrenabteilung des « Hospital de São José » sind jedoch nicht bekannt geworden. Aber die Zustände, die sich dort, im Halbdunkeln von kaum jemandem beobachtet, entwickelt haben, müssen bald entsetzlich gewesen sein.

Als eine Irrenhaus-Kommission, die 1842 den Bau einer ersten Staatsanstalt vorgeschlagen hatte, zu Studien die Narren-Keller des São José 1847 betrat, ließ sie ohne jede Erklärung die Abteilung sofort schließen und die Kranken in eine ehemalige Militärreitschule bringen, die günstig etwas weiter stadtauswärts lag. So entstand in *Lisboa* das « Hospital de Rilhafoles » (1848), das nach 1900 umbenannt wurde in « Manicomio Miguel Bombarda ».

Hier wirkten unter stets unzulänglichen Bedingungen die ersten Irrenärzte des Landes. Die Reihe eröffnete Francisco Martins Pulido (1849–1866), auf den Antonio Maria Sena folgte. Er galt als wichtiger Reformer und Wegbereiter des portugiesischen Irrengesetzes von 1889. Trotzdem haben aber ausländische Anstaltsexperten wie der Australier Tucker noch

1887 das von Sena geleitete Irrenhaus als nationale Schande in Grund und Boden verurteilt: "Nothing too strong can be said in condemnation of this asylum!" Erst der neue Direktor Augusto Miguel Bombarda, ein aus Rio stammender Brasilianer, der zuerst Chirurg und dann Lehrer für Physiologie in Lisboa gewesen war, hat dann wenigstens die Überfüllung beseitigt. Während um 1880 noch 550 Irre in einem Haus lebten, in dem es lediglich 300 Betten gab, waren nach 1890 vorübergehend nur noch 36 Patienten da.

Neben der Hauptstadt ist nur noch der zweitwichtigste Hafen des Landes zu nennen. In *Porto* wurden kaum bekannte, ältere Irrenzellen aufgelöst, als ein Adeliger aus ungeklärten Gründen in seinem Testament (1864!) eine riesige Summe für ein Irrenhaus stiftete. Es erhielt nach dem Wohltäter den Namen «Hospital d'Alienados do Conde de Ferreira» (1868–1882) und galt um 1900 als das einzige, das gut geleitet wurde, und zwar wieder durch Antonio Maria Sena. Die Anstalt hatte damals 350 Plätze und war in acht Abteilungen gegliedert ("tranquil, excited, violent, convaleszent" jeweils für Frauen und Männer).

Wie unwillig der portugiesische Staat um 1900 immer noch war, seinen geisteskranken Bürgern zu helfen, zeigen vier weitere, leider kaum erforschte Gründungen. Damals eröffneten die Barmherzigen Brüder des São João de Deus (1495–1555), der ja aus Montemor-o-Novo, östlich von Lisboa, stammte, rein katholische Irrenanstalten in *Telhal* und *Idanha,* sowie in *Braga* und *Barcelos.* Wie in Belgien und Italien waren so noch einmal Gründungen entstanden, die ohne ärztliche Direktion und ohne therapeutischen Impuls in fast mittelalterlicher Weise nur der Pflege dienten.

Die großen Irrenanstalten unserer Tage entstanden in Portugal erst vor wenigen Jahrzehnten. In *Lisboa* setzt das Hospital Julio de Matos (1942) die alte hauptstädtische Tradition aus den Zeiten des Pombal fort, während in *Coimbra* das «Hospital Sena» (1943) und das «Hospital Sobral Cid» (1946) vielleicht auf eine Irrenanstalt zurückgehen, die um 1800 angeblich am «Hospital dell' Universidade» bestanden haben soll.

Damit hat auch Portugal als letztes westeuropäisches Land sehr verspätet doch noch den Anschluß an die Irrenheilkunde Mitteleuropas finden können. Verzögernd wirkten die Randlage und die begrenzte Ausdehnung des Landes. Hemmend war die Verschleppungstaktik der Staatsbeamten und die Ablehnung jeder irrenärztlichen Behandlung in den katholischen Pflegeorden. Erschwerend kam außerdem hinzu, daß den überreichen Hafenstädten der Fernhändler eine verarmte, bäuerliche Bevölkerung gegenüberstand, die von jeher mit ihren Irren selbst fertig werden mußte. Antreibend aber wirkte in Portugal wie überall in Europa die Aufklärung und die durch Ärzte importierte Überzeugung, der Geisteskranke sei häufig ein durchaus heilbarer Patient.

Der Osten

Wie sehr Irrenhäuser eine Schöpfung der Westeuropäer sind, wird erst deutlich, wenn man auch die endlosen Weiten des Ostens und die fernen Länder jenseits der Weltmeere in den Blick zu nehmen versucht. Da in Warschau keine Quäker und in Kasan keine aufgeklärten Absolutisten gewirkt haben, ergibt sich die Frage, ob entlegene Weltgegenden dank eigener religiöser oder philosophischer Erneuerungsbewegungen zu Irrenhausgründungen gelangt sind, oder ob man lediglich westeuropäische Anstaltstypen bei den Niederlassungen der Fremden geduldet und später nachgeahmt hat.

Solche Erwägungen sind keineswegs nur bei Handelsniederlassungen in Afrika oder China während der Blütezeit des Kolonialismus nach 1700 zweckmäßig. Man sollte vielmehr auch in den osteuropäischen Nachbarländern schon nach 1500 bei allen Irrenhausgründungen immer wieder prüfen, ob selbständige, schöpferische Leistungen zustande kamen, oder ob lediglich Institutionstypen übernommen worden sind, die sich in den Ländern des Westens längst bewährt hatten.

Obwohl es zwischen Wien und Danzig genügend mittelalterliche Klöster und viele gut besuchte Wallfahrtsorte gegeben hat, an denen man wie in Geel Irrenherbergen vermuten könnte, liegt bis jetzt keine einzige Nachricht vor, die als gesichert gelten darf. Als früheste Gründung ist deshalb ein Irrenhaus in *Znaim* in Böhmen zu nennen, das 1458 als „hospitale hominum rationem non habentium" eröffnet wurde. Wichtiger sind jedoch andere Häuser für Geistesgestörte, die noch vor 1550 am Rande wichtiger Stapelplätze des Fernhandels entstanden.

In *Krakau* an der oberen Weichsel wurde 1534 ein „Praepositura Hospitalis Furiosorum S. Fabiani et S. Sebastiani" eröffnet. In *Danzig* richtete man 1542 im leerstehenden Pesthaus einige Irrenzellen ein. Beide Gründungen gelten als städtisch und als bürgerlich, obwohl sie fast wie Privatanstalten des 19. Jahrhunderts von reichen Fernhändlern finanziert und zugleich wie kirchliche Häuser vom Bischof als fromme Werke bestätigt wurden. Das Irrenhaus in Krakau schenkte man zwei Heiligen, so wie auch Kirchen oder Klöster jenen Fürsprechern übereignet worden sind, von denen man sich Hilfe vor dem Richterstuhl Gottes erhoffte.

Eine erste Welle von Irrenhausgründungen wird faßbar, wenn man in den katholischen Gebieten des Slawentums die Tätigkeit der großen Pflegeorden in den Blick nimmt. Wieder sind es die Barmherzigen Brüder des heiligen Johannes von Gott, die an erster Stelle zu nennen sind. Doch wieder müssen wie in anderen Ländern zwei wichtige Einschränkungen gemacht werden: Die frommen Pfleger nahmen stets nur Männer auf und zwar deshalb, weil auch der pflegende Mönch eine strenge Sexualaskese nur dann jahrelang verwirklichen kann, wenn er Patientinnen weiblichen Orden überläßt. Außerdem muß beachtet werden, daß fast alle Hospitäler des San Juan de Dios stets Irre versorgt haben. Doch leider sind ihre Zellen und Abteilungen auch im Osten meist nur ganz ungenau nachweisbar.

In *Prag* wurde das „Spital der Barmherzigen Brüder" 1620 gegründet. Seit 1793 gab es eine Sonderabteilung für umnachtete Geistliche, was unmittelbar an Joseph II. und die Wiener Niederlassung des Ordens erinnert.

In *Warschau* entstand das „Hospital des Heiligen Johannes von Gott" (1650) wenige Jahrzehnte nach der Gründung in der böhmischen Hauptstadt. Im Mittelpunkt Polens machten sich die Brüder aber bald so unentbehrlich, daß ein größeres Hospital auf kreuzförmigem Grundriß errichtet werden mußte (1726). Zu ihm gehört seit 1728 eine besondere Irrenabteilung, die 1760 erweitert wurde. Doch auch diese scheint bald überfüllt gewesen zu sein. Denn seit 1795 nahm das Hospital nur noch (männliche) Geistesgestörte auf. Ein selbständiges Irrenhaus war so entstanden.

Andere Niederlassungen des San Juan de Dios wirkten segensreich in *Preßburg* (1672) an der Donau und in *Brünn* (1748), der Hauptstadt von Mähren. An beiden Orten sind Irre mit Sicherheit nachzuweisen.

Während in Wien oder in Graz die Elisabethinerinnen als weiblicher Pflegeorden die Barmherzigen Brüder ergänzten, haben dies in *Warschau* die Vinzentinerinnen getan. Die Barmherzigen Schwestern des heiligen Vinzenz von Paul (nicht Paula!) eröffneten dort 1760 das „Hospital zum Kinde Jesu".

Nach den ersten Irrenhäusern der Kaufleute und den frühen Gründungen pflegender Mönche sind nun einige Häuser für Geistesgestörte zu nennen, die man dem aufgeklärten Absolutismus des Landesfürsten zu verdanken hatte. Denn Kaiser Joseph II. eröffnete nach dem Wiener „Narrenthurm" (1784) weitere Irrenabteilungen im Zusammenhang mit allgemeinen Krankenhäusern. Sie sind nachzuweisen, aber noch kaum erforscht in *Brünn* (1786) in Mähren, in *Lemberg* (1789) im fernen Galizien (heute russisch) und, wie längst erwähnt, in *Prag* (1790).

Wer aus Wien und aus Graz, aus Firenze oder Lisboa kommt und dort beobachtet hat, wie aus den staatlichen Zentralsammelstellen aller Irren im Lande manchmal doch Behandlungsstätten für geisteskranke Patienten entstanden, wird im Osten vergleichbare Vorgänge erwarten. Während man in Brünn und Lemberg noch ganz im dunkeln tappt, kann aus *Prag* genau berichtet werden.

Die Überfüllung des viel zu kleinen „Tollhauses" am „Allgemeinen Krankenhaus" (mit der bezeichnenden Inschrift „CUSTODIAE. MENTE. CAPTORUM. JOSEPHUS II. LEOPOLDUS II. MDCCXC.") machte es unumgänglich, zur Entlastung wenigstens ein Notquartier zu suchen. Man fand es in einem nahegelegenen Kloster St. Katharina (1822), das somit genau dem „Lazarett" in Wien entsprach, in dem ja auch die weniger gefährlichen und vielleicht sogar heilbaren Irren aus dem Narrenthurm zusammengezogen wurden. In *Prag* hat jedoch bald auch diese „Irrenanstalt St. Katharina" nicht mehr ausgereicht. Es lag nahe, auf einem benachbarten Grundstück für die behandlungsfähigen Kranken eine pure Heilanstalt von Grund auf neu zu erbauen. So entstand die „K. u. K. Irrenanstalt" (1839, 1846), die dank der Tätigkeit des Arztes Joseph Riedel bald als beste Heilungsstätte für Geisteskranke in allen habsburgischen Ländern galt. Wieder war es ein Einzelner, der den neuen Umgang mit Irren durchsetzte und damit so sehr überzeugt hat, daß die Metropole der Monarchie nun „den führenden Anstaltsfachmann" heranziehen mußte, wenn der rote Faden der Entwicklung durch die Hauptstadt des Reiches ziehen sollte. Wien griff nach ihm. Riedel wirkte seit 1848 als Direktor der „Niederösterreichischen Landesirrenanstalt".

In Prag aber entstand eine Lücke, die erst nach langer Pause wieder geschlossen worden ist. Nach Jahren des Planens und Vorbereitens erhielt nach 1860 fast jeder größere Verwaltungsbezirk zwischen Donau und Ostsee seine eigene „Landesirrenanstalt". Die Reihe beginnt mit *Brünn-Czernowitz* (1863) in Mähren und den großen Neubauten in *Kosmanos* (1869) in Böhmen. Dann folgte *Lemberg-Kulparkow* (1875) in Galizien sowie zur Entlastung die zweite böhmische Anstalt in *Dobrzan* (1883) und die zweite mährische in *Troppau* (1889). Hinzugefügt sei noch, daß man im damals russischen, aber katholischen Polen aus politischen Gründen nicht dem Vorbild in Wien folgen konnte, als die Anstalt in *Warschau-Tworki* (1888–1891) errichtet wurde. Die Pläne entwarf der Baumeister Strom, den der Irrenarzt Balinski in St. Petersburg beraten hat.

Ein Blick auf die Länder des Balkan zeigt, daß wieder die

katholischen Gebiete dank ihrer intensiveren Verbindung zum Westen die ersten Stätten geschaffen haben, an denen Irre Zuflucht finden konnten. Das Benediktinerkloster *Pécsvárad* bei Pécs wurde 1015 gegründet, und zwar von Stephan dem Heiligen, dem König von Ungarn, der am zweiten Weihnachtsfeiertag (1001) zum Katholizismus übergetreten war. Hier sollen später Irre aufgenommen und teilweise sogar geheilt worden sein.

Dann aber fehlen für viele Jahrhunderte alle Gründungsnachrichten. Gewiß gibt es reiche Städte oder Niederlassungen der weltumspannenden katholischen Pflegeorden. Nach der islamisch-türkischen Überflutung hat auch die Aufklärung Ungarn immerhin abgeschwächt und verspätet erreicht. Doch von Irrenhausgründungen ist erst wieder erschreckend spät um 1850 die Rede. Damals entstand in *Vácz* an der Donau eine kleine Anstalt. Ihr folgte das Irrenhaus in *Sibiu* (1853), im damals noch ungarischen Siebenbürgen.

Wichtig sind jedoch erst die beiden prächtigen Riesenanstalten, die nach langer Planung bei der Hauptstadt errichtet wurden. Ganz dem Wiener Vorbild folgte das Irrenhaus in *Budapest-Lipótmező* (1860–1868) auf dem Leopoldsfeld, während die Anstalt in *Budapest-Angyalföld* (1883–1885) auf dem Engelsfeld mehr von westeuropäischen Normvorstellungen geprägt wurde. Weniger überzeugend wirkte die Anstalt in *Nagy Kálló* (1896), die in einem leerstehenden Haus eröffnet wurde.

Ähnlich verspätete Entwicklungen sind auch im heutigen Rumänien zu beschreiben, das aus den beiden griechisch-orthodoxen, aber islamisch-türkisch verwalteten Donaufürstentümern Moldau und Walachei zusammengewachsen ist. Die ältesten Irrenhäuser standen im dritten Landesteil, dem erst seit 1920 rumänischen Siebenbürgen, das neben Zisterzienserklöstern (*Kerz*, 1240) und lutherischen Kirchen große jüdische Gemeinden hatte. Trotz dieser vielfältigen Voraussetzungen scheint aber kaum eine der religiösen Gruppen menschenfreundlich und reich genug gewesen zu sein, um dauerhaftere Irrenhäuser zu gründen. Erst das Wiener Vorbild hat nach 1850 Anstalten in *Sibiu* (1853) und in *Cluj* entstehen lassen.

Dann aber zog auch hier die Hauptstadt alle Energie an sich. Am Anfang steht in der Walachei die Anstalt in *Bukarest-Mărcuţa* (1846), die in einem ehemaligen Kloster vor der Stadt eingerichtet wurde. Aus ihr ging später das große Irrenhaus in *Bukarest-Sokola* hervor, das bald zum Mittelpunkt der psychiatrischen Forschung und Lehre wurde.

Während in Bulgarien nur die Irrenabteilung des „Alexanderhospitals" in *Sofia* (um 1900) genannt werden soll, sei in Jugoslawien wenigstens auf die Irrenhäuser in *Zagreb* und in *Belgrad* aufmerksam gemacht. In Griechenland können drei wichtigere Gründungen genannt werden. Auf der Insel *Korfu* vor der griechisch-albanischen Küste gab es (vor 1863) eine englische Irrenanstalt, als die „Ionische Republik" unter britischem Schutz stand. Zu nennen ist außerdem das Irrenhaus, das im ehemaligen Kloster *Daphni* (um 1880?) bei Athen eingerichtet wurde. Wichtiger scheint eine private Irrenanstalt zu sein, die der reiche Grieche Dromocaites am Rande von *Athen* (1887) stiftete. Hier haben die ersten griechischen Irrenärzte ihre Erfahrungen gesammelt.

Wie wenig griechisch-orthodoxe Christen oder auch Muslime auf dem Balkan mitteleuropäische Impulse aufnehmen konnten, wird noch einmal deutlich, wenn man die Einrichtungen der Hochschulpsychiatrie betrachtet. Universitätskliniken gibt es um 1900 tatsächlich nur in den katholischen und protestantischen Gebieten des Balkan, und zwar lediglich in Verbindung mit Wien. Die ersten entstanden in *Cluj* (1900–1901) und in *Budapest* (1906–1908). Vergleicht man diese Gründungen mit den psychiatrischen Kliniken in Heidelberg (1878) oder in Freiburg (1887) dann wird deutlich, mit welcher Verspätung eröffnet wurde. Wichtiger ist jedoch, daß wieder nur nachahmende Einrichtungen zustande kamen. Auch in München ist die „Königlich Psychiatrische Klinik" erst 1902–1904 erbaut worden. Ihr Vorstand, der Psychiatrie-Professor Emil Kraepelin, sorgte jedoch mit typischen Neuerungen (Dauerbad statt Zwangsjacke, Wachsäle statt Einzelzellen) dafür, daß das Haus jahrelang im Mittelpunkt internationaler Aufmerksamkeit stand.

Daß es im alten Rußland überhaupt Irrenhäuser gegeben hat, war für viele Psychiater noch um 1900 erstaunlich. Das überdehnte Herrschaftsgebiet der Zaren galt als hoffnungslos unterentwickelt, barbarisch und grauenerregend. Andererseits betonte Fürst Otto von Bismarck, der es als ehemaliger Preußischer Botschafter in Rußland wissen mußte, daß man das beste Französisch nicht in Paris, sondern in St. Petersburg spreche.

Tatsächlich lagen die ersten und später die besten Irrenhäuser alle in den Ostseeprovinzen sowie in den beiden Hauptstädten *St. Petersburg* und *Moskau*. Die Häuser für Geistesgestörte erweisen sich somit auch hier als Importe. Die fremdartigen Schöpfungen wurden von einer frankophonen Oberschicht und lutherischen Adelsfamilien aus dem Baltikum vor allem für diese Kreise des Zarenreiches gegründet. Die slawische Bevölkerung zwischen Moskau, Odessa und dem Ural blieb jedoch von all diesen Neuerungen unberührt.

Es wäre aber falsch, den Zaren vorzuwerfen, sie hätten nichts für die Verbreitung des Irrenhauses im Inneren Rußlands getan. Mindestens seit Peter dem Großen, der sich ja an Amsterdam orientierte, und seit Katharina II. haben die Herrscher immer wieder versucht, die in Westeuropa so bewährte Einrichtung des Irrenhauses auch in den Osten zu verpflanzen. Man weiß, daß einer der russischen Kronprinzen sogar persönlich im "Retreat" in York gewesen ist. Außerdem wird noch von mehreren Berichten zu sprechen sein, die im Auftrag der Zaren mitteleuropäische Irrenhäuser für jene Russen schilderten, die damals noch ungenügende Auslandskenntnisse besaßen. Dies alles zeigt aber nur, wie sehr man trotz der großen Entfernungen zu lernen gewillt war und wie sehr man nachahmte, statt aus eigenem Antrieb humanere Formen im Umgang mit Irren zu suchen.

Wenn es in Rußland aber jemals spontane Ansätze zu einer Irrenfürsorge gegeben hat, dann müßten sie im Schatten der orthodoxen Ostkirche und ihrer Klöster gesucht werden. Doch leider liegen weder aus Kiew noch aus Nowgorod zuverlässige Nachrichten vor. Nur in *Zagorsk*, einem der beliebtesten Wallfahrtsorte bei Moskau, kennt man immerhin eine hospitalähnliche Pilgerherberge (1635–1637), die vielleicht ältere ersetzt hat. Von hilfesuchenden Irren ist aber auch hier nie die Rede.

Als „erste russische Irrenhäuser" können somit höchstens jene Zellen gelten, die seit 1762 am Kloster Seleneck bei *Nowgorod* und am Kloster Andreewsk bei *Moskau* wenigstens vorübergehend Geistesgestörte aufnahmen. Trotz der monasterialen Namen war die Initiative aber keineswegs von den Christen der russischen Kirche ausgegangen, sondern ganz und gar von der Zarin Katharina II. (1762–1796).

Die ungewöhnliche Frau war 1729 als Tochter eines preußischen Generals in Stettin geboren worden. In Deutschland erzogen, betrat sie 1744 erstmals Rußland, wo sie 1745 den Thronfolger heiratete. Im Jahre 1762 gelang es ihr, nach einem Staatsstreich den Zaren zu beseitigen und, 33 Jahre alt, zur unumschränkten Herrscherin Rußlands aufzusteigen. Daß sie die Folter abschaffte und die Impfung einführte, daß Katharina mit Voltaire, aber auch mit Diderot und d'Alembert französische Briefe wechselte, zeigt nur, wie aufgeklärt die Fürstin war. Viel wichtiger ist hier, daß die beiden „ersten russischen Irrenhäuser" sofort, und zwar noch im Jahre ihrer Thronbesteigung (1762) eröffnet wurden.

Sie bestanden jedoch nicht lange. Berichte aus Mitteleuropa zeigten nämlich, daß es unzweckmäßig war, Irre bei Mönchen oder in ehemaligen Klöstern unterzubringen. Als die Zarin bei der Akademie der Wissenschaften anfragte, wie Tollhäuser am besten einzurichten seien, vermochte man dort keine befriedigende Antwort zu geben, sondern leitete den Wunsch der Fürstin weiter an August Ludwig Schlözer, der sich ohnehin gerade zu Studien in Deutschland aufhielt. In seinem erhaltenen Bericht von 1765 aus Göttingen teilte er mit, er habe das Tollhaus in Lübeck besucht und dort mit dem Oberwärter gesprochen, der ebenfalls beauftragt gewesen sei, der Zarin zu berichten. Schlözer schrieb weiter, er hätte außerdem das Tollhaus „Breite Wiese" in Lüneburg kennengelernt, wo er etwa 11 Geistesgestörte in den Zellen eines ehemaligen Pesthauses (von 1566) gefunden habe.

Gewiß kann man heute leicht sagen, daß Schlözer kaum noch ungeeignetere Irrenhäuser gleichsam als Modell hätte aussuchen können. Offensichtlich ahnte er dies auch selber. Denn sein kluger, abschließender Ratschlag, die Russen sollten doch besser selbst nach Europa reisen und geeignete Vorbilder suchen, zeigt deutlich, daß man in St. Petersburg zunächst nur eine Nachahmung verwirklichen wollte.

Gleichzeitig mit den Anfragen in Mitteleuropa versuchte die Zarin durch intensive Nachforschungen, ihr eigenes Land kennenzulernen. So kamen im Jahre 1766 erste Ansätze einer Statistik zustande, als alle Einwohner von St. Petersburg verpflichtet wurden, Irre der Polizei zu melden. Wenn diese Versuche auch von Anfang an zum Scheitern verurteilt waren, so gehören sie doch zu den frühesten in aller Welt. Denn 1766 hatte auch in Westeuropa kein einziger unter den Regenten irgendwelche Vorstellungen über die Zahl der Irren im Lande.

Es ist der Zarin hoch anzurechnen, daß sie nicht zuerst den akuten Notstand in ihrer Hauptstadt behoben hat, sondern stattdessen zunächst an ganz Rußland dachte. Im Jahre 1775 erhielten alle Regionalverwaltungen schriftliche Anleitungen, wie Irrenhäuser zu bauen seien. Man sollte darauf achten, daß die Außenmauern fest und dauerhaft seien, damit niemand ausbrechen und entfliehen könne. Der Oberwärter müsse ernst, zäh und unbestechlich sein. Zur Bewachung empfehle es sich, besonders gehorsame Soldaten auszuwählen, die schlagbereiten Irrsinnigen mit bewährter Tapferkeit die Stirn bieten würden.

Ob diese scharfen Maßnahmen jemals irgendwo in Rußland angewandt wurden, ist leider nicht zu sagen. Wenn man aber auf Österreich blickt, wo ja der Wiener „Narrenthurm" (1784) dicke Mauern, dreifache Gittertüren und gewiß manchen ausgedienten Feldwebel unter den Wärtern hatte, dann fragt man sich, ob vielleicht Joseph II. der beste Schüler der aufgeklärten Monarchin gewesen ist. Tatsächlich soll ja der Habsburger die Zarin vor 1780 (?) besucht haben.

Den Vorschriften von 1775 folgte die Gründung des Irrenhauses in *Nowgorod* (1778). Leider weiß man weder wo es stand, noch wie es aussah. Sehr viel genauer kann dagegen über das „Obuchov-Krankenhaus" in St. Petersburg (1780) berichtet werden, das zunächst wahrscheinlich als isoliertes Irrenhaus von der Zarin geplant wurde. Als Vorbild diente weder Lübeck noch Lüneburg, sondern der alte „Pesthof" in Hamburg, der damals schon lange auch Irre aufnahm. Weil das Obuchov-Krankenhaus aber in St. Petersburg am Kanal Fontanka, damals am südlichen Stadtrand, lag, könnte auch „het Doll-Huys" in Amsterdam am Cloveniers Borgwal als Modell gedient haben. Die Hafenstädte an den Schiffahrtswegen waren noch immer die wichtigsten Kontaktstellen für die Kundschafter der Zarin.

Als erstes ließ Katharina mehrere hölzerne Blockhütten nach Russenart erbauen, in denen sofort (1780) etwa 60 Irre und vielleicht bald auch andere Kranke Platz fanden. Dann wurde (1782–1784) ein großer Neubau errichtet, der mehr als 400 Patienten aufnehmen konnte. Man weiß, daß zu den Bauberatungen auch Johann Heinrich Kelchen, der baltische Leibchirurg der Zarin, hinzugezogen wurde.

Das heute vermutlich ganz abgetragene „Obuchov-Krankenhaus" ist dank alter Baupläne recht genau bekannt. Es bestand aus einem riesigen, fast 200 Meter langen Hauptgebäude, dessen gewiß imponierende Front in der Mitte etwas vorsprang. Von hier ging nach rückwärts, und zwar T-förmig, die „einstöckige" Irrenabteilung ab. Im Inneren fand man beiderseits einer Mitteldiele je etwa 15 Zellen, so daß bei Dreifachbelegung mit einer Kapazität von 45 Plätzen gerechnet werden kann. Im Jahre 1787 lebten hier aber bereits 90 Irre (!). Ob man die Unterteilung in eine Männer- und eine Frauenhälfte zunächst unterließ oder ob der Mittelgang von Anfang an durch eine Wand (von Holzbrettern?) längsgeteilt wurde, ist nicht geklärt. Gewiß war diese Halbierung die denkbar schlechteste, die man vornehmen konnte.

Vergleicht man aber die Irrenabteilung des „Obuchov-Krankenhauses" in St. Petersburg (1782) mit dem „Tollhaus" am „Allgemeinen Krankenhaus" in Prag (1790), so ist man höchst überrascht. Denn hier wie dort gibt es eine Mitteldiele, an der die Zellen beiderseits aufgereiht sind. Hier wie dort waren die Irren eng mit der Behandlungsstätte der anderen Patienten verbunden. Stellt man noch den Wiener „Narrenthurm" (1784) des Kaisers neben das Irrenhaus der Zarin, dann findet man diese Zuordnung ein zweites Mal, wobei der Wahnsinnige in Wien wie in St. Petersburg stets eingangsfern, also „hinter" dem Krankenhaus seinen Platz im Strukturgefüge des Ganzen zugewiesen bekam.

Wieweit die Hauptstadt der Zarin auch in ihr eigenes Reich hineinzuwirken vermochte, ist schwierig zu beurteilen. Man weiß zwar, daß die Herrscherin in *Moskau* (1785) ein Haus für Irre einrichten ließ. Die Gründung gehörte zu den „Prikas-Irrenhäusern". Darunter sind Einrichtungen zu verstehen, die von einem allgemeinen Fürsorge-Büro, dem Prikas, ähnlich dem französischen « Bureau de Bienfaissance » der Revolutionszeit getragen wurden.

In Rußland soll es 1810 immerhin 14 „Prikas-Irrenhäuser" gegeben haben, zu denen vier Jahre später (1814) noch einmal 10 weitere hinzukamen. Doch niemand weiß, in welchen Städten all diese 24 Irrenhäuser gesucht werden müssen. Wieder ist es besser, Haus für Haus einzeln zu erfassen. In *Moskau* wurde 1804 eine Irrenabteilung am „Katharinenhospital" eröffnet. *St. Petersburg* erweiterte 1822 das Tollhaus am „Obuchov-Krankenhaus" um 25 Plätze.

Dann aber scheinen für mehrere Jahrzehnte private Gründungen am roten Faden der Entwicklung zu stehen. Genannt sei außer der Privatanstalt Herzog in *Moskau* (1827) die damals berühmte Privatanstalt des Wiener Arztes Leidesdorf in *St. Petersburg* (1847), die endlich vorführte, wie vornehm eine anspruchsvolle Klientel behandelt werden konnte, die es gewohnt war, nach Frankreich oder an den Rhein auszuweichen. Die neuen Maßstäbe und der urban-humane Stil dieser eleganten Häuser wirkte auch auf die öffentlichen Einrichtungen des Staates zurück. Andererseits wurde deutlich, daß so aufwendige Modelle niemals als Irrenhäuser für jedermann landesweit verbreitet werden könnten.

Wer sich daran erinnert, daß in West- und Mitteleuropa zusammen mit Privatanstalten fast immer auch konfessionelle Irrenhäuser gegründet worden sind, der muß in Rußland enttäuscht sein. Nirgends ist zu hören, daß die Christen der Ostkirche, daß der Metropolit in Moskau oder ein Mönch in Kiew irgendwann im 19. Jahrhundert ein Haus zur humaneren Behandlung von Geistesgestörten gegründet hätte.

Dagegen ist die permanente Planungstätigkeit des Staates auch dann unübersehbar, wenn später alle Projekte doch nicht verwirklicht wurden. Nach wie vor war die russische Regierung sehr darum bemüht, genaue Anstaltsbeschreibungen aus dem Westen zu erhalten. Ein Kabinettstück einer sorgfältigsten Irrenhausschilderung schickte der sächsische Minister G. A. E. von Nostiz und Jänckendorf (1829) nach Rußland. Sein dickes Buch verzeichnete alle Einzelheiten der „Heil- und Verpflegungsanstalt Sonnenstein" bei Pirna. Noch heute lesen sich die Seiten wie ein Spionagebericht für den Zaren.

Aber auch in Rußland selber waren fast ständig umfassende Untersuchungen im Gang. Wie einst die große Zarin, so war nun das Innenministerium in St. Petersburg bemüht, sein eigenes Land besser kennenzulernen. Nachdem im Jahre 1842 Besucher in alle Himmelsrichtungen ausgeschickt worden waren, die oft trostlose Berichte an die Zentrale schickten, bildete man 1844 einen Reformausschuß, in dem neben Ministerialbeamten auch Ärzte saßen. Nach jahrelangen Erwägungen beschloß man, ein landesweites Versorgungssystem zu schaffen. Um die erschreckenden Kosten des Gesundheitswesens in Grenzen zu halten, mußte auf viele kleine Häuser, auf Asyle in jeder Stadt oder auf Kliniken für den Tag und die Nacht verzichtet werden.

Der Weitblick zaristischer Regierungskunst erkannte klar, daß nur die Großkrankenhäuser mit einiger Wahrscheinlichkeit die Aussicht boten, jedem armen Irren im Lande einen Behandlungsplatz zu sichern. Als Resultat der Enquête machte der Reformausschuß 1855 den Vorschlag, acht riesige Zentralanstalten errichten zu lassen, und zwar natürlich zuerst in St. Petersburg und in Moskau, dann aber auch in Kasan und Charkow, in Kiew und Odessa, sowie in Wilna und Riga. Als klar wurde, daß wegen der Rüstungsausgaben und wegen des Krimkrieges (1854, 1855) an eine Verwirklichung nie zu denken war, verschwanden alle Pläne im Archiv, die ohne Rechenmeister am grünen Tisch ersonnen waren. Der Ausschuß löste sich auf.

Ein neuer Ausschuß wurde 1856 gegründet. Er schlug dem Zaren vor, ein Großexperiment zu wagen und eine Modellanstalt errichten zu lassen, und zwar absichtlich nicht in einer der Hauptstädte, sondern draußen im hintersten Rußland, in *Kasan* an der Wolga. Alexander II. (1855–1881) stimmte 1861 zu, 1862 wurde mit dem Bau begonnen und 1869 konnte das „Wolga-Asyl" endlich eröffnet werden.

Das «Manicomio Modelo» der Russen war jedoch mindestens fürs erste ein verheerender Fehlschlag. Statt der bereitgestellten 60 000 Rubel hatte man die entsetzliche Summe von 541 000 Rubel verbaut. Fast das Zehnfache! Völlig falsch kalkuliert waren auch die Betriebskosten. Zwar lag das „Wolga-Asyl" landschaftlich stimmungsvoll an der „sibirischen Poststraße" im Nordosten vor der Stadt. Aber gerade der Standort erwies sich als fatale Fehlentscheidung. Denn zunächst (1869) gab es in Kasan noch keine Eisenbahn. Wenn die endlosen Straßen des weiten Landes im Herbst und Winter nicht mehr zu benutzen waren, rückte das zentrale Großkrankenhaus für viele Patienten in unerreichbare Ferne. Das „Wolga-Asyl" war dann monatelang nur „halbbesetzt"!

So wirkte Kasan als Modell nur lähmend und tief enttäuschend. Niemand erwog, weitere Zentralanstalten zu bauen. Viele aber wandten sich gänzlich vom Irren ab. Seine Probleme schienen unlösbar zu sein. Wie seit Jahrhunderten verhungerte er angekettet in Schweineställen spätestens im zweiten oder dritten akuten Schub.

Trotz der vielen Fehler war es der russischen Regierung aber doch gelungen, wenigstens eine sehr richtige Entscheidung zu treffen, durch die alles doch noch verspätet zum Guten gewandt werden konnte: Sie berief als ersten Direktor nach Kasan den

Arzt A. U. Frese. Leider weiß man sehr wenig von ihm. Er erhielt seine Ausbildung aber mit Sicherheit in der großherzoglich-badischen zentralen Groß-Irrenanstalt Illenau, und zwar noch vom alten Roller persönlich. Damit wird deutlich, wie gut man in St. Petersburg inzwischen den Westen und seine Irrenhäuser kannte. Mit sicherem Herrschergriff holte sich der Zar seine wichtige Nachwuchskraft aus dem damals besten Irrenhaus, das zudem noch als klinische Ausbildungsstätte alles andere überragte.

Als Frese 1869 in Kasan begann, konnte er das „Wolga-Asyl" weder umbauen noch verlegen. Was aber durchaus zustandegebracht werden konnte, war eine irrenärztliche klinische Ausbildungsstätte. Wie in Baden, so schwebte auch in der Illenau an der Wolga über allem, monarchisch wie der Zar und alles umfassend wie fast der Herrgott selber, ein einziger Direktor, nämlich Frese. Roller nachahmend hatte er vier Ärzte unter sich, die wie Erzengel um ihn standen. Doch auch sie waren hierarchisch gestuft. Es gab einen Oberarzt, der den servilen Titel „Gehilfe des Direktors" führte, während die drei anderen als „Ordinatoren" wie in der Illenau streng weisungsgebunden blieben. Was zu geschehen hatte, bestimmte Frese. So wie der altdeutsche Zuchtmeister mit der Peitsche die Züchtlinge lehrte, das Gute und Richtige zu tun, um sie so gewaltsam zu glücklichen Menschen zu machen, so lehrte nun Frese seine russischen Schüler.

Er tat es nicht ohne Erfolg. Sein Oberarzt und „Gehilfe" N. C. Ackerblom wurde nach *Samara*, dem heutigen Kuibyschew an der Wolga, berufen, während die „Ordinatoren" W. A. Bränzeff nach *Irkutsk* und K. M. Zeleritzky nach *Sibirsk* gingen, um dort neu eröffnete Irrenhäuser zu leiten. Man sieht, daß sich die Wolga-Schule entlang der Verkehrswege ausbreitete. Außer dem Strom, der Kasan vor allem mit dem Süden verbindet, sorgte später auch die Transsibirische Eisenbahn (1891 erster Spatenstich) dafür, daß die einst so abgelegene Irrenanstalt wie die Spinne fast panoptisch im Zentrum eines Netzes saß.

Da Frese nach dem Vorbild von Roller mehrwöchige Kurse für bereits praktisch tätige Ärzte in Kasan abhielt, prägte er außerdem Ponomareff, der später in *Perm* eine neue Anstalt leitete und ganz besonders P. I. Kowalewsky. Dieser Frese-Schüler leitete später die Anstalt in *Charkow*, wurde dann Rektor der Universität Warschau im damals russischen Polen und starb schließlich hochverehrt als Psychiatrieprofessor in Kasan.

Nimmt man hinzu, daß Frese, ganz im Gegensatz zum hochschulfeindlichen Roller, von Anfang an auch einen Lehrstuhl für Irrenheilkunde an der allerdings kümmerlichen Universität Kasan innehatte und so auch Studenten in jungen Jahren an den Umgang mit Irren gewöhnen konnte, dann wird deutlich, daß das „Wolga-Asyl" trotz seiner fatalen Anfänge zur Wiege der russischen Psychiatrie geworden ist.

Die Zahl der Schüler wurde unüberschaubar, als nach dem Tod von Frese (1884) der Lehrstuhl vom Irrenhaus getrennt wurde und so auch in Rußland die problematische Spaltung in eine stets bevorzugte Hochschulpsychiatrie und die inferiore Anstaltspsychiatrie entstand. Direktor wurde L. T. Ragosin (1884–1888), der wieder zahlreiche künftige Direktoren ausbildete. Professor wurde Wladimir Bechterev, der aber schon 1893 den Lehrstuhl für Psychiatrie in St. Petersburg übernahm. Sein Name ist der erste unter den russischen Irrenärzten, der auch in Westeuropa und in der ganzen Welt nicht mehr vergessen wird.

Wenn heute über Kasan und das „Wolga-Asyl" so genau berichtet werden kann, so verdankt man dies einem der ganz seltenen Augenblicke, in dem sich das so abweisende Rußland dem Fremden großzügig geöffnet hat. Die Pläne der Musteranstalt waren nämlich während der „Dresdener Internationalen Ausstellung für Hygiene" 1911 ausgestellt und sind dann sogar in deutscher Sprache beschrieben und veröffentlicht worden. Vorsichtshalber ließ man jedoch den Grundriß weg, so daß heute das Herzstück des Ganzen nicht zu beurteilen ist.

Alle anderen russischen Irrenhäuser, die nach 1869 eröffnet wurden, sind vom Rhein aus betrachtet in der Ferne des Ostens kaum zu erkennen. Nach den Städtischen Anstalten in *Riga* (1862) und *Mitau* (1869) wurden große Irrenhäuser gebaut in *St. Petersburg* (1870) und in *Rjasan* (1871), in *Tula* (1872) und in *Twer* (1874), dem heutigen Kalinin.

Psychiatrische Universitätskliniken entstanden in *St. Petersburg* (1864) und in *Dorpat* (1880), wo ja Emil Kraepelin (1886 bis 1890) lehrte. Genaue Berichte und Pläne liegen vor von der vorbildlichen Psychiatrischen Klinik der Universität *Moskau* (1882–1887), die, durch eine Privatstiftung finanziert (!), vom Baumeister Bikovski errichtet wurde. Hier lehrte Sergei Korsakov, nachdem er sich 1888 habilitiert hatte, bis zu seinem Tode (1900).

Außerdem sind zwei wichtige Militär-Irrenanstalten zu nennen in *St. Petersburg* (1890–1894) und im fernen *Taschkent* (1890) in Zentralasien.

Trotz all dieser eindrucksvollen Neugründungen von Irrenhäusern bestand aber um 1900 keine Veranlassung, sich dem Ziel nahezufühlen. Wie es in manchen Winkeln des zaristischen Rußlands immer noch aussah, wird blitzartig grell beleuchtet, wenn man den Bericht eines Kontrollausschusses von 1895 liest. Damals fand man in und bei der Hauptstadt St. Petersburg 18 Patienten in Ketten und 130 Kranke mit schweren anderen Fesselungen sowie zahlreiche entsetzlich Mißhandelte. Noch einmal zeigten diese trostlosen Zustände, daß Irrenhäuser in Rußland nicht von Russen entwickelt worden waren, sondern daß es die Zaren gewesen sind, die eine dem Land ganz fremde Einrichtung einpflanzen ließen, um so ihr Volk glücklich zu machen – wenn nötig sogar mit Gewalt.

Die Irrenhäuser der Osmanischen Türkei und der alten islamischen Städte des Orients können hier nur kurz erwähnt werden. Nur wenige wichtige Gründungen ragen heraus, während die meisten ganz unsicher oder undeutlich zu erfassen sind. Das älteste Irrenhaus geht angeblich auf die Zeit um 800 zurück. Damals gründete der Kalif Harun ar-Raschid in *Bagdad* ein Spital mit einigen halblegendären Irrenzellen. Andere dortige

Irrenhäuser, am Ezechiel-Kloster (vor 1000?) oder am Rande der Stadt (vor 1200 vom Rabbi Benjamin von Tudela erwähnt) sind zwar nicht sehr viel zuverlässiger überliefert, verstärken aber doch den Verdacht, daß sich die Märchengefilde des Morgenlandes sehr früh dem Narren zugewandt haben.

Eine besondere Stellung nimmt das Mansurische Hospital, das Hospital des Sultans Kalaun, in *Kairo* (1284) ein. Es gilt als schönstes altes Hospital der islamischen Länder und steht heute noch weitgehend erhalten aber hochgefährdet zwischen den Abbruch- und Elendsvierteln der faszinierenden Weltstadt am Nil. Seine Irrenabteilung wurde bereits von verschiedenen Franzosen geschildert (Jomard 1798 und Desgenettes 1800), die Napoleon I. (1798) auf seinem ägyptischen Feldzug begleiteten. Dann haben einige Jahre später vornehme englische Irrenärzte entsetzt in die Käfige gestarrt. Deutsche Baumeister beschrieben vor 1900 die damals kaum noch benutzte Irrenabteilung. Zahlreiche Zellen lagen an allen vier Seiten eines fast quadratischen Innenhofes. Heute ist dieser Teil der Komplexanlage unter einer meterhohen Schuttschicht begraben.

Große Vorsicht ist beim islamischen Irrenhaus in *Fez* geboten. Es wurde nämlich erst um 1350 gegründet, obwohl die meisten Autoren oft heute noch meinen, es sei bereits um 700 eröffnet worden! Vielleicht geht dies alles auf einen Fehler im Buch von Esquirol (1838) zurück. Da die Stadt Fez in Marokko aber um 700 noch kaum gegründet war und erst um 1000 eine beachtenswerte Ausdehnung erreichte, wäre es lächerlich, das allerälteste Irrenhaus des Islam dort zu vermuten. Der einzige Berichterstatter, der den so gelehrt und fromm klingenden Namen Leo Africanus hatte, ist keineswegs wie Constantinus Africanus ein weitgereister, sprachgewandter Drogenhändler, sondern ein Muslim, den sizilianische Seeräuber erbeuteten und dem Papst schenkten. Leo X. taufte ihn 1520 auf den Namen Leo. Doch der nur scheinbar Bekehrte entwich nach Tunis, wo er in einem größeren Reisewerk das Irrenhaus in Fez mit wenigen Sätzen beiläufig erwähnte.

Die Hospitäler der Seldschukischen Türken in Kleinasien

stellen eine geschlossene Gruppe innerhalb der islamischen Krankenhäuser dar. Viele dieser Gründungen, in *Sivas* (1217) oder in *Amasya* (1312), sollen angeblich auch Irre aufgenommen haben, ohne daß dies bis jetzt hinreichend glaubhaft gemacht werden konnte.

Etwas sicherer sind dagegen die Nachrichten, die von Irren in den frühen Osmanischen Hospitälern zu berichten wissen. Schon die erste dieser Gründungen, das Hospital, das Sultan Mohammed II., der Eroberer, bei seiner Moschee in *Istanbul* (1470) errichten ließ, hat sehr wahrscheinlich geisteskranke Männer aufgenommen. Wer in *Edirne*, dem alten (H)Adrianopel in der europäischen Türkei, die prächtige Moschee des Sultans Bayazid II. besucht, wird dort ein sechseckiges Irrenhaus (1486–1489) bestaunen können, in dem 1651 Geistesgestörte mit großer Sicherheit nachgewiesen werden können.

Für die Psychiatriegeschichte wichtiger sind jedoch zwei Irrenhäuser, die Sinan, der alles überragende Baumeister der Osmanischen Glanzzeit, in der Hauptstadt am Bosporus errichtet hat. Das ältere ließ die Sultanin Hasseki Hurrem, die Frau von Suleyman dem Großen, in *Istanbul* (1536–1539) für Frauen erbauen. Das etwas jüngere Männer-Irrenhaus gründete der prächtige Sultan selber bei seiner überwältigenden Riesenmoschee im Zentrum von *Istanbul* (1555). Beide Häuser stehen noch. Das Männer-Irrenhaus wurde sogar noch bis 1867 benutzt. So überrascht es nicht, daß der Engländer John Howard (1785) oder die kampflustige Amerikanerin Dorothea L. Dix (1856) sowie manche französische Ärzte sehr günstige Berichte über das Irrenhaus des Suleyman hinterlassen haben. Alle beschreiben die vielen Zellen, die um einen fast quadratischen Innenhof lagen, den man heute noch besuchen kann. Das Haus galt als hinreichend sauber und ziemlich gut belüftet, was damals im Orient ein hohes Lob war. Auch die Behandlung der Kranken wurde als freundlich und hilfsbereit geschildert. Vermutlich blieben die unruhigen Patienten aber für alle ausländischen Besucher aus gutem Grund unsichtbar.

Irrenzellen an den Hospitälern in *Manisa* (1539) und *Sku-*

tari (1583) sowie am Hospital bei der Moschee des Sultans Achmed I. in *Istanbul* (1616) sollen nur erwähnt werden, weil hier Geistesgestörte vielleicht erst Jahrzehnte nach der Gründung aufgenommen worden sind.

Als wichtigstes Irrenhaus der neueren Zeit gilt die Anstalt in *Istanbul-Bakirköy*. Sie wurde jedoch erst nach 1918 unter Atatürk, dem Schöpfer der jetzigen Türkei, in einer damals leerstehenden Kaserne nahe bei dem Flughafen Yeşilköy eröffnet und soll angeblich 2500 Betten haben. Eine zweite Anstalt in *Manisa* (nach 1918), beim alten Ephesos, ist sehr viel kleiner.

Übersee

Unter den Irrenhäusern, die jenseits der Weltmeere errichtet wurden, sind außer einzelnen, weitverstreuten und bald vergessenen Gründungen nur jene wichtig, die in Nordamerika entstanden. Sie haben zudem den Vorzug, fast immer genau untersucht worden zu sein.

Als „erstes Irrenhaus in Amerika" ist noch einmal in *Mexico* das « Hospital de San Hipolito » (1567) zu nennen. Trotz intensiver Nachforschungen konnte aber im nordamerikanischen Gebiet der Spanier bis jetzt keine einzige weitere Irrenzelle nachgewiesen werden. In den riesigen Weiten zwischen dem Rio Grande del Norte und dem Mississippi sowie der californischen Küste gab es trotz zahlreicher Missionen und einzelner Städte wie San Antonio in Texas oder Santa Fe in den Rocky Mountains offensichtlich in der ganzen spanischen Kolonialzeit fast gar keine intensivere Zuwendung zum Geistesgestörten.

Etwas günstiger ist das Bild in den französischen Besitzungen und Missionsgebieten, die ja von Canada über die Großen Seen den Mississippi entlang nach Süden bis New Orleans reichten. Hier entstanden nach grauenhaften Anfängen in den Eiswüsten des Nordens größere Städte, die nach dem Vorbild des Mutterlandes jenes eigentümlich zweigleisige Hospitalsystem hatten, das ja für Frankreich bezeichnend ist.

Nach dem « Hôtel-Dieu » in *Quebec* (1644) am St. Lawrence River entstand dort das « Hôpital général » (1693), in dem mit Sicherheit einzelne Irre nachzuweisen sind. Dasselbe läßt sich für das fast benachbarte *Montreal* zeigen, wo es im « Hôtel-Dieu » (auch 1644), aber auch im « Hôpital général » (1694) Geistesgestörte in Zellen gegeben hat.

Schwieriger sind die Anfänge in *New Orleans* zu beurteilen, das ja von Franzosen (1718) gegründet wurde, die damals ihr « Hôpital St. Jean » (1737) errichteten. Es ist möglich, daß es dort einzelne Irrenzellen gab. Nachdem die Besitzung an Spanien (1763) abgetreten werden mußte, hat man das damals durch einen Wirbelwind zerstörte Haus in der Regierungszeit des Königs Carlos III. als « Hospital San Carlos » (1784) wiederaufgebaut. Es brannte 1809 gänzlich ab. Damals aber hatte Spanien Louisiana längst schon an die USA verkauft (1803), so daß der Neubau als älteres "Charity Hospital" (1815) eröffnet wurde. In ihm und auch im jüngeren "Charity Hospital" (1831) sind auch Irre aufgenommen worden.

Nach Spanien und Frankreich müssen die Niederlande als nordamerikanische Kolonialmacht genannt werden. Die holländische Handelsniederlassung Nieuw Amsterdam (1624) lag sehr günstig an der Mündung des Hudson River. Das dortige Hospital "Five Houses" (1658) war aber von Anfang an "for the sick soldiers and negroes" der Westindischen Compagnie bestimmt, diente also wie ein Sklavenhospital der Erhaltung der Kampfkraft und der Arbeitsfähigkeit und hat deshalb sicher nie Irre um der Barmherzigkeit willen aufgenommen. Außerdem wurde Neu-Holland schon 1664 englisch. Aus Nieuw Amsterdam wurde New York.

Psychiatriegeschichtlich sind die englischen Besitzungen an der nordamerikanischen Atlantikküste mit Abstand die wichtigsten des Kontinents. Außerdem entwickelte sich aus den Irrenzellen dieser Siedlungs-Kolonien ohne alle Traditionsabbrüche eines der größten Irrenversorgungssysteme der Welt, das um 1870 bereits "from coast to coast", vom Atlantik bis zum Pazifik reichte.

Die Uranfänge der Irrenfürsorge in den Vereinigten Staaten sind in mindestens drei, prinzipiell unterscheidbaren Institutionstypen der englischen Kolonien zu suchen. Am weitesten reichen die Wurzeln beim "Almshouse" zurück (1). In *Boston* (1662), *New York* (um 1664) und *Philadelphia* (1712) nahmen diese Almosen- und Armenhäuser schon wenige Jahrzehnte nach der Gründung der Kolonien alle auf, die keine Angehörigen hatten und so von ihrem zuständigen Verwaltungsbezirk, dem "county", zu versorgen waren (Poor Law Act der Königin Elisabeth, 1601). Unter diesen Alten und Kranken, Arbeitsscheuen und Willensschwachen gab es von Anfang an auffallend viele Irre, die zunächst in einzelnen Zellen, dann in Abteilungen des "Almshouse" und schließlich in selbständigen Irrenhäusern lebten.

So spaltete sich in *Boston* vom "Almshouse" (1662) nach 1800 zunächst das "House of Industry" für fleißige Arme und das "House of Correction" für Faule ab, bevor dann die Irren im "Boston Lunatic Asylum" (1839) eine neue Bleibe fanden. Fast dasselbe läßt sich in *New York* beobachten. Das dortige "Almshouse" in der Broadstreet (um 1664) spaltete 1736 ein "Public Workhouse" und ein "House of Correction" ab, bevor es in größere Häuser in die Chambers Street (1796) und dann an den East River (1819) verlegt wurde. Dort erhielt es den Namen "Almshouse Bellevue" (sprich Bällewju!) und erst von diesem trennte man 1839 das "Lunatic Asylum on Blackwell's Island", das nur noch Irre aufnahm. Als drittes markantes Beispiel sei *Philadelphia* genannt. Die Quäkersiedlung hatte zunächst nur ein "Workhouse" (1712), das dann größer und schöner als "Almshouse Green Meadow" in der Pine Street (1731) neu eröffnet wurde. Um die fleißigen Armen von den Arbeitsscheuen zu trennen, eröffnete man in der Nachbarschaft das "Betteringhouse" (1767) für jene, die durch Zucht und "Correctur" zur „Besserung" gebracht werden sollten. Erst als die beiden Einrichtungen wieder verlegt werden mußten, entstand das "Almshouse Blockley" (1833), das dann eine fast selbständige Irrenabteilung hatte.

All diese institutionellen Strukturentfaltungen wurden beschleunigt durch die ständig zunehmende Überfüllung und durch die Notwendigkeit, zu teuer gewordene Grundstücke, die inzwischen zur Innenstadt gehörten, erneut mit einer billigeren Randlage zu vertauschen.

Parallel zur Irrenzelle im "Almshouse" entwickelte sich die Abteilung für Geistesgestörte im "Hospital" (2). Hier ist an erster Stelle *Philadelphia* zu nennen, wo das "Pennsylvania Hospital" (1752) einen ganz neuen Institutionstyp verkörperte. Im Keller des "East Wing" (1756) gab es zunächst 16 Zellen. Als der "West Wing" (1797) fertig war und dort weitere 42 Zellen beiderseits einer Mitteldiele wieder im Keller bereitstanden, konnte man Frauen und Männer trennen. Im schaurigen Narrenkeller des "Pennsylvania Hospital" hat der Quäkerarzt Benjamin Rush seine Beobachtungen an Irren durchgeführt. Er gehört zu den ersten Internisten-Psychiatern der Neuen Welt, obwohl ihn die meisten Amerikaner höchstens als "underwriter of the declaration of independence" kennen.

Wenige Jahrzehnte später reichten die Zellen im Keller des Hospitals nicht mehr aus. So entstand in *Philadelphia-West* das "Pennsylvania Hospital for the Insane" (1841), das nur noch Irre aufnahm.

Analoge Phasen dieser Entwicklung findet man in *New York*. Das dortige "New York Hospital" (1773–1791) am äußeren Broadway, das ebenfalls von Anfang an Irrenzellen im Keller hatte, erhielt schon 1808 ein "Lunatic Asylum" in der Nachbarschaft. Als auch dieses bald überfüllt war, verlegte man alles vor die Stadt, wo das sehr viel größere "Bloomingdale Asylum" (1821) entstand. Auch hier wurden nur Irre aufgenommen.

Nimmt man schließlich auch noch *Boston* in den Blick, dann muß man sich mit einer eigentümlichen Umkehr der Chronologien abfinden. Das Irrenhaus wurde nämlich zuerst gegründet, und zwar als "McLean Asylum" (1818). Dann erst folgte das bekannte "Massachusetts General Hospital" (1821), bei dem man sich nicht wundern sollte, daß es keine Irrenzellen hatte.

Neben dem "Almshouse" (1) und dem "Hospital" (2) ist

schließlich noch das "State Asylum" (3) zu nennen. Während in den älteren Institutionstypen die Irrenzellen wie Parasiten am Gastorganismus wuchern, nahmen die "State Asylums" von Anfang an nur Geisteskranke auf. Man beachte, daß die Fürsorge damit von der kleinen Verwaltungseinheit, dem "county" oder der "town", auf den alles umgreifenden Staat überging. Bevor die begrenzten Kapitalkräfte der Städte und Landkreise erschöpft waren, übernahmen die stärkeren Staatskassen die schwere Auflage, für den Irren zu sorgen. Dabei kam es aber in Amerika nie zu einer „Verstaatlichung" bestehender Einrichtungen auf dem Weg einer Enteignung, sondern stattdessen zur konkurrierenden Neugründung.

Auch dies läßt sich am Beispiel Boston gut vorzeigen, denn der Staat Massachusetts gründete in *Worcester* ein großzügiges "State Asylum" (1832). Ihm entsprach im Staat New York das in *Utica* eröffnete "State Asylum" (1843).

Daß es darüber hinaus noch private und kirchliche Irrenhäuser gegeben hat, ist beim gewinnorientierten Unternehmertum und der exaltierten Frömmigkeit der frühen Siedler zu erwarten. Besonders genannt werden muß an erster Stelle in *Philadelphia-Frankford* die Quäker-Anstalt "Friends' Retreat" (1817), weil hier besonders humane Umgangsformen neue Maßstäbe für einen ganzen Kontinent setzten. Wichtig war später das streng katholische "Mount Hope Retreat" in *Baltimore* (1840), das im Zusammenhang mit dem dortigen Bischofssitz gegründet wurde.

Neben englischen Quäkern und irischen Katholiken sind die Unitarier als leidenschaftliche Irrenhausreformer und Irrenhausgründer hervorzuheben. Zu ihnen gehört auch Dorothea Lynde Dix (1802–1887), eine ehemalige Schullehrerin aus Massachusetts. Geprägt vom "social idealism" ihrer religiösen Gemeinschaft brach sie zu einem 40 Jahre andauernden Kreuzzug der Menschenrechte auf, wobei das zähe, aber ständig kranke, alte Fräulein ein "State Asylum" nach dem anderen gründete.

Die Reihe wurde mit dem "State Hospital" in *Trenton/ New Jersey* (1848) eröffnet, das die damals immerhin 46jährige Dix als ihr "first born child" bezeichnete. Raffinierte Überlistung und halberpresserische Methoden halfen ihr immer wieder, die gesetzgebenden Volksversammlungen der einzelnen Bundesstaaten zum Bau riesiger Anstalten zu veranlassen. Als sie 85jährig in Trenton starb, soll sie auf 30 Irrenhausneugründungen zurückgeblickt haben; ein amerikanistischer Rekord!

Die Grenze ihrer Kraft erreichte sie allerdings schon 1854. Damals forderte die Dix in flammender Rede vor dem Kongreß in Washington riesige Summen in Form von Land aus Bundesbesitz, um so den „bedürftigen Wahnsinnigen" zu helfen. Nach der Plünderung der Kassen einzelner Bundesstaaten gedachte die „Irrenfreundin" jetzt auch in den zentralen Schatz der Regierung der USA zu greifen. Um diesen für die Vereinigten Staaten nicht ganz ungefährlichen Angriff abzuwehren, war ein Veto des damaligen Präsidenten Franklin Pierce (1853–1857) nötig, der das Land dringender für den Eisenbahnbau benötigte.

Die Agitation der Dix ist stets voll und ganz von den Quäkern, besonders von den Quäker-Irrenärzten, unterstützt worden. Zu ihnen gehört der wichtigste amerikanische Psychiater des 19. Jahrhunderts: Thomas S. Kirkbride (1809–1883). Geboren in Pennsylvania, studierte er in Philadelphia, wo er auch Assistenzarzt am "Friends' Retreat" wurde (1833). Als das neue "Pennsylvania Hospital for the Insane" in *Philadelphia-West* (1833–1841) fertig war, wurde er als Direktor in diese Schlüsselstellung der damaligen amerikanischen Irrenheilkunde berufen, die er bis zu seinem Tode im Alter von 74 Jahren nicht mehr verließ. Er starb wie die Dix im Hause seiner Patienten.

Kirkbride veröffentlichte 1844 ein Buch über die Leitung von Irrenanstalten, dem zehn Jahre später (1854) eine zweite Studie folgte, die den Titel hatte: ›On the construction of Hospitals of the Insane‹. Hier wird jenes "Kirkbride-System" entwickelt und erklärt, das viele Jahrzehnte auch deshalb die amerikanische Anstaltsarchitektur geprägt hat, weil Dorothea Lynde Dix immer wieder die Prinzipien des führenden Quäkerarztes dringend empfohlen hat.

Das Besondere des "Kirkbride-System" bestand darin, daß bei einer der üblichen Dreiflügelanlagen die beiden Seitentrakte nicht mehr rechtwinklig vom Mittelbau abgingen, sondern parallel zu diesem lagen. Die Seitentrakte waren dabei (1) etwas nach rückwärts versetzt, wodurch bei größeren Komplexen jene typisch amerikanische Staffelung der Fassade zustande kam, und außerdem hat man (2) alle Flügel etwas auseinandergerückt, was zu fast gelenkartigen Verbindungen der Gebäudeteile führte. Dies hatte zwei Vorteile. Kirkbride vermied die in Europa endlosen Gänge und zerteilte die gerade in Amerika bald monströsen Anstalten nach dem klassischen Prinzip „divide et impera" in überschaubare Einheiten. Außerdem verbesserte Kirkbride auf diese Weise die Durchlüftung und die Beleuchtung. Ausdrücklich sei noch erwähnt, daß das "Kirkbride-System" besonders gut Erweiterungen und Anbauten erlaubte und so ganz amerikanisch, fast wie ein Wolkenkratzer, nur jedoch horizontal, mit den zunehmenden Kapazitätswünschen wachsen konnte.

Unter den Irrenhäusern, die das "Kirkbride-System" besonders ausgeprägt zeigen, ragen heraus das "Asylum for the Insane" in *Kalamazoo*/Michigan (1859), erbaut von A. H. Jordan, und das "Insane Hospital" in *Tuscaloosa*/Alabama (1854, 1861), erbaut von Samuel Sloan and Stewart. Über alle Maßen riesig sollte das "State Hospital" in *Buffalo*/New York (1870–1878) werden, dessen Pläne von H. H. Richardson, dem Lehrer von Frank Lloyd Wright, stammen. Eine Weiterentwicklung des "Kirkbride-System" wurde versucht in "The Branch Insane Asylum" in *Napa*/California (1873 begonnen), von Wright and Sanders, sowie im "State Asylum" in *Topeka*/Kansas (1879), von Haskell and Wood. Man gebe sich aber keinen Täuschungen über die Zahlen hin: Die Liste der amerikanischen "State Asylums" umfaßte schon vor 1900 bereits 200 bis 300 Häuser! Denn viele Bundesstaaten hatten damals durch wiederholte Entlastungsversuche längst drei oder vier große

Staatsirrenhäuser geschaffen. Hier erst wird der Unterschied zum alten Europa und der erschreckende Abstand zum Osten deutlich.

Auch die anderen britischen Überseegebiete am Kap der Guten Hoffnung, in Indien oder in Australien und Neuseeland, haben manches große Irrenhaus vor 1900 gebaut. Nirgends aber erreichte man die atemberaubenden Kapazitäten der Vereinigten Staaten.

ZEITTAFEL I

Haina, Hessisches Hohes Landesspital, 1533
Hamburg, Pesthof mit Irrenzellen, 1683
Celle, Zucht- und Tollhaus, 1710–1713 (J. C. Borchmann)
Waldheim, Armen-, Waysen-, Zucht- und Tollhaus, 1716
Wien, Irrenhaus im St. Marx Spital, 1762, 1766
Bern, Tollhaus am Siechenhaus, vor 1765
Der Wiener Narrenthurm, 1784 (Joseph Gerl)
Prag, Tollhaus am Allgemeinen Krankenhaus, 1790

Sonnenstein, Heil- und Verpflegungsanstalt, 1810–1811
Siegburg, Irrenheilanstalt, 1825
Erlangen, Kreis-Irrenanstalt, 1834–1846 (Schulz)
Illenau, Relativ verbundene H. u. P. Anstalt, 1837–1842 (Voss)
Wien, Niederösterr. Landesirrenanstalt, 1848–1852 (Fellner)
Préfargier, Maison de Santé, 1849
Bern-Waldau, Kantonale H. u. P. Anstalt, 1849–1855 (G. Hebler)

Klingenmünster, Kreis-Irrenanstalt, 1852–1857 (Hagemann)
München, Kreis-Irrenanstalt für Oberbayern, 1856–1860 (Bernatz)
Göttingen, Kgl. Hannov. Irrenanstalt, 1863–1866 (A. Funk)
Linz-Niedernhart, Oberösterr. Landesirrenanstalt, 1863–1867
Zürich-Burghölzli, Irrenanstalt, 1865–1870 (J. C. Wolff)
Graz-Feldhof, Landesirrenanstalt, 1872
Lausanne-Bois de Cery, Irrenanstalt, 1872–1873
Bonn, Provinzial-Irrenanstalt, 1873–1882 (C. Dittmar)
Alt-Scherbitz, Agricole Colonie, 1876
Heidelberg, Irren-Klinik der Universität, 1878
Basel-Friedmatt, Irrenanstalt, 1884–1886
Emmendingen, H. u. P. Anstalt, 1884–1889
Hamburg-Langenhorn, Irrenanstalt, 1892–1893
München, Kgl. Psychiatrische Klinik, 1903–1904
Wien-Steinhof, H. u. P. Anstalt, 1904–1907 (Berger u. Wagner)

ZEITTAFEL II

Valencia, Casa de Orates, 1409
Amsterdam, Het Doll-Huys, 1562, 1592
London, Zweites Bethlem Hospital, 1675–1676 (R. Hooke)
Dublin, St. Patrick's Hospital, 1745
St. Petersburg, Tollhaus am Obuchov-Krankenhaus, 1780
London, Panopticon-Projekt des Jeremy Bentham, 1787, 1791
Paris, Projekt von Jacques René Tenon, 1788
Toledo, Hospital de Dementes, 1790–1793 (I. Haam)
London, Lunatic House of Guy's Hospital, 1790–1797
York, The Retreat, 1794–1796 (J. Bevans)

Glasgow, Royal Asylum for Lunatics, 1810–1814 (W. Stark)
London, Drittes Bethlem Hospital, 1812–1815 (L. Lewis)
Aversa, Manicomio della Maddalena, 1813
London, Panoptisches Projekt von James Bevans, 1814
Wakefield, West-Riding Pauper Lunatic Asylum, 1815–1818 (Watson)
Schleswig, Irrenanstalt, 1818–1820 (C. F. Hansen)
Paris-Charenton, Quartiers des femmes, 1823–1828
Palermo, Real Casa dei Matti, 1825 (N. Raineri)
Oslo, Panoptisches Projekt, 1828 (C. H. Grosch)
London-Hanwell, Middlesex County Lunatic Asylum, 1831 (Cubitt)
Exeter, Devon County Lunatic Asylum, 1832–1845 (C. Fowler)
Genova, Panoptisches Irrenhaus « Manicolo », 1834–1841
Paris, La Maison Royale de Charenton, 1838 (E. J. Gilbert)
Meerenberg, Het Geneesk. Gesticht, 1843–1849 (Zocher)
Derby, County Asylum, 1846–1851 (Paterson and Duesbury)
Trenton/N. J., State Lunatic Asylum, 1848 (Notman)

Gand, Maison d'aliénés, 1852
Roskilde-Bistrupgaard, Sanct Hans Hospital, 1853–1860
Kasan, Wolga-Asyl, 1861–1869
Barcelona, Instituto Mental, 1880–1889 (E. Rogent)

LITERATUR

Achte, Kalle A.: On the history of Finnish Psychiatry and the Lapinlahti Hospital. Psychiatria Fennica (1972) 65–84.

Ackerknecht, Erwin H.: Zur Geschichte der Lehr- und Forschungsstätten für Psychiatrie und Neurologie in Europa außerhalb des deutschen Sprachgebiets. In: Große Nervenärzte, Bd. 2, Hrsg. v. Kurt Kolle. Stuttgart 1959.

–: Nonideological elements in the history of psychiatry. In: George Mora and J. L. Brand (Hrsg.): Psychiatry and its history. Springfield/Ill. 1970.

Beek, Henri Hubert: De geestesgestoerde in de middeleeuwen. Haarlem 1969.

Bentham, Jeremy: Panopticon; or the inspection house ... London 1791.

Bonsdorff, Bertel von: The history of medicine in Finland, 1828–1918. Helsinki 1975.

Bresler, Johannes (Hrsg.): Deutsche Heil- und Pflegeanstalten für Psychisch-Kranke in Wort und Bild ... Halle 1910.

Brierre de Boismont, A.: Des établissements d'aliénés en Italie. Journal Sc. Med. 43 (1830) 225–249; 44 (1831) 162–182.

Browne, W. A. F.: What asylums were, are, and ought to be: being the substance of five lectures delivered before the managers of the Montrose Royal lunatic asylum. Edinburgh 1837.

Bumm, Anton: Zur Geschichte der panoptischen Irrenanstalten. Erlangen 1903.

Burdett, Henry C.: Hospitals and asylums of the world. London 1891–1893.

Chiarugi, Vincenzo: Trattato delle pazzia in genere e in specie con una centuria di osservazioni. Firenze 1793–1794. – Dtsch: Leipzig 1795.

Claus, o. V.: Psychiatrischer Reisebericht aus Dänemark, Schweden und Norwegen. Allg. Ztschr. f. Psychiatrie (1884) 187–227.

Colombier, Jean: Instruction sur la manière de gouverner les in-

sensés et de travailler à leur guérison dans les asiles, qui leur sont destinés. Paris 1785.
Conolly, John: The Construction and Government of Lunatic Asylums and Hospitals for the Insane. London 1847. – Neue Aufl. London 1968.
–: Treatment of the insane without mechanical restraints. London 1856. – Dtsch. v. Brosius: Lahr 1860.
Cox, Joseph Mason: Praktische Bemerkungen über Geisteszerrüttung. London 1804. – Dtsch. v. J. C. Reil. Mit Anhang: Über die Organisation der Versorgungsanstalten ... Halle 1811.
Dain, Norman: Disordered Minds; Eastern State Hospital in Williamsburg/Virginia; 1766–1866. Williamsburg/Va. 1971.
Damerow, Heinrich: Die Elemente der nächsten Zukunft der Medizin, entwickelt aus der Vergangenheit und Gegenwart. Berlin 1829.
–: Über die relative Verbindung der Irren-Heil- und Pflegeanstalten. Leipzig 1840.
–: (Einleitung, z. B. Wien). Allg. Ztschr. f. Psychiatrie 1 (1844) 1–48.
Dedichen, Henrik A. T.: Die Heil- und Pflegeanstalten für psychisch Kranke in den Skandinavischen Ländern. Berlin 1901.
Desmaisons, o. V.: Des Asiles d'Aliénés en Espagne. Paris 1859.
Deutsch, A.: The mentally ill in America. New York 1937.
Dörner, Klaus: Bürger und Irre. Frankfurt 1969.
Earle, Pliny: A visit to 13 asylums for the insane in Europe. Philadelphia 1841 und New York 1845.
Erlenmeyer, Albrecht: Übersicht der öffentlichen und privaten Irren- und Idiotenanstalten in Deutschland und Österreich. Neuwied 1875 und 1876.
Esch, Pieter van der: J. L. C. Schroeder van der Kolk (1797–1862). Amsterdam 1954.
–: Geschidenis van het Staatstoezicht op Krankzinnigen. Leidschendam um 1975.
Espinosa Iborra, Julián: La asistencia psiquiátrica en la España del siglo 19. Thesis. Valencia 1966.
Esquirol, Jean Etienne Dominique: Des établissements consacrés aux aliénés en France ... Mémoire présenté au ministre de l'interieur en sept. 1818. Paris 1819.
–: Des maladies mentales. Paris 1838. – Dtsch. v. W. Bernhard: Berlin 1838.

Eulner, Hans-Heinz: Die Entwicklung der medizinischen Spezialfächer an den Universitäten des deutschen Sprachgebiets. Stuttgart 1970.

Fischel, J.: Prag's K. K. Irrenanstalt (1790–1850). Prag 1853.

Foucault, Michel: Histoire de la folie à l'âge classique. Paris 1961. – Dtsch.: Frankfurt 1969.

–: Surveiller et punir; la naissance de la prison. Paris 1975. – Dtsch.: Frankfurt 1977.

Foulston, John: The Public Buildings erected in the West of England (z. B. Bodmin). London 1838.

Frank, Joseph: Reise nach Paris, London ... Wien 1804 und 1805.

Froriep, Robert (Hrsg.): Klinische Kupfertafeln (z. B. Aversa, Bologna). Frankfurt um 1830.

Funk, Adolf: Irren- und Entbindungsanstalten. In: Handbuch der Architektur 4. Teil, 5. Halbband, 2. Heft. Darmstadt 1891.

Furttenbach, Joseph: Hospittals-Gebäw. Augsburg 1655.

Gad, C. A.: Sanct Hans Hospital (paa Bistrupgaard). Kopenhagen 1866.

Goldin, Grace: A Painting in Gheel. Journal Hist. Med. 26 (1971) 400–412.

Griesinger, Wilhelm: Über Irrenanstalten und deren Weiterentwicklung in Deutschland. Archiv für Psychiatrie ... 1 (1868/1869) 8–43.

–: Zur Kenntnis der heutigen Psychiatrie in Deutschland; Eine Streitschrift gegen ... Dr. Laehr. Leipzig 1868.

Grob, G.: Mental institutions in America. London 1973.

Gropius, M.: Die vier neuen Irrenanstalten um Paris. Allg. Ztschr. f. Psychiatrie (1868) 444.

Guislain, Joseph: Traité sur l'aliénation mentale et sur les hospices des aliénés. Amsterdam 1826.

–: Exposé sur l'état actuel des Aliénés en Belgique, et notamment dans la province de la Flandre orientale ... de Juillet 1838.

–: Leçons orales sur les phrénopathies. Gand 1852. – Dtsch. v. Heinrich Laehr: Berlin 1854.

Guttstadt, Albert: Krankenhauslexikon für das Deutsche Reich. Berlin 1900.

Habermann, Karl Joachim: Bautypologische Entwicklungslinien des psychiatrischen Krankenhauses. Diss. ing. München 1977.

Haneveld, G. T.: Oude Medische Gebouwen van Nederland. Amsterdam 1976.

Herting, Johannes: Die erste rheinische Irrenheilanstalt Siegburg. Berlin ... 1924.

Holst, Frederik: Beretning, Betänking, og Indstilling ... Christiania 1828.

Horn, Wilhelm von: Reise durch Deutschland, Ungarn, Holland, Italien, Frankreich ... Berlin 1831–1833.

Howard, John: An account of the principal lazarettos in Europe ... London 1789.

Howells, John G. (Hrsg.): World History of Psychiatry. New York 1975.

Hunter, R. and I. Macalpine: 300 years of Psychiatry. London 1963.

Hurd, H. M. (Hrsg.): The institutional care of the insane in the United States and Canada. Baltimore 1916.

Iberti, J.: Détails sur l'hôpital de Saragosse en Espagne, destiné surtout au traitement des fous ou maniaques. Médecine éclairée 2 (1791) 315–318.

Jacobi, Maximilian: Über die Anlegung und Einrichtung von Irren-Heilanstalten ... Berlin 1834.

Jones, Kathleen: A history of mental health services. London 1972.

Julius, Nikolaus Heinrich: Beiträge zur Britischen Irrenheilkunde. Berlin 1844.

Kirchhoff, Theodor: Grundriß einer Geschichte der deutschen Irrenpflege. Berlin 1890.

Kirkbride, Thomas S.: On the construction, organization and general management of hospitals for the insane. Philadelphia 1854.

Köstler, Leopold A.: Bemerkungen über mehrere Irrenanstalten von England, Frankreich und Belgien. Wien 1839.

Kolle, Kurt (Hrsg.): Große Nervenärzte. Stuttgart 1956, 1959, 1963.

Kraepelin, Emil: Die psychiatrischen Aufgaben des Staates. Jena 1900.

–: Die neue psychiatrische Klinik in München. Leipzig 1905.

–: Hundert Jahre Psychiatrie. Berlin 1918.

Kramer, F.: Geschiedenis van de zorg voor geesteszieken. Lochem 1969.

Laehr, Hans: Die Anstalten für psychisch Kranke ... 6. Aufl. Berlin 1907. – 8. Aufl. Berlin 1929.

Laehr, Heinrich: Über Irresein und Irrenanstalten; nebst einer Übersicht über Deutschlands Irrenwesen und Irrenanstalten. Halle 1852.

–: Fortschritt? – Rückschritt! Reform-Ideen des Herrn Griesinger in Berlin. Berlin 1868.

Langermann, Johann Gottfried: Über den gegenwärtigen Zustand der psychischen Heilmethode der Geisteskranken und die erste zu Bayreuth errichtete psychische Heilanstalt (aus dem Jahre 1805). Allg. Ztschr. f. Psychiatrie 2 (1845) 601–605.

Lechler, Walter Helmut: Philippe Pinel. Diss. med. München 1959.

Leibbrand, Werner und Annemarie Wettley: Der Wahnsinn. Freiburg 1961.

Leibowitz, J. O.: A mental hospital in Bagdad as described by Benjamin of Tudela (12. Jh.). In: Proceedings of the 23. Internat. Congr. Hist. Med. London 1974.

Leo Africanus: Beschreibung von Africa (z. B. Fez). Dtsch. v. G. W. Lorsbach. Bd. 1, Herborn 1805.

Lesky, Erna: Die Wiener medizinische Schule im 19. Jahrhundert. Graz 1965.

Lindgren, Uta: Narren und Tiere ... (z. B. Irre in Barcelona). Sudhoffs Archiv 60 (1976) 271–288.

Martin, Alfred: Die Pflege der Kranken ... im Landeshospital Haina ... Psychiatr. Neurol. Woschr. 22 (1920).

Masters, Anthony: Bedlam (at London). London 1977.

Mayer, Rudolph: Das Grhzgl. Landeshospital Hofheim (1533–1904). Mainz 1904.

Meyer, Ludwig: Die Provinzial-Irrenanstalt zu Göttingen. Göttingen 1891.

Mora, George: The 1774 Ordinance for the hospitalization of the mentally ill in Tuscany ... J. hist. Behav. Sci. 11 (1975) 246–256.

Mora, George, and J. L. Brand (Hrsg.): Psychiatry and its history. Springfield/Ill. 1970.

Moreau de Tours, Jacques Joseph: Notes sur les établissements d'aliénés de Siegburg, Halle, Dresden, Prag, Berlin et Wien; Reflexion sur la médecine psychiatrique en Allemagne. Union médicale (Paris 1854).

Neuburger, Max: British and German psychiatry in the second half of the 18th and early 19th century. Bull. hist. med. 18 (1945) 121–145.

Nostiz und Jänckendorf, Gottlob Adolf Ernst von: Beschreibung der kgl. sächsischen Heil- und Verpflegungsanstalt Sonnenstein. Dresden 1829.

Pándy, K.: Die Irrenfürsorge in Europa. Berlin 1908.

Panse, Fr.: Das psychiatrische Krankenhauswesen. Stuttgart 1964.

Parry-Jones, William: The trade in Lunacy. London 1972.

Pelman, Carl Wilhelm: Reiseerinnerungen aus England und Frankreich. Allg. Ztschr. f. Psychiatrie 27 (1871) 304.

Penther, J. F.: Ausführliche Anleitung zur bürgerlichen Baukunst. 4. Theil, Augsburg 1748.

Peset Llorca, Vicente: España y las fundaciones psiquiátricas. In: Ullersperger, J. B.: La Historia de la psicología ... Madrid 1954.

Pi y Molist, Emilio: Proyecto médico razonado para la construcción del Manicomio de Santa Cruz de Barcelona. Barcelona 1860.

Pichler, o. V.: Irrenanstalt Frankfurt a. M. Allg. Bauzeitung (1863) 237–252 u. Atlas 593–605.

Pinel, Philippe: Traité médico-philosophique sur l'aliénation mentale. Paris an IX (1801). – Dtsch. v. Michael Wagner, Wien 1801.

Popp, Georg Julius: Kurze Beschreibung mehrerer Irrenanstalten Deutschlands, Belgiens, Englands, Schottlands und Frankreichs. Erlangen 1844.

Reil, Johann Christian: Rhapsodieen über die Anwendung der psychischen Curmethode auf Geisteszerrüttung. Halle 1903.

Riedel, Joseph G.: Prag's Irrenanstalt und ihre Leistungen (1827–1829). Prag 1830.

Rieger, Konrad: Die Psychiatrie in Würzburg (1583–1893). Würzburg 1899.

Roller, Christian Friedrich Wilhelm: Die Irrenanstalt nach allen ihren Beziehungen. Karlsruhe 1831.

Rosen, George: Madness in Society. Chicago 1968.

Rothman, David J.: The Discovery of the Asylum. Boston 1971.

Schadewaldt, Hans (Hrsg.): Studien zur Krankenhausgeschichte im 19. Jahrhundert ... Göttingen 1976.

Schasching, M.: Die oberösterr. Landes-Irrenanstalt zu Niedernhart bei Linz. Linz 1873.

Schipperges, Heinrich: Der Narr und sein Humanum im islamischen Mittelalter. Gesnerus 18 (1961) 1–12.

Schlöss, Heinrich: Die Irrenpflege in Österreich in Wort und Bild. Halle 1912.

Schrenk, Martin: Über den Umgang mit Geisteskranken. Berlin ... 1973.

Sengelmann, Heinrich Matthias: Idiotophilus; Systematisches Lehrbuch der Idioten-Heil-Pflege. Norden 1885.

Sérieux, Paul et Lucien Libert: La régime des aliénés en France au 18e siècle. Paris 1914.

Stark, William: Remarks on the construction of public hospitals for the cure of mental derangement. Edinburgh 1807.

Steinebrunner, Walter Felix: Zwei Züricher Krankenhausplanungen des 19. Jahrhunderts. Diss. med. Zürich 1971.

Stritter, o. V. (Hrsg.): Deutsche Anstalten für Schwachsinnige, Epileptische ... Halle um 1910.

Stroppiana, Luigi: La riforma degli ospedali psichiatrici de Chiarugi ... Riv. Stor. Med. 20 (1976) 168–179.

Szasz, Thomas S.: The Manufacture of Madness. New York 1970. – Dtsch.: Olten 1974.

Tenon, Jacques René: Mémoires sur les hôpitaux de Paris. Paris 1788.

Thompson, John D. and Grace Goldin: The Hospital; a social and architectural history. New Haven 1975.

Tucker, G. A.: Lunacy in many lands. Sidney 1886.

Tuke, Samuel: Description of the Retreat, an institution near York, for insane persons of the Society of Friends. York 1813.

Ugolotti, Ferdinando: I vecchi manicomio Italiani. Note e reviste de psichiatrica 76 (Pesaro 1950) 49–69.

Ullersperger, Johann Baptist: Die Geschichte der Psychologie und Psychiatrie in Spanien. Würzburg 1871.

Viszánik, Michael von: Die Irrenheil- und Pflegeanstalten Deutschlands, Frankreichs ... Wien 1845.

Wagnitz, Heinrich Balthasar: Historische Nachrichten und Bemerkungen über die merkwürdigsten Zuchthäuser in Deutschland; Nebst einem Anhange über die zweckmäßigste Einrichtung der Gefängnisse und Irrenanstalten. Halle 1791, 1792, 1794.

Walk, Alexander: Lincoln and Non-Restraint. Brit. J. Psychiatry 117 (1970) 481–495.

Walser, Hans H.: 100 Jahre Klinik Rheinau, 1867–1967. Aarau 1970.

Wyrsch, Jakob: Hundert Jahre Waldau; Geschichte der Kantonalen Heil- und Pflegeanstalt und Psychiatrischen Universitätsklinik Waldau-Bern. Bern ... 1955.

Zilboorg, Gregory and George William Henry: A History of Medical Psychology. New York 1941.

Anonym: Bezirksanstalt für Geisteskranke zu Kasan. O. O. 1911.

INDEX

(Personen- und Ortsverzeichnis)

Aachen 3. 8. 10. 32. 51. 53.
  144
Aarhus 118
Abendberg 75. 76
Aberdeen 104
Åbo 117
Achern 40
Achmed I., Sultan 212
Ackerblom, N. C. 207
Addington, Anthony 82
Afrika 11. 144. 181. 194
Ägypten 96. 108. 210
Alexander II., Zar 206
Alexianer 8. 144
Alfonso V., Kg. v. Aragón 182
Algier 181
Allenberg 43
Alt-Scherbitz 43. 220
Alvares, Bernardino 184
Amasya 211
Amsterdam 149–154. 158–161.
  200. 203. 221
Amstetten 65
Ancona 177
Andernach 51
Andreewsk, Kloster 201
Ansbach 34. 35. 55
Antonius, hl. 96
Antwerpen 137. 139. 147
Arckel, Reynerus van 148

Armagh 109. 111
Arntz, Willem 148. 153
Artigas, J. 189. 190
Asien 11. 78. 209. 221
Atatürk 212
Athen 107. 199
Attel 58
Augsburg 13
August d. Starke 23
Australien 192. 219
Autenrieth, J. H. F. 39
Aversa 169–172. 221
Avignon-Montdevergues 136

Baden 29. 39–41. 44. 49. 51. 60.
  67. 207
Baden-Durlach 24. 39
Bagdad 79. 178. 209
Balinski 197
Balkan 26
Ballinasloe 109. 110
Baltimore 216
Bamberg 29. 55. 165
Banff 108
Barcelona 78. 146. 179. 180. 182.
  188–190. 221
Barcelos 193
Barmherzige Brüder / Frères de
  la Charité / Fatebenefratelli /
  Hermanos de la Caridad 9.

122–124. 131. 170. 176. 184.
193. 195. 196
Barmherzige Schwestern / Vincentinerinnen 9. 196
Basel 67. 69. 71
Basel-Friedmatt 71. 72. 220
Basilius d. Große 6
Battie, William 83
Bayazid II., Sultan 211
Bayern 9. 25. 50. 54–56. 58. 71
Bayreuth 24. 34–37. 55. 58
Bechterev, Wladimir 208
Bedburg-Hau 54. 59. 73
Belfast 109. 111
Belgien 118. 121. 137–147. 175. 177. 193
Belgrad 199
Bellelay 73
Bendorf 76
Benedikt III., Papst 162
Benedikt v. Nursia 6
Bengalen 107
Benjamin von Tudela, Rabbi 210
Bentham, Jeremy 84–86. 95. 96. 175. 185. 221
Bergamo 161. 175
Berger, Franz 66. 220
Berlin 11. 36. 39. 44. 46. 48–52. 69. 174
Bern 50. 67. 68. 73. 220
Bern-Waldau 68. 73. 220
Bernatz 220
Bevans, John 87–89. 97. 221
Bichat, F. X. 32
Biffi, Serafino 177
Bikovski 209
Bismarck, Otto von 200
Blaubeuren 15

Bleuler, Eugen 71
Bodmin 89. 91. 221
Bodø-Rønvik 120
Boerhaave, Herman 153
Böhmen 25. 61. 195–197
Bologna 162. 163
Bombarda, Miguel 192. 193
Bonacossa, Giovanni Stefano 175
Bonhoeffer, Karl 50
Bonn 44. 45. 49. 53. 220
Borchmann, Johann Casper 22. 220
Bordeaux 11
Boston 214–216
Bourbriac 121
Box 82
Brabant 139
Braga 193
Bränzeff, W. A. 207
Brasilien 193
Braunschweig 10. 25. 60
Bremen 30
Bremen-Ellen 60
Brescia 172
Bretagne 121
Broadmoor 102
Brügge 139
Brünn 27. 60
Brünn-Czernowitz 197
Bruxelles 139. 143–145
Budapest-Angyalföld 198
Budapest-Lipótmezö 198. 199
Buddhistische Länder 3
Buffalo/New York 218
Bukarest-Mărcuţa 199
Bukarest-Sokola 199
Bulgarien 199
Bulle 73
Bumm, Anton 96. 175

Burckhardt, Gottlieb 69
Burn, William 106. 107

Cadillac-sur-Garonne 123. 124.
 130
Calvin 148
Campedorá y Paris, Francisco
 188
Canada 212
Carabanchel Alto 188
Carlos III., Kg. v. Spanien 213
Carlow 109. 111
Caterham 102
Celle 21–23. 220
Celsus 2. 84. 161. 170
Cernowitz 64
Charkow 43. 206. 208
Chester 102
Chiarugi, Vincenzo 33. 162. 166–
 169. 191. 192
China 194
Christian IV., Kg. v. Dänemark
 112
Cid 178
Cleve 148
Clonmel 109. 111
Cluj 198. 199
Cluny 6
Coimbra 193
Collegno 177
Colney Hatch 102. 137
Como 177
Conolly, John 46. 158
Constantinus Africanus 210
Córdoba 184
Cork 108
Cornwall 89
Cotton, Nathaniel 82
Crichton, Sir Alexander 99

Crommelinck, C. 145
Crooke, H. 82
Cubitt, W. 92. 93. 221

d'Alembert, Jean 201
Damerow, Heinrich 37. 38. 46.
 48. 54. 136
Dance, George jun. 83
Dance, George sen. 83
Dänemark 24. 60. 112. 117. 118.
 120
Danzig 194. 195
Daphni 199
Deggendorf 58
Delft 148. 152. 155. 160
Denbigh 102
Den Haag 152. 154. 160
Derby 102. 103. 221
Desgenettes, R. N. 210
Deutschland 1–76. 92. 96. 97.
 113. 120. 122. 135. 136. 142.
 144. 145. 155. 164. 177. 201.
 210. 220
Deventer 148. 152. 158
Diderot, Denis 201
Dijon 136
Dittmar, C. 52. 220
Dix, Dorothea Lynde 79. 211.
 216. 217
Dobrzan 64
Dolsa, Tomas 189
Dorchester 102
Dordrecht 153
Dorpat 209
Downpatrick 112
Dresden 208
Dromocaites 199
Dublin 108–112. 221
Dublin-Richmond 108. 109

Duesbury 102. 103. 221
Dumfries 107
Dundee 106
Dundrum 112
Düren 51
Düsseldorf 10. 14. 51–53
Düsseldorf-Grafenberg 52. 220
Dymphna 3. 4. 137. 138

Eberbach 25
Eberhard III., Hzg. v. Württemberg 24
Eckernförde 76
Edinburgh 41. 104. 107
Edinburgh-Morningside 107
Edirne/Adrianopel 211
Egas Moniz, A. C. de 69
Egelfing 59
Egelfing-Haar 73. 137
Eichberg 25. 45
Eisenach 49
Elgin 108
Elisabeth, Kgn. v. England 214
Elisabethinerinnen 196
Elsaß 50
Emmendingen 60. 220
Empoli 166
Engel, Carl 117
England 1. 3. 9. 15. 20. 21. 33. 41. 43. 46. 48. 71. 75. 78–104. 111. 115. 118. 120. 123. 127. 130. 136. 140. 142–145. 152. 156. 164. 178. 199. 210. 213. 214. 216
Ephesos 212
Erlangen 29. 55. 56. 58. 96. 175. 220
Erlenmayer, Albrecht 76
Erthal, Franz Ludwig von 29

Esquerdo, José María 189
Esquié, M. J. 137
Esquirol, J. E. D. 25. 39. 41. 74. 78. 109. 113–115. 122. 123. 128. 130. 131. 133. 135. 136. 139. 142. 146. 147. 155. 158. 169. 172. 175. 184. 210
Esslingen 12
Everts, B. H. 158. 159
Exeter 92. 94. 95. 221

Fellner 63. 220
Ferreira, Conde de 193
Ferrus, G. M. A. 74
Fez 210
Finck, Johann Lorenz 29
Finnland 117
Firenze/Florenz 33. 161. 162. 164–170. 177. 183. 185. 191. 196
Flandern 139
Flensburg 25
Forel, August 71
Foulston, John 89. 91. 221
Fowler, Charles 94. 95. 102. 221
Frankfurt a. M. 12. 14
Frankreich 1. 5. 9. 11. 19. 20. 21. 25. 27. 30. 39. 41. 67. 75. 78. 96. 109. 113. 115. 120–137. 140. 142–145. 152. 167. 168. 172. 177. 178. 184. 204. 210–213
Freiburg i. Br. 29. 40. 41. 44. 49. 199
Frese, A. U. 43. 207. 208
Freud, Sigmund 43. 59
Fribourg 73
Funk, A. 220
Furttenbach, Joseph 12

Gabersee 58
Galen 126. 163
Galizien 196. 197
Gaustad 119
Geel 3. 4. 6. 113. 121. 137. 140. 147. 195
Genève/Genf 67. 72. 73
Genova/Genua 131. 162. 175. 176. 221
Gent 139–141. 144–146. 155. 221
George III., Kg. v. England 84
George IV., Kg. v. England 109
Gerl, Josef 28. 220
Geseke 36
Gilbert, Emil Jacques 134. 221
Giné y Partagás, Juan 188
Glasgow 104. 105. 108. 221
Glasgow-Cartinaval 107
Gloucester 95. 104
Glückstadt 25
Görgen, Bruno 61
Göteborg 117
Göttingen 46. 47. 49. 60. 201. 220
Goya, Francisco 186. 187
Granada 179. 183. 184
Graz 26. 27. 60. 196
Graz-Feldhof 64. 220
Greatford 84
Greifswald 36
Griechenland 199
Griesinger, Wilhelm 24. 27. 30. 32. 45–49. 61. 69. 76. 147
Gronau 16. 18
Groningen 154
Groos, Friedrich 40. 45
Grosch, Christian Henrik 115. 116. 221

Gudden, Bernhard von 69
Guggenbühl, Johann Jakob 75. 76
Guislain, Joseph 118. 139. 141–147. 155. 175
Gustav Wasa, Kg. v. Schweden 115
Gütersloh 4. 6
Guy, Thomas 85. 87

Haam, Ignacio 185. 221
Haar 59
Haarlem 153. 156
Habsburger 26. 62. 66. 139. 140. 166. 168. 197. 202
Hagemann 220
Haina 15. 16. 220
Haindorf, Alexander 45
Hall in Tirol 61
Halle 43. 49. 50. 155
Halle-Nietleben 43. 46. 49
Hamburg 10. 11. 30. 76. 186. 203. 220
Hamburg-Friedrichsberg 46
Hamburg-Langenhorn 60. 220
Hannover 37. 60
Hansen, Christian Frederik 113–115. 221
Hanwell 46. 78. 92. 93. 106. 108. 158. 188. 221
Hardenberg, K. A. von 34. 35
Harnösand 117
Harston 104
Harun ar-Raschid, Kalif 79. 209
Haskell 218
Hasseki Hurrem, Sultanin 211
Haywards Heath 102
Hebler, Gottfried 68. 220
Heermann, Georg 45

Hegel, G. W. Fr. 37. 38
Heidelberg 24. 39–41. 44. 45. 48. 49. 69. 199. 220
Heim, Ernst Ludwig 39. 45. 174
Heinrich VIII., Kg. v. England 80
Heinroth, J. Chr. A. 44
Helsinki/Helsingfors 117
Heppenheim 60
Hereford 102
Hertogenbosch 148. 154
Hertogenbosch-Vught 160
Herzog 204
Hessen 15. 17–20. 43. 60
Hieronymiten 20
Hildesheim 37. 60
Hill, Robert Gardiner 102
Hoffmann, Heinrich 14. 155
Hofheim 16
Hölderlin 39
Holst, Frederik 115. 116
Holstein 24. 60. 113
Homberg 15
Hooke, Robert 82. 221
Hoorn 154
Horn, Nikolaus von 39. 45
Horn, Wilhelm von 174
Howard, John 79. 130. 151. 211

Iberti 187
Idanha 193
Illenau 8. 24. 40–44. 48. 54. 55. 64. 66. 67. 71. 99. 135. 177. 207. 220
Indien 107. 219
Innsbruck 61
Interlaken 75
Inverness 108
Irkutsk 43. 207

Irland 104. 108–112. 115. 216
Irsee 55. 58
Islamische Länder 3. 79. 178. 198. 210. 211
Istanbul 79. 211. 212
Istanbul-Bakirköy 212
Italien 9. 41. 144. 161–178. 181. 183. 191. 193

Jacobi, Maximilian 39. 45. 99
Jakob, hl. 4. 123
Jena 49
Jerusalem 181
Jessen, Peter Willers 45. 174
Jesuiten 165. 191. 192
Jofré, Juan Gilabert 79. 180
Johannes von Gott / San Juan de Dios 9. 26. 61. 122. 123. 133. 171. 184. 193. 195. 196
Jolly, Friedrich 50
Jomard 210
Jordan, A. H. 218
José, Kg. v. Portugal 192
Joseph II., Kaiser 26. 27. 29. 60–62. 123. 140. 164. 166. 168. 195–197. 202
Josephine, Kaiserin v. Frankreich 32
Jugoslawien 199

Kairo 78. 178. 210
Kalamazoo/Michigan 218
Kalaun, Sultan 210
Kalinin/Twer 209
Kap der Guten Hoffnung 218
Karlsruhe 40
Karl d. Große 3
Karl V., Kaiser 20. 139
Kärnten 25

Karthaus-Prüll 55
Kasan 43. 194. 206–208. 221
Kassel 20
Katharina II., Zarin 200. 201
Kaufbeuren 58
Kaukasus 43
Kaulbach 51
Kelchen, Johann Heinrich 203
Kent 102
Kerz 198
Kiel 45. 50. 113. 174
Kiew 200. 205. 206
Kilkenny 112
Killarney 112
Kirkbride, Thomas S. 217. 218
Kirklands 102. 108
Klagenfurt 64
Klingenmünster 55. 57. 58. 220
Koblenz 32. 51
Koeppe, Moritz 46
Köln 8. 30–32. 51–53. 144
Kongo 144
Königsfelden 71. 72. 220
Königslutter 60
Kopenhagen 24. 112. 113. 118
Korfu 199
Korsakov, Sergej 209
Kosmanos 64. 197
Köstler 147
Kowalewsky, P. I. 43. 208
Kraepelin, Emil 50. 58. 199. 209
Krafft-Ebing, Richard von 64
Krakau 195
Krefeld 53
Kreyninc, Engelbert 148
Kristiansand-Egs 119
Kronoby 117
Kuibyschew/Samara 43. 207

Laehr, Heinrich 48
Lancaster 102
Langenfeld (= Galkhausen) 53
Langermann Johann Gottfried 34. 36. 38. 39. 55
Laon 138
Lappvik 117
Larchant/Seine 122
Lausanne-Bois de Céry 72. 220
Lausanne-Champs de l'Air 72
Leganés 187
Leiden 41. 153. 154. 158
Leiden-Endegeest 153
Leidesdorf 204
Leipzig 44. 49. 169
Lemberg 60. 196
Lemberg-Kulparkow 64. 197
Lengerich 60
Lenoir, Paul 137
Leo Africanus 210
Leo X., Papst 210
Leopold, Grhzg. v. Toskana, Kaiser 164–166. 168. 197
Lerida 180
Leubus 36
Lewis, James 99. 100. 221
Lidon, Eusebio 191
Limerick 109–111
Lincoln 102
Lincolnshire 84
Linz 60. 171. 184
Linz-Niedernhart 63. 65. 220
Lisboa 191–193. 196
Llorach, Pablo 189
Lloret de Mar 188
Löhe 76
London 46. 78–88. 92–95. 98–100. 102. 104. 108. 109. 113. 121. 130. 137. 144. 188. 191. 221

Londonderry 109. 111
Lorenzana, Cardinal de 184
Lothringen 50
Louisiana 213
Lübeck 10. 13. 201. 203
Lübeck-Strecknitz 60
Ludwigsburg 24
Lüneburg 11. 201. 203
Luther, Martin 148
Luzern 67. 73
Lyon 11
Lyon-Bron 73

Madras 107
Madrid 184. 187. 189
Mahir, Oskar 48. 147
Mähren 25. 196. 197
Maidstone 102
Mainz 32
Malaga 191
Mallorca 182. 183
Malmö 117
Malpighi, Marcello 163
Manchester 99
Manchester-Cheadle 102. 111
Mandt 174
Manisa 211. 212
Mannheim 24
Marburg 15. 49
Marcus, K. Fr. 45
Mariaberg 76
Maria Theresia, Kaiserin 140. 164. 166
Marie Antoinette, Kg. v. Frankreich 27. 164. 168. 169
Marokko 210
Marsberg 36
Marseille 122. 125. 131–133. 221

Marsens 73
Martin I., Kg. v. Aragón 181
Maryborough 109. 111
Massachusetts 216
Mata, Pedro 189
Mauer-Öhling 65
Maulbronn 15
Medemblik 160
Medici, Marie de 122
Medinaceli, Duque de 187
Meerenberg 46. 156–160. 221
Mercedarier 180. 181
Merxhausen 16
Merzig 52
Metz 121
Mexiko 184. 212
Meyer, Ludwig 46. 49
Meynert, Theodor 62
Middelfart 118
Middlesex 92. 93. 102
Milano/Mailand 177
Milano-Senavra 177
Milledgeville 48
Mitau 209
Modena 172
Mohammed II., Sultan 211
Mohammed V., Sultan 179
Moldau 198
Monro, John 83
Montblanch 180
Montemor-o-Novo 193
Montpellier 21. 130. 188
Montreal 213
Montrose 104
Morgagni, G. B. 32. 59. 163
Morin-Goustiaux 137
Moskau 169. 200. 201. 204–206. 209
Müller, Anton 45

München 12. 26. 29. 30. 50. 54–
  56. 58. 59. 137. 199. 220
Münsingen 73
Murat, Joachim, Kg. v. Napoli
  169
Murray, William 109. 110. 115

Nagy Kálló 198
Nancy 11
Napa/California 218
Napoleon I., Kaiser v. Frankreich 30. 140. 144. 169. 187.
  210
Napoli/Neapel 169
Narvik 120
Nassau 25
Nasse, Chr. Fr. 44. 50
Nasse, Werner 50
Neudettelsau 76
Neumünster 25
Neuseeland 219
Neuß 8. 144
Neustadt 60
Newcastle-upon-Tyne 99
New Orleans 212. 213
New York 213–216
Niederlande/Holland 18. 139–
  141. 144. 148–160. 213
Nieuw Amsterdam 213
Nightingale, Florence 118. 180
Nikolaus von Cues, Kardinal
  148
Niort 124
Northampton 102
Norwegen 118. 119
Norwich 82
Nostiz und Jänckendorf, G. A. E.
  von 205
Notman 221

Nottingham 102
Nowgorod 200–202
Nürnberg 10. 55

Oberfranken 58
Oberpfalz 55
Odessa 200. 206
Oldenburg-Wehnen 60
Oriol 189
Orléans 21. 138
Ortiz, Francisco 183. 184
Oslo/Christiania 115. 116. 221
Oslo-Gaustad 118. 120
Osmanen 2. 79. 209. 211
Osnabrück 60
Österreich 1. 9. 25. 27. 30. 34.
  48. 50. 56. 58. 60–67. 123.
  140. 167. 168. 184. 191. 197.
  202. 220
Oviedo 191
Owen, Jacob 112
Oxford-Littlemore 95

Palencia 178
Palermo 172–174. 221
Palma 182
Paris 5. 11. 16. 19. 21. 25. 30.
  32–34. 39. 41. 72. 74. 78. 79.
  82. 113. 114. 120–130. 133–
  138. 146. 155. 167–169. 187.
  188. 200. 221
Paris-Charenton 124. 125. 130–
  136. 145. 221
Paris-Sainte Anne 72
Parma 172
Passau 55
Paterson 102. 103. 221
Pauli 147
Pavia 177

Pécs 198
Pécsvárad 198
Penchaud 131. 132. 221
Pennsylvania 217
Pergine 64
Perm/Ural 43. 208
Persijn, C. J. van 156. 159
Perth 106. 108
Pesaro 174
Peter der Große, Zar 200
Petit, Paul 136
Pfalz 55
Pforzheim 12. 19. 24. 39. 41. 49
Philadelphia 98. 186. 214–217
Philadelphia-Frankford 216
Philipp der Großmütige 15–17
Philipp II., Kg. v. Spanien 139
Pienitz, E. G. 39
Pierce, Franklin 217
Pinel, Philippe 32. 33. 78. 79. 120–128. 130. 133. 155. 167. 180. 187. 188. 191
Pirna 36. 205
Pisa 166
Pisani, Pietro 172
Pius IX., Papst 162
Pi y Molist, Emilio 189
Plagwitz 36
Poblet 180
Poitiers 124. 130
Polen 9. 26. 196. 197. 208
Pombal, Marquez de 191. 193
Ponomareff 208
Popp, G. J. 147
Porto 193
Portugal 122. 152. 171. 191–194
Prag 26. 27. 29. 56. 58. 60–62. 140. 195–197. 203. 220

Préfargier 69. 220
Preßburg 196
Preußen 24. 25. 34–36. 41. 43. 44. 49. 50–52. 54. 55. 58. 60. 75. 99. 174. 200
Pritchett 88. 90
Puig 180
Pujadas y Mayans, Antonio 188
Pulido, Francesco Martins 192
Puy 138

Quäker / The Society of Friends 33. 41. 96–99. 156. 194. 214–218
Quebec 213

Ragosin, L. T. 208
Raineri, Nicolo 172. 173. 221
Ramaer, J. N. 155
Reading 82
Regensburg 55
Reggio Emilia 162
Reichenau 60
Reil, Johann Christian 34. 38. 44. 54
Reus 189
Reutlingen 76
Rheinau 69. 71
Rheinprovinz, Rheinland 51. 52. 99. 144. 189. 204
Richardson, H. H. 218
Riedel, Joseph 58. 61. 62. 197
Rieth 76
Riga 206. 209
Rio 193
Rjasan 209
Rocky Mountains 212
Rogent, E. 189. 190. 221
Rokitansky, Karl 62

Roller, Chr. Fr. W. 37. 39–45. 48. 49. 74. 135. 136. 141. 177. 207. 208
Rom 81. 161. 162. 171. 181. 192
Rösch, Karl Heinrich 75. 76
Rosegg 69
Roskilde-Bistrupgaard 112. 113. 118–120. 221
Rothpletz, C. 71. 220
Rottenmünster 9
Rotterdam 152. 160
Rottweil 9
Rouen 39. 130
Ruiz, Fernando 161
Rumänien 198
Rush, Benjamin 215
Rußland 24. 43. 197. 200–206. 208. 209
Rust 174

Sachsen 15. 23. 24. 36. 41. 43. 45. 205
Sade, Marquis de 125
Salamanca 183
Salazar, Cardinal de 184
Salzburg-Lehen 64
San Antonio/Texas 212
San Baudilio de Llobregat 188
Sánchez de Contreras, Marcos 183
Sanders 218
Santa Fe 212
Santiago de Compostela 4
Santo Domingo de la Calzada 181
Schärer, Rudolf 68
Schelling, Fr. W. J. von 75
Schirmer 118

Schleswig 24. 60. 113–115. 146. 221
Schlözer, August Ludwig 201. 202
Schönborn, Friedrich Carl von 12
Schottland 104. 106. 118
Schroeder van der Kolk, J. L. C. 153–155. 158–160
Schulz 56. 220
Schussenried 60
Schwabach 24. 35. 36
Schwaben 55
Schwäbisch Gmünd 9
Schweden 15. 75. 117
Schweiz 1. 25. 43. 48. 50. 60. 67. 70. 72–75. 144. 220
Schwetz 43
Seldschuken 210
Seeland 118
Séguin, Edouard 74. 75
Seleneck, Kloster 201
Selmer, Harald 118
Sena, Antonio Maria 193
Sengelmann, Heinrich Matthias 76
Sevilla 183
Shrewsbury 102
Sibelius, Christian 117
Sibelius, Jan 117
Sibirien 43. 206. 207
Sibirsk 43. 207
Sibiu 198
Siebenbürgen 198
Siegburg 36. 39. 41. 45. 51. 53. 220
Siena 172. 177
Sigmaringen 76
Simon, Hermann 4

Sinan 211
Sivas 211
Sizilien 180. 181
Sjählö 117
Skandinavien 112
Skutari 211. 212
Sligo 112
Sloan, Samuel 218
Sœurs de l'Ordre de la Sagesse 124
Sofia 199
Solbrig, August 58
Solothurn 69
Sonnenstein 36. 39. 41. 45. 205. 220
Spanien 4. 9. 18. 19. 79. 122. 123. 140. 161. 171. 178–191. 212. 213
Speyer 32. 49
Stahl 155
St. Albans 82
Stark, William 104–106. 221
Steiermark 64
Stephan d. Hl., Kg. v. Ungarn 198
Stetten 76
Stettin 201
Stewart 218
St. Gallen 6. 73
Stirling 108
St. Nicolas 147
Stockholm 117
Stow, John 80
St. Petersburg 78. 99. 197. 200. 202–205. 207–209. 221
St. Pirminsberg 73
Stralsund 36
Straßburg 9. 50
Strelitz 19

Strom 197
St. Urban 73
Stuttgart 11. 29. 30
Süchteln (= Johannistal) 53
Suleyman d. Große 211
Swift, Jonathan 108

Talucchi, Giovanni 175
Taschkent 209
Telhal 193
Tenon, Jacques René 128–131. 185. 221
Teruel 191
Tipperary 109
Tirol 25. 61
Toledo 183–185. 221
Tooting 104
Topeka/Kansas 218
Torino/Turin 175. 177
Toskana 164–166. 168
Toulouse-Braqueville 137
Tournai 147
Tours 21
Trenton/New Jersey 216. 217. 221
Trier 32. 51. 53. 61
Triest 177
Trondheim 119
Trondheim-Reitgjerdet 120
Troppau 64. 197
Troxler, I. P. 75
Tucker, G. A. 192
Tübingen 39. 50
Tuke, Samuel 99
Tuke, William 97. 172
Tula 209
Tunis 181. 210
Türkei 198. 209–212
Tuscaloosa/Alabama 218
Tyson, Edward 82

Ukraine 43
Ungarn 26. 198
Unterfranken 55
Untermarchtal 9
Uppsala 115. 117
Urach 75
USA, Vereinigte Staaten von Amerika 24. 39. 41. 43. 48. 53. 75. 76. 78. 98. 107. 111. 184. 212–214. 216. 217. 219. 221
Utica 48. 216
Utrecht 148. 153. 154. 159–161

Vácz 198
Vadstena 117
Valduna 64
Valencia 79. 80. 121. 161. 178–182. 188. 221
Valladolid 183
Valsalva, Antonio Maria 163. 164
Van der Kolk, C. W. P., geb. Schroeder 154
Van der Kolk, Henrik Willem 154
Varming 118
Vasa 117
Växjö 118
Velázquez de Cuéllar, Don Sancho 183
Venezia/Venedig 162. 170. 176
Viborg 118
Viel, Charles François 128
Ville-Evrard 137
Vincent de Paul, St. 9. 196
Virchow, Rudolf 59
Voisin, A. F. 74
Voltaire 201

Vorarlberg 64
Vordingborg 118
Voss 42. 220

Wagner, Otto 66. 220
Wagner-Jauregg, Julius von 59. 64
Wakefield 88. 90–92. 107. 221
Walachei 198. 199
Waldheim 19. 23. 37. 220
Wales 102
Warschau 26. 43. 194. 196. 208
Warschau-Tworki 197
Washington 217
Waterford 109. 111
Watson 88. 90. 221
Weinsberg 60
Weißenau 60
Werneck 55
Westfalen 36. 60
Wien 26–30. 32–35. 43. 48. 50. 58. 60–64. 66. 69. 127. 128. 135. 140. 164–169. 171. 184. 185. 191. 192. 194–199. 202. 204. 220
Wien-Gumpendorf 61
Wien-Oberdöbling 61
Wien-Steinhof 65. 73. 220
Wiesloch 60
Wilhelm, Hzg. v. Bayern 148
Wilhelm I., Kg. v. Württemberg 75
Wille, Ludwig 71
Willis, Francis 33. 98
Wilna 206
Wilson, J. Charles 107
Wiltshire 82
Winnenthal 37. 46
Winterbach 76

Wittelsbacher 26. 148
Wolff, J. C. 64. 69. 70. 220
Wood 218
Worcester 216
Wright, Frank Lloyd 218
Württemberg 15. 24. 29. 37. 46. 60. 76
Würzburg 12. 17. 18. 45. 50. 55

Ybbs 48
Yeşilköy 212
York 78. 96. 97. 99. 108. 172. 185. 200. 221
Ypern 139
Yuste 21

Zagorsk 200
Zagreb 199
Zaragoza 79. 182. 186. 187. 191
Zeleritzky, K. M. 207
Ziehen, Theodor 50
Znaim 195
Zocher, J. D. 156. 157. 221
Zürich 46. 50. 64. 67. 69. 71
Zürich-Burghölzli 70. 220
Zutphen 148. 155
Zwiefalten 37

Gerhardt Nissen

PSYCHOPATHOLOGIE DES KINDESALTERS

1977. 270 S., kart. Nr. 4883-0

Die Psychiatrie und Psychopathologie des Kindesalters hat wissenschaftliche Erkenntnisse gewonnen, die zu einer Revision bisheriger Anschauungen auch in den Nachbardisziplinen führen wird. Sie ist keinem wissenschaftstheoretischen Dogma verpflichtet, weil die pathogenetische Komplexität jeder psychischen Störung und Erkrankung evident ist.

Diese Einführung in die „Psychopathologie des Kindesalters" ist keine „reine" Psychopathologie. Vielmehr wird aus entwicklungspsychologischer, psychoanalytischer, soziologischer, biologischer und genetischer Sicht versucht, abgestufte diagnostische Akzente zu setzen, die in erster Linie der Therapie, aber auch der Prophylaxe gelten.

Als Einführung in dieses Spezialgebiet will das Buch mit einigen exemplarischen Kapiteln die komplexe Entstehung der als „Verhaltensstörungen" imponierenden reaktiven oder neurotischen, hirnorganischen oder anlagebedingten Syndrome aufzeigen und damit eine dem gegenwärtigen Wissensstand verpflichtete Übersicht über einige besonders aktuelle Kapitel seelischer Fehlentwicklungen im Kindesalter geben.

WISSENSCHAFTLICHE BUCHGESELLSCHAFT
Postfach 11 11 29   D-6100 Darmstadt 11